英検1級
英単語 大特訓
The Secret of Success in Vocabulary Building for Eiken Grade1

植田一三
Ueda Ichizo

MP3 CD-ROM
240分収録

ベレ出版

プロローグ

　皆さんお元気ですか。英語の勉強はいかがですか。Ichay Uedaです。英検1級は、他の資格検定試験と異なり、高度な語彙力、読解力、リスニング力の他、社会問題に関するエッセイライティング力、スピーキング力など、英語のスキルを幅広く評価する、非常にバランスの取れた素晴らしい検定試験です。特に語彙問題は、タイムやエコノミストのような高度な英語の文献を読んだり、CNNなどの英語放送を聴いて内容を理解するのに必要な15,000語水準までの語彙力や句動詞の知識をテストしており、他のテストと一線を画す英語の検定試験と言えます。

　しかし、語彙問題は、英検2級の平均が4千語、準1級が6千語レベルであるのに対して、英検1級は大体、平均9千語レベル以上（1級の語彙問題を、①6千〜8千語水準、②9千〜1.1万語水準、③1.2万語水準以上の3段階に分けると、大体、①が約25％、②が約50％、③が25％の比率で出題されるので、平均レベルは9,400語水準）と言えるでしょう。そこで、語彙力の乏しい人にとっては、かなりハードルが高いものになっています。さらに、語彙セクションの出来ばえは、読解問題やリスニング問題のスコアにも大きく影響してきます。

　そこで、効果的な最短距離ボキャビルによって、すばやく語彙力をUPし、1級に合格できる英語力を身につけていただきたいものです。そういった願いを込めて書いた本書の特長は次の通りです。

　まず、序章では、自分の語彙のレベルと弱点を発見し、それを克服していただくために、語彙力診断テストを行い、ボキャビルの極意を記しました。次に、英検1級はもちろん、国連英検特A・GREまで、英語の各種資格試験で高得点がゲットできるように、そして、語彙水準の低い話し言葉から、語彙水準の高い、概して書き言葉が一目瞭然になるように、語彙水準の表を掲載しました（各類語グループの中の重要な語彙は太字にしています）。そして、英検1級語彙の中で、特に重要な動詞・形容詞・名詞グループ90を厳選し、次に重要なものは、「その他の重要表現グループ（必須のものはマーキング）」でカバーしました。

　次に、ハイレベルな語彙を最短距離で覚えられるように、類語を散りばめた「驚異のスーパー語彙力UP例文」を載せています。このアプローチは、語彙力と同時に、読解、リスニング、ライティング、スピーキングの英語の4つの

技能を同時にUPすることができるので非常に効果的です。次に、最も効果的に、運用語彙・認識語彙を増やすために、最も頻度の高いコロケーションを、コーパスを用いて選びました。また、そのコロケーションの「カテゴリー」を記すことで、類語の使い分けができるようにしました。さらに、加速的ボキャビルの基本である、類語ボキャビルアプローチによって、類語のニュアンスや使い分けを説明し、運用・認識語彙を同時に増やせるようにしました。

　句動詞に関しては、必須句動詞グループを厳選し、各グループの句動詞の使い分けと頻度を示し、覚えやすくするために由来を記しています。その他の重要句動詞は、特に重要なものにマーキングしました。また、読解・リスニング問題のスコアをUPさせ、かつ英語の発信力をUPさせるのに欠かせない、「時事英語語彙」と「必須イディオムグループ」を厳選しています。さらに、ボキャビルに効果的な重要語根・音素・紛らわしい語のワンポイントレッスンを挿入しました。最後に、それらすべての語彙を最短距離でマスターするために、MP3で4時間分の音声を収録しました。

　以上のような画期的なボキャビルの決定版の制作にあたって、多大な努力をしてくれたアクエアリーズスタッフの小野塚平氏（第1章形容詞・動詞と英文翻訳）、Michy里中氏（第1章形容詞）、祐田直子氏（第1章動詞）、田中秀樹氏（第1章動詞と校正）、長谷川幸男氏（第1章名詞）、磯川将兵氏（第1章形容詞）、後藤克啓氏（第1章動詞）、米岡エリ氏（第1章動詞）、上田敏子氏（第2章・第3章と校正）、および、本書執筆の母体となった参考文献の著書の方々には、心から感謝の意を表したいと思います。それから何よりも、われわれの努力の結晶である著書をいつも愛読してくださる読者の皆さんには、心からお礼を申し上げます。それでは皆さん、明日に向かってボキャブラリービルディングの道を

Let's enjoy the process!（陽は必ず昇る！）Thank you!

植田一三（Ichay Ueda）

目次

プロローグ　3

序　章　英検1級ボキャビルの極意と語彙力診断　19

第1章　最重要類語グループでボキャブラリービルディング

第1日　英検1級最重要類語グループ **rank1**「素晴らしい・魅力 [魅惑] 的な」
　　　　　　　　　　　　　　　　　　　　　　　　　　　　　　　　32
　　　驚異のスーパー語彙力加速的UP例文　33
　　　コロケーションとニュアンスで「発信型」語彙力UP　33
　　　ライティング＆スピーキング力UP! 類語使い分けマスター　34

英検1級最重要類語グループ **rank2**「ひどい・極悪の」　35
　　　驚異のスーパー語彙力加速的UP例文　35
　　　コロケーションとニュアンスで「発信型」語彙力UP　36
　　　ライティング＆スピーキング力UP! 類語使い分けマスター　37
　　●語根の力で1級語彙光速マスター！①　37

英検1級最重要類語グループ **rank3**「優しい・気前がいい」　39
　　　驚異のスーパー語彙力加速的UP例文　39
　　　コロケーションとニュアンスで「発信型」語彙力UP　40
　　　ライティング＆スピーキング力UP! 類語使い分けマスター　41

英検1級最重要類語グループ **rank4**「悲痛の」　42
　　　驚異のスーパー語彙力加速的UP例文　42
　　　コロケーションとニュアンスで「発信型」語彙力UP　43
　　　ライティング＆スピーキング力UP! 類語使い分けマスター　43
　　●その他の重要類語グループ　ランク1　①　44

第2日　英検1級最重要類語グループ **rank5**「喜んだ」　46
　　　驚異のスーパー語彙力加速的UP例文　46
　　　コロケーションとニュアンスで「発信型」語彙力UP　47
　　　ライティング＆スピーキング力UP! 類語使い分けマスター　47

英検1級最重要類語グループ **rank6**「満ちあふれて・いっぱいの」　48
　　　驚異のスーパー語彙力加速的UP例文　48

コロケーションとニュアンスで「発信型」語彙力UP　48
ライティング&スピーキング力UP! 類語使い分けマスター　49
● 語根の力で1級語彙光速マスター！②　50

英検1級最重要類語グループ rank7「ありふれた・つまらない」 51
驚異のスーパー語彙力加速的UP例文　51
コロケーションとニュアンスで「発信型」語彙力UP　52
ライティング&スピーキング力UP! 類語使い分けマスター　52

英検1級最重要類語グループ rank8「恐ろしい」 53
驚異のスーパー語彙力加速的UP例文　53
コロケーションとニュアンスで「発信型」語彙力UP　53
ライティング&スピーキング力UP! 類語使い分けマスター　54
● その他の重要類語グループ　ランク1　②　55

第3日

英検1級最重要類語グループ rank9「頑固な・断固たる」 57
驚異のスーパー語彙力加速的UP例文　57
コロケーションとニュアンスで「発信型」語彙力UP　58
ライティング&スピーキング力UP! 類語使い分けマスター　58

英検1級最重要類語グループ rank10「非情な」 59
驚異のスーパー語彙力加速的UP例文　59
コロケーションとニュアンスで「発信型」語彙力UP　59
ライティング&スピーキング力UP! 類語使い分けマスター　60
● 語根の力で1級語彙光速マスター！③　60

英検1級最重要類語グループ rank11「神秘的な・不可解な」 62
驚異のスーパー語彙力加速的UP例文　62
コロケーションとニュアンスで「発信型」語彙力UP　62
ライティング&スピーキング力UP! 類語使い分けマスター　63

英検1級最重要類語グループ rank12「勇敢な」 64
驚異のスーパー語彙力加速的UP例文　64
コロケーションとニュアンスで「発信型」語彙力UP　65
ライティング&スピーキング力UP! 類語使い分けマスター　65
● その他の重要類語グループ　ランク1　③　66

第4日

英検1級最重要類語グループ rank13「情熱的な・気合の入った」 68
驚異のスーパー語彙力加速的UP例文　68
コロケーションとニュアンスで「発信型」語彙力UP　68
ライティング&スピーキング力UP! 類語使い分けマスター　69

英検1級最重要類語グループ rank14「厳しい・独裁的な」 70

　　　　驚異のスーパー語彙力加速的UP例文　70
　　　　コロケーションとニュアンスで「発信型」語彙力UP　70
　　　　ライティング&スピーキング力UP！ 類語使い分けマスター　71
　　　　● 語根の力で1級語彙光速マスター！④　72
　　英検1級最重要類語グループ rank15「完全な・最高の・無欠の」　73
　　　　驚異のスーパー語彙力加速的UP例文　73
　　　　コロケーションとニュアンスで「発信型」語彙力UP　74
　　　　ライティング&スピーキング力UP！ 類語使い分けマスター　75
　　英検1級最重要類語グループ rank16「明確な・わかりやすい」　76
　　　　驚異のスーパー語彙力加速的UP例文　76
　　　　コロケーションとニュアンスで「発信型」語彙力UP　77
　　　　ライティング&スピーキング力UP！ 類語使い分けマスター　77
　　　　● その他の重要類語グループ　ランク1　④　78

第5日　英検1級最重要類語グループ rank17「傲慢な・生意気な」　80
　　　　驚異のスーパー語彙力加速的UP例文　80
　　　　コロケーションとニュアンスで「発信型」語彙力UP　81
　　　　ライティング&スピーキング力UP！ 類語使い分けマスター　81
　　英検1級最重要類語グループ rank18「元気な」　82
　　　　驚異のスーパー語彙力加速的UP例文　82
　　　　コロケーションとニュアンスで「発信型」語彙力UP　82
　　　　ライティング&スピーキング力UP！ 類語使い分けマスター　83
　　　　● 語根の力で1級語彙光速マスター！⑤　84
　　英検1級最重要類語グループ rank19「熱い」　85
　　　　驚異のスーパー語彙力加速的UP例文　85
　　　　コロケーションとニュアンスで「発信型」語彙力UP　86
　　　　ライティング&スピーキング力UP！ 類語使い分けマスター　86
　　英検1級最重要類語グループ rank20「貪欲な・渇望して」　87
　　　　驚異のスーパー語彙力加速的UP例文　87
　　　　コロケーションとニュアンスで「発信型」語彙力UP　87
　　　　ライティング&スピーキング力UP！ 類語使い分けマスター　88
　　　　● その他の重要類語グループ　ランク1　⑤　89

第6日　英検1級最重要類語グループ rank21「賢い」　91
　　　　驚異のスーパー語彙力加速的UP例文　91
　　　　コロケーションとニュアンスで「発信型」語彙力UP　91
　　　　ライティング&スピーキング力UP！ 類語使い分けマスター　92

英検1級最重要類語グループ rank22「値段が高い・贅沢な」 93
　　驚異のスーパー語彙力加速的UP例文　93
　　コロケーションとニュアンスで「発信型」語彙力UP　94
　　ライティング＆スピーキング力UP! 類語使い分けマスター　94
　　●語根の力で1級語彙光速マスター！⑥　95
英検1級最重要類語グループ rank23「従順な・追従する」 96
　　驚異のスーパー語彙力加速的UP例文　96
　　コロケーションとニュアンスで「発信型」語彙力UP　96
　　ライティング＆スピーキング力UP! 類語使い分けマスター　97
英検1級最重要類語グループrank24「不明確な・わかりにくい」 98
　　驚異のスーパー語彙力加速的UP例文　98
　　コロケーションとニュアンスで「発信型」語彙力UP　98
　　ライティング＆スピーキング力UP! 類語使い分けマスター　99
英検1級最重要類語グループ rank25「変わった・突飛な」 100
　　驚異のスーパー語彙力加速的UP例文　100
　　コロケーションとニュアンスで「発信型」語彙力UP　100
　　ライティング＆スピーキング力UP! 類語使い分けマスター　101
　　●その他の重要類語グループ　ランク2　①　102

第7日 英検1級最重要類語グループ rank26「太い」 104
　　驚異のスーパー語彙力加速的UP例文　104
　　コロケーションとニュアンスで「発信型」語彙力UP　104
　　ライティング＆スピーキング力UP! 類語使い分けマスター　105
英検1級最重要類語グループ rank27「内気・おとなしい・臆病な」
106
　　驚異のスーパー語彙力加速的UP例文　106
　　コロケーションとニュアンスで「発信型」語彙力UP　106
　　ライティング＆スピーキング力UP! 類語使い分けマスター　107
　　●語根の力で1級語彙光速マスター！⑦　108
英検1級最重要類語グループ rank28「大変な・疲れさせる」 109
　　驚異のスーパー語彙力加速的UP例文　109
　　コロケーションとニュアンスで「発信型」語彙力UP　109
　　ライティング＆スピーキング力UP! 類語使い分けマスター　110
英検1級最重要類語グループ rank29「気難しい・怒りっぽい」 111
　　驚異のスーパー語彙力加速的UP例文　111
　　コロケーションとニュアンスで「発信型」語彙力UP　111
　　ライティング＆スピーキング力UP! 類語使い分けマスター　112

英検1級最重要類語グループ rank30「辛らつな・棘のある」 113
　　驚異のスーパー語彙力加速的UP例文　113
　　コロケーションとニュアンスで「発信型」語彙力UP　113
　　ライティング&スピーキング力UP! 類語使い分けマスター　114
　　●その他の重要類語グループ　ランク2　②　115

第8日
英検1級最重要類語グループ rank31「怒って・苛立って」 117
　　驚異のスーパー語彙力加速的UP例文　117
　　コロケーションとニュアンスで「発信型」語彙力UP　118
　　ライティング&スピーキング力UP! 類語使い分けマスター　118

英検1級最重要類語グループ rank32「ぼろぼろの・みすぼらしい」
　　　　　　　　　　　　　　　　　　　　　　　　　　120
　　驚異のスーパー語彙力加速的UP例文　120
　　コロケーションとニュアンスで「発信型」語彙力UP　120
　　ライティング&スピーキング力UP! 類語使い分けマスター　121
　　●語根の力で1級語彙光速マスター！⑧　121

英検1級最重要類語グループ rank33「いやらしい・好色の」 123
　　驚異のスーパー語彙力加速的UP例文　123
　　コロケーションとニュアンスで「発信型」語彙力UP　123
　　ライティング&スピーキング力UP! 類語使い分けマスター　124

英検1級最重要類語グループ rank34「豊かな」 125
　　驚異のスーパー語彙力加速的UP例文　125
　　コロケーションとニュアンスで「発信型」語彙力UP　125
　　ライティング&スピーキング力UP! 類語使い分けマスター　126

英検1級最重要類語グループ rank35「冷めた・冷静な」 127
　　驚異のスーパー語彙力加速的UP例文　127
　　コロケーションとニュアンスで「発信型」語彙力UP　127
　　ライティング&スピーキング力UP! 類語使い分けマスター　128
　　●その他の重要類語グループ　ランク2　③　129

第9日
英検1級最重要類語グループ rank36「間抜けな・馬鹿げた・頭のおかしい」 132
　　驚異のスーパー語彙力加速的UP例文　132
　　コロケーションとニュアンスで「発信型」語彙力UP　132
　　ライティング&スピーキング力UP! 類語使い分けマスター　133

英検1級最重要類語グループ rank37「大きい・膨大な」 134
　　驚異のスーパー語彙力加速的UP例文　134

　　　　コロケーションとニュアンスで「発信型」語彙力UP　134
　　　　ライティング＆スピーキング力UP! 類語使い分けマスター　135
　　英検1級最重要類語グループ rank38「おいしい」 136
　　　　驚異のスーパー語彙力加速的UP例文　136
　　　　コロケーションとニュアンスで「発信型」語彙力UP　137
　　　　ライティング＆スピーキング力UP! 類語使い分けマスター　137
　　英検1級最重要類語グループ rank39「変わりやすい・むら気の」 138
　　　　驚異のスーパー語彙力加速的UP例文　138
　　　　コロケーションとニュアンスで「発信型」語彙力UP　139
　　　　ライティング＆スピーキング力UP! 類語使い分けマスター　139
　　英検1級最重要類語グループ rank40「軽蔑的な」 140
　　　　驚異のスーパー語彙力加速的UP例文　140
　　　　コロケーションとニュアンスで「発信型」語彙力UP　140
　　　　ライティング＆スピーキング力UP! 類語使い分けマスター　141
　　　　● その他の重要コロケーション　ランク3　142

| 第10日 | 英検1級最重要類語グループ rank1「破壊する」 144
　　　　驚異のスーパー語彙力加速的UP例文　144
　　　　コロケーションとニュアンスで「発信型」語彙力UP　145
　　　　ライティング＆スピーキング力UP! 類語使い分けマスター　145
　　英検1級最重要類語グループ rank2「妨げる・防ぐ」 146
　　　　驚異のスーパー語彙力加速的UP例文　146
　　　　コロケーションとニュアンスで「発信型」語彙力UP　147
　　　　ライティング＆スピーキング力UP! 類語使い分けマスター　148
　　　　● 語根の力で1級語彙光速マスター！⑨　148
　　英検1級最重要類語グループ rank3「非難する・叱る」 150
　　　　驚異のスーパー語彙力加速的UP例文　151
　　　　コロケーションとニュアンスで「発信型」語彙力UP　151
　　　　ライティング＆スピーキング力UP! 類語使い分けマスター　152
　　英検1級最重要類語グループ rank4「魅了する・そそのかす」 153
　　　　驚異のスーパー語彙力加速的UP例文　153
　　　　コロケーションとニュアンスで「発信型」語彙力UP　154
　　　　ライティング＆スピーキング力UP! 類語使い分けマスター　154
　　　　● その他の重要類語グループ　ランク1　①　155

| 第11日 | 英検1級最重要類語グループ rank5「改善する・直す」 157
　　　　驚異のスーパー語彙力加速的UP例文　157

コロケーションとニュアンスで「発信型」語彙力UP　158
　　　ライティング&スピーキング力UP! 類語使い分けマスター　158
　英検1級最重要類語グループ rank6「和らげる」　160
　　　驚異のスーパー語彙力加速的UP例文　160
　　　コロケーションとニュアンスで「発信型」語彙力UP　160
　　　ライティング&スピーキング力UP! 類語使い分けマスター　161
　　　●語根の力で1級語彙光速マスター！⑩　162
　英検1級最重要類語グループ rank7「引き起こす」　163
　　　驚異のスーパー語彙力加速的UP例文　163
　　　コロケーションとニュアンスで「発信型」語彙力UP　164
　　　ライティング&スピーキング力UP! 類語使い分けマスター　164
　英検1級最重要類語グループ rank8「侵害する・破る」　166
　　　驚異のスーパー語彙力加速的UP例文　166
　　　コロケーションとニュアンスで「発信型」語彙力UP　167
　　　ライティング&スピーキング力UP! 類語使い分けマスター　167
　　　●その他の重要類語グループ　ランク1　②　168

第12日　英検1級最重要類語グループ rank9「盗む・略奪する」　170
　　　驚異のスーパー語彙力加速的UP例文　170
　　　コロケーションとニュアンスで「発信型」語彙力UP　171
　　　ライティング&スピーキング力UP! 類語使い分けマスター　171
　　　●音素の力で1級語彙光速マスター！①　172
　英検1級最重要類語グループ rank10「害・傷害を与える」　174
　　　驚異のスーパー語彙力加速的UP例文　174
　　　コロケーションとニュアンスで「発信型」語彙力UP　174
　　　ライティング&スピーキング力UP! 類語使い分けマスター　175
　英検1級最重要類語グループ rank11「軽蔑する」　176
　　　驚異のスーパー語彙力加速的UP例文　176
　　　コロケーションとニュアンスで「発信型」語彙力UP　176
　　　ライティング&スピーキング力UP! 類語使い分けマスター　177
　英検1級最重要類語グループ rank12「褒める」　178
　　　驚異のスーパー語彙力加速的UP例文　178
　　　コロケーションとニュアンスで「発信型」語彙力UP　178
　　　ライティング&スピーキング力UP! 類語使い分けマスター　179
　　　●その他の重要類語グループ　ランク1　③　180

第13日	英検1級最重要類語グループ rank13「戦う・奮闘する・口論する」 182

  驚異のスーパー語彙力加速的UP例文　182
  コロケーションとニュアンスで「発信型」語彙力UP　183
  ライティング＆スピーキング力UP!　類語使い分けマスター　183
  ● 音素の力で1級語彙光速マスター！② 184

 英検1級最重要類語グループ rank14「避ける」 185
  驚異のスーパー語彙力加速的UP例文　185
  コロケーションとニュアンスで「発信型」語彙力UP　186
  ライティング＆スピーキング力UP!　類語使い分けマスター　186
  ● 音素の力で1級語彙光速マスター！③ 187

 英検1級最重要類語グループ rank15「調べる」 188
  驚異のスーパー語彙力加速的UP例文　188
  コロケーションとニュアンスで「発信型」語彙力UP　188
  ライティング＆スピーキング力UP!　類語使い分けマスター　189

 英検1級最重要類語グループ rank16「ためらう・尻込みする」 190
  驚異のスーパー語彙力加速的UP例文　190
  コロケーションとニュアンスで「発信型」語彙力UP　190
  ライティング＆スピーキング力UP!　類語使い分けマスター　191
  ● その他の重要類語グループ　ランク1　④ 192

第14日	英検1級最重要類語グループ rank17「思う・推測する」 194

  驚異のスーパー語彙力加速的UP例文　194
  コロケーションとニュアンスで「発信型」語彙力UP　194
  ライティング＆スピーキング力UP!　類語使い分けマスター　195

 英検1級最重要類語グループ rank18「求める・望む」 196
  驚異のスーパー語彙力加速的UP例文　196
  コロケーションとニュアンスで「発信型」語彙力UP　196
  ライティング＆スピーキング力UP!　類語使い分けマスター　197

 英検1級最重要類語グループ rank19「減少する・削減する」 198
  驚異のスーパー語彙力加速的UP例文　198
  コロケーションとニュアンスで「発信型」語彙力UP　198
  ライティング＆スピーキング力UP!　類語使い分けマスター　199

 英検1級最重要類語グループ rank20「吹き出す・放つ」 200
  驚異のスーパー語彙力加速的UP例文　200
  コロケーションとニュアンスで「発信型」語彙力UP　200
  ライティング＆スピーキング力UP!　類語使い分けマスター　201

● その他の重要類語グループ　ランク2　①　202

第15日 英検1級最重要類語グループ **rank21**「広める」 204
　　驚異のスーパー語彙力加速的UP例文　204
　　コロケーションとニュアンスで「発信型」語彙力UP　205
　　ライティング＆スピーキング力UP!　類語使い分けマスター　205
英検1級最重要類語グループ **rank22**「抑制する」 206
　　驚異のスーパー語彙力加速的UP例文　206
　　コロケーションとニュアンスで「発信型」語彙力UP　206
　　ライティング＆スピーキング力UP!　類語使い分けマスター　207
　　● 紛らわしい語をマスター!①　208
英検1級最重要類語グループ **rank23**「殺す」 209
　　驚異のスーパー語彙力加速的UP例文　209
　　コロケーションとニュアンスで「発信型」語彙力UP　210
　　ライティング＆スピーキング力UP!　類語使い分けマスター　210
英検1級最重要類語グループ **rank24**「驚かす」 211
　　驚異のスーパー語彙力加速的UP例文　211
　　コロケーションとニュアンスで「発信型」語彙力UP　211
　　ライティング＆スピーキング力UP!　類語使い分けマスター　212
英検1級最重要類語グループ **rank25**「与える」 213
　　驚異のスーパー語彙力加速的UP例文　213
　　コロケーションとニュアンスで「発信型」語彙力UP　214
　　ライティング＆スピーキング力UP!　類語使い分けマスター　214
　　● その他の重要類語グループ　ランク2　②　215

第16日 英検1級最重要類語グループ **rank26**「教える」 217
　　驚異のスーパー語彙力加速的UP例文　217
　　コロケーションとニュアンスで「発信型」語彙力UP　217
　　ライティング＆スピーキング力UP!　類語使い分けマスター　218
英検1級最重要類語グループ **rank27**「追放する」 219
　　驚異のスーパー語彙力加速的UP例文　219
　　コロケーションとニュアンスで「発信型」語彙力UP　219
　　ライティング＆スピーキング力UP!　類語使い分けマスター　220
　　● 紛らわしい語をマスター!②　220
英検1級最重要類語グループ **rank28**「だます」 222
　　驚異のスーパー語彙力加速的UP例文　222
　　コロケーションとニュアンスで「発信型」語彙力UP　223

ライティング&スピーキング力UP! 類語使い分けマスター　223
　英検1級最重要類語グループ　rank29「支持する・強化する」　224
　　　驚異のスーパー語彙力加速的UP例文　224
　　　コロケーションとニュアンスで「発信型」語彙力UP　225
　　　ライティング&スピーキング力UP! 類語使い分けマスター　225
　英検1級最重要類語グループ　rank30「同意する・承諾する」　226
　　　驚異のスーパー語彙力加速的UP例文　226
　　　コロケーションとニュアンスで「発信型」語彙力UP　226
　　　ライティング&スピーキング力UP! 類語使い分けマスター　227
　　　● その他の重要類語グループ　ランク2　③　228

第17日　英検1級最重要類語グループ　rank31「無効にする」　229
　　　驚異のスーパー語彙力加速的UP例文　229
　　　コロケーションとニュアンスで「発信型」語彙力UP　230
　　　ライティング&スピーキング力UP! 類語使い分けマスター　230
　英検1級最重要類語グループ　rank32「放棄する・棄てる」　231
　　　驚異のスーパー語彙力加速的UP例文　231
　　　コロケーションとニュアンスで「発信型」語彙力UP　232
　　　ライティング&スピーキング力UP! 類語使い分けマスター　232
　　　● 紛らわしい語をマスター！③　233
　英検1級最重要類語グループ　rank33「拒絶する」　234
　　　驚異のスーパー語彙力加速的UP例文　234
　　　コロケーションとニュアンスで「発信型」語彙力UP　235
　　　ライティング&スピーキング力UP! 類語使い分けマスター　235
　英検1級最重要類語グループ　rank34「示す・証明する」　236
　　　驚異のスーパー語彙力加速的UP例文　236
　　　コロケーションとニュアンスで「発信型」語彙力UP　237
　　　ライティング&スピーキング力UP! 類語使い分けマスター　237
　英検1級最重要類語グループ　rank35「没収する・横領する」　238
　　　驚異のスーパー語彙力加速的UP例文　238
　　　コロケーションとニュアンスで「発信型」語彙力UP　239
　　　ライティング&スピーキング力UP! 類語使い分けマスター　239
　　　● その他の重要コロケーション　ランク3　240

第18日　英検1級最重要類語グループ　rank36「割り当てる」　242
　　　驚異のスーパー語彙力加速的UP例文　242
　　　コロケーションとニュアンスで「発信型」語彙力UP　243

　　　　ライティング&スピーキング力UP! 類語使い分けマスター　243

　英検1級最重要類語グループ rank37「不平を言う」 244
　　　　驚異のスーパー語彙力加速的UP例文　244
　　　　コロケーションとニュアンスで「発信型」語彙力UP　245
　　　　ライティング&スピーキング力UP! 類語使い分けマスター　245

　英検1級最重要類語グループ rank38「言う・話す」 246
　　　　驚異のスーパー語彙力加速的UP例文　246
　　　　コロケーションとニュアンスで「発信型」語彙力UP　247
　　　　ライティング&スピーキング力UP! 類語使い分けマスター　247

　英検1級最重要類語グループ rank39「越える・負かす」 249
　　　　驚異のスーパー語彙力加速的UP例文　249
　　　　コロケーションとニュアンスで「発信型」語彙力UP　250
　　　　ライティング&スピーキング力UP! 類語使い分けマスター　250

　英検1級最重要類語グループ rank40「汚す・汚染する」 251
　　　　驚異のスーパー語彙力加速的UP例文　251
　　　　コロケーションとニュアンスで「発信型」語彙力UP　252
　　　　ライティング&スピーキング力UP! 類語使い分けマスター　252
　　　　● 紛らわしい語をマスター!④　253

| 第19日 | 英検1級最重要類語グループ rank1「反抗・政変」 254 |

　　　　コロケーションとニュアンスで「発信型」語彙力UP　254
　　　　ライティング&スピーキング力UP! 類語使い分けマスター　255

　英検1級最重要類語グループ rank2「失敗・過失」 256
　　　　コロケーションとニュアンスで「発信型」語彙力UP　256
　　　　ライティング&スピーキング力UP! 類語使い分けマスター　257
　　　　● その他の重要類語グループ　ランク1　258

　英検1級最重要類語グループ rank3「不安・迷い・恐れ」 260
　　　　コロケーションとニュアンスで「発信型」語彙力UP　260
　　　　ライティング&スピーキング力UP! 類語使い分けマスター　261

　英検1級最重要類語グループ rank4「影響・結果」 262
　　　　コロケーションとニュアンスで「発信型」語彙力UP　262
　　　　ライティング&スピーキング力UP! 類語使い分けマスター　263

　英検1級最重要類語グループ rank5「規則」 264
　　　　コロケーションとニュアンスで「発信型」語彙力UP　264
　　　　ライティング&スピーキング力UP! 類語使い分けマスター　265
　　　　● その他の重要類語グループ　ランク2　265

第20日	英検1級最重要類語グループ rank6「傾向・性向」 268
	コロケーションとニュアンスで「発信型」語彙力UP 268
	ライティング&スピーキング力UP! 類語使い分けマスター 269
	● その他の重要コロケーション ランク3 269
	英検1級最重要類語グループ rank7「道具・設備」 272
	コロケーションとニュアンスで「発信型」語彙力UP 272
	ライティング&スピーキング力UP! 類語使い分けマスター 273
	英検1級最重要類語グループ rank8「困難・苦境」 274
	コロケーションとニュアンスで「発信型」語彙力UP 274
	ライティング&スピーキング力UP! 類語使い分けマスター 275
	英検1級最重要類語グループ rank9「典型」 276
	コロケーションとニュアンスで「発信型」語彙力UP 276
	ライティング&スピーキング力UP! 類語使い分けマスター 277
	英検1級最重要類語グループ rank10「名残・面影・残り物」 278
	コロケーションとニュアンスで「発信型」語彙力UP 278
	ライティング&スピーキング力UP! 類語使い分けマスター 279

第2章 最重要句動詞・イディオムグループでリスニング・リーディング力UP

第21日	英検1級句動詞問題&リスニング・読解問題スコアUP 最重要句動詞&イディオムマスター! **Part1** 282
	・句動詞&リスニング・読解問題スコアUP 必須句動詞グループ徹底マスター! ① 282
	● その他の重要句動詞徹底マスター! ① 286
	・リスニング・読解問題スコアUP 必須口語表現グループ徹底マスター!《動詞》① 288
第22日	英検1級句動詞問題&リスニング・読解問題スコアUP 最重要句動詞&イディオムマスター! **Part2** 292
	・句動詞&リスニング・読解問題スコアUP 必須句動詞グループ徹底マスター! ② 292
	● その他の重要句動詞徹底マスター! ② 295
	・リスニング・読解問題スコアUP 必須口語表現グループ徹底マスター!《動詞》② 297

第23日	英検1級句動詞問題＆リスニング・読解問題スコアUP 最重要句動詞＆イディオムマスター！　Part3　302
	・句動詞＆リスニング・読解問題スコアUP　必須句動詞グループ徹底マスター！③　302
	● その他の重要句動詞徹底マスター！③　305
	・リスニング・読解問題スコアUP　必須口語表現グループ徹底マスター！《動詞》③ 307
第24日	英検1級句動詞問題＆リスニング・読解問題スコアUP 最重要句動詞＆イディオムマスター！　Part4　313
	・句動詞＆リスニング・読解問題スコアUP　必須句動詞グループ徹底マスター！④ 313
	● その他の重要句動詞徹底マスター！④　317
	・リスニング・読解問題スコアUP　必須口語表現グループ徹底マスター！《形容詞》① 319
第25日	英検1級句動詞問題＆リスニング・読解問題スコアUP 最重要句動詞＆イディオムマスター！　Part5　322
	・句動詞＆リスニング・読解問題スコアUP　必須句動詞グループ徹底マスター！⑤ 322
	● その他の重要句動詞徹底マスター！⑤　325
	・リスニング・読解問題スコアUP　必須口語表現グループ徹底マスター！《形容詞》② 327

第3章　必須時事英語表現でリーディング・リスニング力UP

第26日	読解・リスニング・エッセイ問題スコアUP＆2次試験合格必須 時事英語表現マスター！①　エコロジー・気象・医学　332
	・エコロジー　332　・気象　333　・医療全般　334　・人体　337
第27日	読解・リスニング・エッセイ問題スコアUP＆2次試験合格必須 時事英語表現マスター！②　テクノロジー・コンピュータ・数学・ 化学・宇宙・地学　338
	・物理一般　338　・電気・機械　339　・コンピュータ・数学　340
	・化学一般　342　・スペースサイエンス　343　・アースサイエンス　344
	● 時事英語復習テストにチャレンジ！①　346

17

第28日	読解・リスニング・エッセイ問題スコア**UP**＆**2**次試験合格必須時事英語表現マスター！③　文化・教育・交通・建物・生活　347

・宗教・哲学・歴史・文化・人類学　347　・学校・教育・スポーツ　352
・交通・観光　355　・建物・生活　356

第29日	読解・リスニング・エッセイ問題スコア**UP**＆**2**次試験合格必須時事英語表現マスター！④　社会問題・政治　359

・一般社会問題　359　・国際政治　362　・政治一般　364

第30日	読解・リスニング・エッセイ問題スコア**UP**＆**2**次試験合格必須時事英語表現マスター！⑤　経済・ビジネス　367

・経済・財政　367　・会社経営　370　・ビジネス一般　372
● 時事英語復習テストにチャレンジ！②　374

序章 英検1級ボキャビルの極意と語彙力診断

　英検は、他の資格検定試験と異なり、非常に充実した検定試験です。特に英検1級は、高度な語彙力、読解力、リスニング力の他、社会問題についてエッセイを書いたり、討論をするライティング力、スピーキング力など、英語のスキルを幅広く評価する素晴らしい検定試験です。その中でも特に素晴らしいのは英検1級の語彙問題で、タイムやエコノミストのような高度な英語の文献を読んだり、CNNなどの英語放送を聴いて内容を理解するのに必要な15,000語水準までの語彙力や句動詞の知識がテストされます。

ところが、語彙問題の平均水準が「9千語レベル」となっているので、語彙力の乏しい人にとっては、語彙問題のハードルは高く、事実、25点満点中、受験者全体の平均点が13点、合格者のみでは17点となっています。この語彙セクションの出来栄えは、語彙問題のスコアだけでなく、読解問題やリスニング問題のスコアにも大きく影響してくるので、是が非でも、効果的な最短距離ボキャブラリービルディングにより、スコアUPをしていただきたいものです。

そこでまず、英語の語彙レベルを、頻度に基づき10段階と語彙水準に分け、各種英語検定との比較、ネイティブスピーカーが意味を言える比率の点から、説明していきたいと思います。

ボキャブラリー頻度・英語検定対照表

レベル	グーグル件数（目安）	英語検定ランク	ネイティブ理解	ボキャブラリー例（カッコ内はグーグル件数）（億のついていない単位は万）
1	1億以上	英検2級/TOEIC 520点	90%理解	mature(2.4億), luxury(2.3億) rural(1.4億), legal(8億)
2	3000-9999万	TOEIC 640点/iBT TOEFL 58点/IELTS 5点	85%理解	subtle(3500), apparent(5800) decent(6700), harsh(3700) investigate(5400)

3	2000 – 2999万	英検準1級 TOEIC760点/ iBT TOEFL 72点/ IELTS 6点	80% 理解	clarify(2400), expire(2200) induce(2200), exquisite(2900) drought(1900), defective(2700)
4	1000 – 1999万	TOIEC 840点 / iBT TOEFL 84点 / IELTS 6.5点	70% 理解	implication(1600), intriguing(1600) rigorous(1800), intricate(1400), coincide(1400)
5	650 – 999万	英検1級平均 TOEIC 950点/ iBT TOEFL 100点 /IELTS 7点	65% 理解	bleak(670), preclude(760), arid(900) ruthless(800), retribution(870) plight(680), rampant(840), esoteric(620)
6	300 – 649万	英検1級上級/ iBT TOEFL 110点 /IELTS 8点 / GRE 560点	60% 理解	exhilarating(413), cataclysm(484) flamboyant(441), attrition(320) expedite(460), flagrant(328) scourge(438),
7	200 – 299万	GRE 640点	50% 理解	nefarious(223), egregious(206) exuberant(276), anathema(223)
8	100 – 199万	GRE 720点	40% 理解	alacrity(115), decrepit(102) truculent(102), recalcitrant(104)
9	50 – 99万	GRE760点	30% 理解	ineffable(90), cantankerous(56) effrontery(68), equanimity(64) inimical(59), chicanery(34)
10	0 – 49万	GRE800点	20% 理解	temerity(36), blandishment(12) vitiate(28)

　まず、レベル1のグーグル件数1億以上は、大体、英検2級レベル（TOEIC 520点）の、運用すべき語彙で、米国人を例にとれば、ネイティブでも移民や不法滞在者を含めてわからないと思われる人が10%はいると思われます。レベル2と3のボーダーラインである3000万は5千語水準、つまりやや難関といわれ

る大学入試を突破でき、英検2級に余裕合格できる語彙レベルです。次に、3と4のボーダーである2000万は6千語水準で、トップの難関大学、準1級語彙問題の平均レベルです。4の中間である1500万は7千語水準で、準1級余裕合格レベルです。この語彙レベルでは、TOEICで高得点を取れるようになり、簡単な洋書なら読むことができます。ちなみに、米国大学入試問題であるSATのスコアの平均は、州立大学の低いところでは、準1級合格者の平均と変わらないところから、この水準の語彙のネイティブの理解度は7割弱と言えます。

　4と5のボーダーである1000万は8千語水準で、英検1級合格に必要な最低レベルの語彙レベルで、英字新聞はかなり楽に読め、TIMEやNEWSWEEK、The Economistといった高度な英字誌は、未知の単語を推測しながら大体理解できるようになります。5の中間である825万は9千語水準で、英検語彙問題の平均レベルです。この域に達すると、英検1級の語彙問題は8割ぐらい取れるようになります。5のボーダーである650万は1万語水準で、国内の英字新聞ならレベル6で楽に読め、英検1級の語彙問題は9割以上取れるでしょうが、まだまだタイム・洋書では未知語がどんどん出てくるでしょう。

　6と7のボーダーである300万は1.3万語水準で、英検1級の語彙問題ならほぼ満点が取れ、タイム・洋書も大分クリアに読めるようになってきます。7と8のボーダーである200万は1.5万語水準で、英検1級の語彙問題は満点が取れるようになり、米国大学院入試であるGREのverbal sectionで8割以上が取れるようになります。8と9のボーダーである100万は2万語水準で、最後のボーダーである50万と同様、ネイティブの理解度2～3割という非常に高度な語彙になり、このレベルまで来ると、タイム・洋書を読んでも分野別語彙以外はほとんど未知語が無くなり、GREで9割以上の高得点を取れるようになってきます。これらの語彙をマニアックという人もいるかもしれませんが、高度な英語文献では使われる語彙なので、タイムなどを辞書なしで読めるようになりたい人は、この域になるまでボキャビルにチャレンジしましょう。

　さて、今度は英検の過去の問題の語彙レベルを見ていきましょう。英検1級の語彙問題は、①6千～8千語水準、②9千～1.1万語水準、③1.2万語水準以上の3段階に分かれ（各レベルの単語の詳細につきましては、第1章の90ある類語（形容詞・動詞・名詞）の表をご参照ください）、大体、①が約25％、②が約50％、③が25％の比率で出題されます。そして、非常に簡単な時は平均8500語水準、高いときは1万語水準の、平均レベルは9400語水準と言えるでしょう。

しかし、過去数年間で、最上級レベルの語彙問題の割合が4割を超える約8問が出題された年度が数回あるので、「最上級レベル」のボキャビルもそれなりに必要と言えます。

さらに、過去の20年間の英検1級の語彙問題分析によれば、問題で解答となった語彙が将来問題として出題される確率（平均30%）よりも、解答ではない選択肢の語彙が将来問題の解答として出題される確率の方が高く、後者の解答ではない選択肢も毎回の試験ごとに丁寧に見ておく必要があります。

語彙水準についておわかりいただけたところで、今度は、皆さんに、現在の語彙力を診断するテストを受けていただきましょう。問題構成は、①一般語彙20問、②句動詞＆口語表現20問 ③時事英語20問。制限時間は10分です。準備はいいですか？　それでは、スタート！

1. プレ診断テスト（一般語彙）

1. enjoy a (　　) celebration（歓喜に満ちた祝典を楽しむ）
    1. forensic 2. haggard 3. jubilant 4. lukewarm
2. do an (　　) stage performance（完璧な舞台演劇をする）
    1. immaculate 2. incumbent 3. insidious 4. insolvent
3. wear a(n) (　　) clothes（風変わりな服装をする）
    1. acrimonious 2. fortuitous 3. iniquitous 4. outlandish
4. make a (　　) remarks about a boss（上司の悪口を言う）
    1. resilient 2. snide 3. scrupulous 4. sedentary
5. the (　　) mysteries of ancient Egypt（古代エジプトの神秘的な謎）
    1. analogous 2. arcane 3. articulate 4. avaricious
6. make (　　) criticism of the government（政府を痛烈に批判する）
    1. devout 2. dexterous 3. inscrutable 4. scathing
7. take a(n) (　　) attitude toward politics（政治に無関心な態度を取る）
    1. intrinsic 2. lenient 3. nonchalant 4. sardonic
8. enjoy a (　　) lunch（おいしいランチを楽しむ）
    1. grueling 2. lucrative 3. precarious 4. palatable
9. (　　) the town to the ground（町を完全に破壊する）
    1. corrode 2. impeach 3. placate 4. raze

22

10. (　) other countries from possessing arms（他国の武器保有を妨げる）
　　1. instill　2. preclude　3. saturate　4. unravel
11. (　) on the human rights of individuals（個人の人権を侵害する）
　　1. encroach　2. foreclose　3. impair　4. liquidate
12. (　) the children for their bad behavior（悪行為が理由で子供たちを叱る）
　　1. abbreviate　2. baffle　3. chide　4. earmark
13. (　) the angry customer（怒った客をなだめる）
　　1. belittle　2. detonate　3. evict　4. mollify
14. (　) oily foods（脂っこい食べ物を避ける）
　　1. allay　2. confiscate　3. dismantle　4. eschew
15. (　) through his room（部屋の中を捜し回る）
　　1. extort　2. offset　3. polarize　4. rummage
16. (　) a large fortune to his family（家族に多額の遺産を残す）
　　1. assail　2. bequeath　3. coerce　4. embellish
17. the social (　) of the tax increase（増税の社会的影響）
　　1. placeboes　2. platoons　3. ramifications　4. spouses
18. wage an (　) against the government（政府に反乱を起こす）
　　1. incest　2. inflammation　3. insurgency　4. inventory
19. the natural (　) of economic freedom（経済的自由の当然の結果）
　　1. collusion　2. commotion　3. contraption　4. corollary
20. a (　) for telling lies（嘘をつく癖）
　　1. parity　2. patriarchy　3. paucity　4. proclivity

2. プレ診断テスト（句動詞＆口語表現）

1. (　) terrorism（テロを撲滅する）
　　1. hammer out　2. root out　3. shell out　4. ride out
2. (　) your anger（怒りを抑える）
　　1. bottle up　2. wrap up　3. beef up　4. jack up
3. (　) a win（勝利を収める）
　　1. butter up　2. chalk up　3. botch up　4. spruce up

4. (　) his character（彼の人柄を保証する）
   1. angle for 2. vouch for 3. settle for 4. jockey for
5. (　) some money for the gift（その贈り物にみんなでいくらかカンパする）
   1. rake in 2. chip in 3. dabble in 4. bask in
6. (　) the danger（危険を食い止める）
   1. carry off 2. shrug off 3. brush off 4. fend off
7. (　) the impact（その影響を軽くあしらう）
   1. carp at 2. scoff at 3. balk at 4. snap at
8. (　) the cost（コストを削減する）
   1. pare down 2. mow down 3. water down 4. pipe down
9. (　) the issue（その問題を検討する）
   1. fork over 2. gloss over 3. mull over 4. pore over
10. (　) my sister（妹をいじめる）
    1. dote on 2. harp on 3. chew on 4. pick on
11. go out on a (　)（危険を冒す）
    1. stick 2. branch 3. limb 4. wing
12. go on the (　)（破綻する）
    1. rocks 2. shore 3. bottom 4. wagon
13. rake *sb* over the (　)（厳しく叱る）
    1. ashes 2. barrels 3. fire 4. coals
14. pull the (　) over *sb's* eyes（たぶらかす）
    1. wool 2. blanket 3. linen 4. cap
15. go to great (　)（どんなことでもやる）
    1. depth 2. height 3. length 4. breadth
16. go on a wild (　) chase（無駄な探索をする）
    1. goose 2. dog 3. oyster 4. boar
17. in (　) heaven（有頂天で）
    1. eighth 2. ninth 3. seventh 4. eleventh
18. have a lot on the (　)（有能で）
    1. ball 2. plate 3. shoulder 4. table
19. pull one's (　)（自分の役割を十分果たす）
    1. share 2. part 3. leg 4. weight

20. get under his (　　) (彼をいら立たせる)
　　1. hair　2. skin　3. chin　4. arm

3. プレ診断テスト（時事英語語彙）

1. 二酸化炭素排出量　carbon（　　　　　）
2. 気圧の谷　pressure（　　　　　）
3. 兄弟間の競争意識　（　　　　　）rivalry
4. 神経性無食欲症　（　　　　　）nervosa
5. 遠心力　（　　　　　）force
6. 小惑星帯　（　　　　　）belt
7. 火成岩　（　　　　　）rock
8. 宗教折衷主義　religious（　　　　　）
9. (都市中の) 特定民族の居住地　ethnic（　　　　　）
10. 象形文字の碑文　（　　　　　）inscription
11. 空港の手荷物運搬用円形ベルトコンベア　baggage claim（　　　　　）
12. メディア宣伝　media（　　　　　）
13. スピーチ・クラブ　（　　　　　）Club
14. つや消し仕上げ　（　　　　　）finish
15. 付帯的損害　（　　　　　）damage
16. 利益誘導型政治　（　　　　　）politics
17. 代理戦争　（　　　　　）war
18. 蛍光灯　（　　　　　）light
19. 解雇手当　（　　　　　）pay
20. 計画的陳腐化　planned（　　　　　）

A. igneous	B. mat	C. hieroglyphic	D. severance
E. trough	F. hype	G. asteroid	H. pork-barrel
I. sibling	J. eclecticism	K. Forensic	L. anorexia
M. fluorescent	N. collateral	O. carousel	P. centrifugal
Q. proxy	R. footprint	S. obsolescence	T. enclave

解 答

1. 一般語彙
1. (3) 1. 法医学の 2. やつれた 3. 歓喜に満ちた 4. なまぬるい
2. (1) 1. 完全な 2. 現職の 3. 陰険な 4. 支払不能の
3. (4) 1. 辛らつな 2. 偶然の 3. 不正の 4. 風変わりな
4. (2) 1. 回復力のある 2. 意地の悪い 3. 良心的な 4. 座りがちの
5. (2) 1. 類似した 2. 神秘的な 3. はっきり発言できる 4. 貪欲な
6. (4) 1. 敬虔な 2. 器用な 3. 不可解な 4. 痛烈な
7. (3) 1. 本質的な 2. 寛容な 3. 無関心な 4. 冷笑的な
8. (4) 1. 厳しい 2. もうかる 3. 危険な 4. おいしい
9. (4) 1. 腐食する 2. 告発する 3. なだめる 4. 破壊する
10. (2) 1. 教え込む 2. 妨げる 3. 飽和させる 4. 解明する
11. (1) 1. 侵害する 2. 担保権を行使する 3. 損なう 4. 清算する
12. (3) 1. 省略する 2. 当惑させる 3. 叱る 4. 取り分ける
13. (4) 1. 見くびる 2. 爆発する 3. 追い出す 4. なだめる
14. (4) 1. 和らげる 2. 没収する 3. 解体する 4. 避ける
15. (4) 1. 強要する 2. 相殺する 3. 分極化する 4. 捜し回る
16. (2) 1. 攻撃する 2. 遺贈する 3. 強制する 4. 装飾する
17. (3) 1. 偽薬 2. 小隊 3. 影響［結果］ 4. 配偶者
18. (3) 1. 近親相姦 2. 炎症 3. 反乱 4. 在庫目録
19. (4) 1. 共謀 2. 混乱 3. 仕掛け 4. 当然の結果
20. (4) 1. 同等 2. 父権政治 3. 不足 4. 性癖

2. 句動詞＆口語表現
1. (2) 1. 成立させる 2. 撲滅する 3. しぶしぶ支払う 4. 切り抜ける
2. (1) 1. 抑える 2. (仕事などを) 終える 3. 強化する 4. つり上げる
3. (2) 1. ごまをする 2. 獲得する 3. へまをして台無しになる 4. 身なりを整える
4. (2) 1. 得ようとする 2. 保証する 3. 結果に甘んじる 4. 〜を得ようとする
5. (2) 1. 荒稼ぎする 2. みんなでカンパする 3. 少しかじる 4. 満喫する
6. (4) 1. 獲得する 2. 軽視する 3. はねのける 4. 食い止める
7. (2) 1. あらを探す 2. 軽くあしらう 3. たじろぐ 4. 八つ当たりする

8.（1）1. 削減する 2. 無差別に大量殺りくする 3. 和らげる 4. 静まる
9.（3）1. しぶしぶ支払う 2. ごまかす 3. 熟考する 4. 熟読する
10.（4）1. 溺愛する 2. くどくど話す 3. じっくり考える 4. いじめる
11.（3）1. 棒 2. 枝 3. 大枝 4. 翼
12.（1）1. 岩 2. 海岸 3. 底 4. ワゴン
13.（4）1. 灰 2. 樽 3. 火 4. 石炭
14.（1）1. 羊毛 2. 毛布 3. リネン 4. 帽子
15.（3）1. 深さ 2. 高さ 3. 長さ 4. 幅
16.（1）1. ガチョウ 2. 犬 3. 牡蠣 4. 猪
17.（3）1. 8番目 2. 9番目 3. 7番目 4. 11番目
18.（1）1. ボール 2. 皿 3. 肩 4. テーブル
19.（4）1. シェア 2. 部分 3. 脚 4. 重さ
20.（2）1. 髪 2. 皮膚 3. 顎 4. 腕

3. 時事英語語彙

1. R 2. E 3. I 4. L 5. P 6. G 7. A 8. J 9. T 10. C
11. O 12. F 13. K 14. B 15. N 16. H 17. Q 18. M 19. D 20. S

　また次ページに大分類別のレーダーチャートをつけていますので、皆さんは各項目別の平均点を算出し記入してみてください。この結果に基づき各自、自分の弱点を重点的に復習し強化してください。必ず得点UPにつながります。
　いかがでしたか。以下の表で皆さんの現在の英検1級の合格率を診断してみましょう。

```
        一般語彙
         20
```

```
20                    20
句動詞・口語表現        時事英語
```

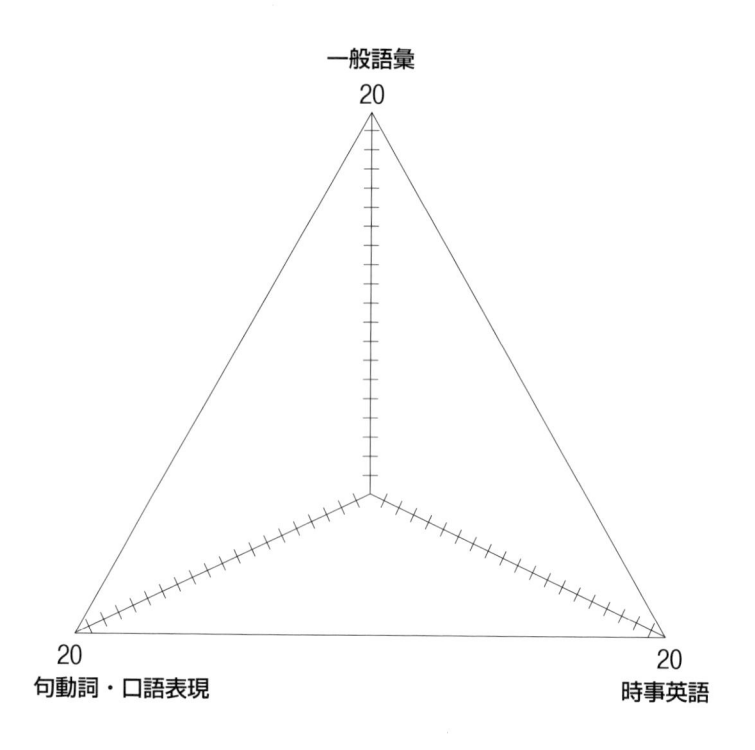

あなたの英検1級合格率診断!

52-60（Outstanding）	英検1級は余裕合格できます。
46-51（Excellent）	語彙力が安定しており、英検1級は合格できるでしょう。
40-45（Very good）	英検1級は何とかぎりぎり合格するレベルです。
34-39（Good）	英検1級合格まで、もう一息です。
33以下（Fair）	英検1級合格するには、かなりの努力が必要です。

　みなさんいかがでしたか。分類別のレーダーチャートをつけていますので、各項目別の得点を記入してみてください。この結果に基づいて自分の弱点を強化すれば、得点UPにつながることでしょう。それでは最後に、どうすれば効果的に語彙力を高めるかについてですが、その極意は次の7つです。

1．コロケーションを何度も音読して覚える。
2．例文シャドウイング・音読によって英単語を吸収する。
3．英英辞典を引いて英語のシンボルをつかむ。
4．類語グループでニュアンスの理解と共にボキャビルする。
5．語彙の豊富な英語の文献や英語放送をできるだけinputする。
6．毎週、語彙テストを受ける。
7．英単語の画像を見る。

　1はボキャビルの基本で、私はよく英単語がなかなか覚えられないという人に対して、「コロケーションを年の数だけ音読せよ」と言いますが、フレーズが語呂で自然に口から出て来て、運用語彙が加速的に増えていきます。本書では、その意味でも最も頻度の高いフレーズをコーパスを用いて選んでいます。
　2は英語学習の基本で、これによって読解、リスニング、ライティング、スピーキングの英語の4つの技能を同時にUPすることができます。本書では、そのために特に効果的な、類語を散りばめた「スーパー記憶術例文」を載せています。
　3に関しては、英単語の英和辞典の意味は、日本語では何に相当するかを模索したもので、ほとんどの場合、英英辞書にあるような定義とは食い違ってます。そこで、英単語はフレーズを覚え、和訳はできるだけ意味の近いものを参考程度に見るようにしなければなりません。
　4も加速的ボキャビルの基本で、実用英語の読解やリスニング問題は、選択肢が言い換えられているので、普段からそれに慣れておく必要があります。本書は、一般語彙が類語ボキャビルアプローチになっており、そのニュアンスも説明しているので、しっかりと読んで運用語彙を増やしましょう。
　5の生の英語のexposureを増やすことは言うまでもありませんが、なかでも効率が良いのは、ハイレベルな語彙の豊富なTIMEなどの洋雑誌、NHKのビジネス英語、CNN Expressの活用です。特に、英字誌は1日に1つのカバーストーリーを読んで語彙をチェックしながら覚えていければいいですが、無理であれば、最低週に1つのカバーストーリーとビジネス英語、CNN Expressなどを用いて語彙力UPに励む必要があります。
　6の、語彙力UPに語彙テストを受けるのが非常に効果的であることは言うまでもありません。実際、中学・高校では単語テストがあり、語彙力がどんど

ん増えていきますが、大学に入ってそれがなくなると減っていく人が非常に多くなります。語彙テストもなく、英語をただインプットしているだけでは、よほどの天才でもない限り、どんどん語彙が増えることはあり得ないでしょう。そこで、効果的に語彙力をUPさせるためには、毎週コツコツと決められた語彙量を、テストを通じて覚えていくことが必要です。さらに効果を上げるためには、英検1級や国連特A級のような語彙力を重視した資格試験を受けることが効果的です。外国語学習の場合は、頻度別語彙集を用いてのシステマチックなボキャビル&語彙テストと、語彙の豊富な英語放送や英語文献のinputの2段構えで行く必要があります。

　7に関しては、本書ではご紹介できませんが、英単語のイメージをつかむには、グーグルの画像で単語を入力して、たくさん出てくるピクチャーを見るのが効果的です。詳しくは、私の学校のホームページで、e-learning用に使ったボキャビルレクチャーで紹介しているのをご覧ください。

　さて皆さん、いかがでしたか。自分の語彙力の弱点と語彙力UPの方法はお分かりいただけましたか。それでは皆さん、明日に向かってボキャブラリービルディングの道を、

**　　　Let's enjoy the process!（陽は必ず昇る！）**

第1章

最重要類語グループで
ボキャブラリービルディング
形容詞・動詞・名詞

第1日 英検1級最重要類語グループ

rank 1 「素晴らしい・魅力［魅惑］的な」

● このグループはものすごく類語が多く、ぜひ幅広く使えるようになってほしい！

語彙水準	「素晴らしい・魅力［魅惑］的な」グループ
1000語水準	great, best, fine, cool
2000語水準	wonderful, excellent
3000語水準	**gorgeous**, fantastic, **lovely**, **amazing**, attractive, charming, super, elegant, superior
4000語水準	**magnificent**, **impressive**, **outstanding**, **exceptional**, incredible, **marvelous**, extraordinary, **prime**, top-class, **first-class**, top, supreme, **finest**, terrific
5000語水準	splendid, **exquisite**, sublime, **majestic**, admirable, **spectacular**, **enchanting**, **appealing**, invaluable, worthy, first-rate, grade-A, top-quality
6000語水準	**priceless**, **fascinating**, **stunning**, **imposing**, grand, **inviting**, **awesome**, **transcendental**, commendable
7000語水準	fabulous, **phenomenal**, **tempting**, **top-notch**, **stately**, **engaging**, **seductive**, **awe-inspiring**, alluring
8000語水準	**captivating**, winning, **enticing**
9000語水準	**ravishing**, winsome, fantabulous, glamorous, **laudable**
10000語水準	**mesmerizing**, sterling, **tantalizing**, exemplary, **hypnotizing**, superlative
12000語水準	**unparalleled**, peerless, fetching
15000語水準	meritorious, siren

32

> **驚異のスーパー語彙力加速的UP例文**
>
> A **ravishing** blonde with an **engaging** personality and a **seductive** voice offered **tempting** food and **exquisite** wine with a **tantalizing** smell.
> (魅力的な人柄と色っぽい声を持つ非常に美しい金髪の美女は、食欲をかき立てる匂いのするおいしそうな食事と極上のワインを出した。)

MP3CDトラック2

コロケーションとニュアンスで「発信型」語彙力UP

☐ **imposing**（figure, building, statue）
　堂々とした、人目を引く「人物・建物・銅像など」

✳ **tempting**（offer, deal, food）
　誘惑的な、心を惑わす「申し出・取引・食物など」

☐ **stately**（home, appearance, mansion）
　風格のある、立派な「建物・外観など」

✳ **engaging**（story, smile）
　人を引きつける「話・微笑みなど」

✳ **seductive**（eyes, voice, dress）
　その気にさせるような「目つき・声・ドレスなど」

☐ **awe-inspiring**（sight, scenery, nature）
　畏敬の念を起こさせる、荘厳な「名所・景色・自然など」

✳ **captivating**（story, smile, vocals）
　心をぐっとつかむ「話・微笑み・歌声など」

✳ **enticing**（deal, information, advertisements）
　興味を引く「取引・情報・広告など」

☐ **ravishing**（beauty, woman, scenery）
　非常に美しい、恍惚状態にさせる「美貌・女性・景色など」

☐ **laudable**（goal, achievement, purpose）
　称賛に値する、あっぱれな「目標・功績など」

33

- ✳ **mesmerizing**（performance, music）
  うっとりと感動させる「演技・音楽など」
- ✳ **tantalizing**（smell, taste, aroma）
  食欲や興味をそそる「匂い・味など」
- ☐ **hypnotizing**（power, sound, music）
  魔法にかかったように心を奪われる「力・音楽など」

ライティング＆スピーキング力UP！類語使い分けマスター

＊最もgeneralな語はgreat（素敵な）と［口］cool（格好いい）であるが、もっと意味を明確にするために「雄大」系は**magnificent**（非常に素晴らしくて、美しく感動的な）、**spectacular**（壮観で華々しい）、**majestic**（壮大で感銘を与える）、**grand**（壮大で立派な）、**sublime**（崇高な）、**awe-inspiring**（畏敬の念を起こさせる）、「才能」系は**exceptional**（ずば抜けて優秀な）、**extraordinary**（並外れた）、**admirable**（称賛に値する）、**transcendental**（超越的で抜群な）、「偉大」系は［格］**commendable**（称賛に値する）、**phenomenal**（驚異的な）、［格］**laudable**（あっぱれな）、「芸術・音楽」系は**enchanting**（うっとりさせる）、**captivating**（ぐっと心をつかむ）、**mesmerizing**（心を奪われてしまう）、「興味・誘惑」系は**appealing**（訴えるような）、**tempting**（そそられる）、**seductive**（誘惑的な）、**tantalizing**（欲望をそそりじらされる）、「美しさ」系は［口］**gorgeous**（非常に美しくて魅了的な）、**attractive**（美しくてセクシーな）、**stunning**（美しさで圧倒的される）などが使われる。また、［口］**fabulous**（魅力的でわくわくさせる）、**exquisite**（極めて美しくて、職人の技などが素晴らしい）、**priceless**（何物にも代えがたい値打ちがある）、［口］**fetching**（衣服がよく似合っていて目を引く）なども覚えておこう。

第1日 英検1級最重要類語グループ
rank 2「ひどい・極悪の」

●このグループも非常に多いが、重要語が多いので、ぜひ運用語彙を増やしてほしい！

語彙水準	「ひどい・極悪の」グループ
2000語水準	terrible
3000語水準	evil, awful, shocking
4000語水準	wicked, foul, horrible, **rotten**
5000語水準	**nasty**, corrupt, sinful, **offensive**
6000語水準	disgusting, **vicious**, **malicious**, **gross**
7000語水準	**vile, sinister, horrid, outrageous, despicable**, contemptible, lousy
8000語水準	**blatant, crooked**, unpardonable, **revolting**, sickening, stinking
9000語水準	**atrocious, diabolical**, scandalous, **unscrupulous, repugnant, repellent**
10000語水準	abominable, **horrendous**, **sordid**, repulsive, flagrant, nauseating
11000語水準	**heinous**, unspeakable, **obnoxious**, **hideous**
13000語水準	**iniquitous**, objectionable, crummy
15000語水準	odious, **nefarious**
17000語水準	noisome, execrable, yucky

驚異のスーパー語彙力加速的UP例文

The **unscrupulous** restaurant owner told a **blatant** lie about the quality of its food and served **atrocious** food with a **repugnant**

smell at **outrageous** prices.
(その**悪徳な**レストラン経営者は食べ物の品質に関して**見え透いた嘘**をつき、**法外な**値段で**悪臭を放つ**ひどい料理を出した。)

MP3CDトラック4

コロケーションとニュアンスで「発信型」語彙力UP

※ **outrageous（price, behavior, claim）**
　言語道断の、法外な「値段・行為・要求」

※ **blatant（lie, violation, racism）**
　露骨であからさまな「嘘・違反・差別」

※ **crooked（politicians, way, dealings）**
　不正な、詐欺の「政治家・方法・取引」

☐ **revolting（crime, taste, smell）**
　不快な、吐き気を催す「犯罪・味・匂い」

※ **atrocious（crime, war）**
　凶悪の、残虐な「犯罪・戦争」

☐ **diabolical（plan, character, act）**
　極悪非道な、悪魔のような「計画・性格・行為」

※ **unscrupulous（businessman, politics, lawyer）**
　やり方の汚い、悪徳な「ビジネスマン・政治・弁護士」

※ **repugnant（smell, odor, behavior）**
　不快で嫌悪を抱かせる「匂い・行為」

☐ **(water-, insect-, oil-) repellent**
　「水・昆虫・油」を寄せつけない、通さない

※ **horrendous（experience, crime, conditions）**
　身の毛もよだつ、ぞっとする「経験・犯罪・状況」

※ **sordid（details, past, affair）**
　下劣な、卑しい「詳細・過去・出来事」

☐ **repulsive（attitude, odor, character）** ポイント **repellent**より意味が強い
　ひどく不快な「態度・臭い・性格」

36

- ※ **flagrant**（violation, disregard, abuse）
  甚だしい、目に余る「違反・無視・乱用」
- ※ **heinous**（act, crime, nature）
  凶悪な、憎むべき「行為・犯罪・性質」
- ※ **obnoxious**（drunk, odor, manner）
  憎らしくうっとうしい「酔っぱらい・臭気・マナー」
- □ **iniquitous**（law, system, tax）
  不道徳な、不正な「法律・システム・税金」
- □ **nefarious**（activity, purpose, plot）
  非道な、犯罪となる「活動・目的・企て」

ライティング＆スピーキング力UP！ 類語使い分けマスター

＊最も generalな語は very bad, terrible（ひどい）や［口・米］awful、［英］wicked であるが、もっと意味を明確にするために「極悪」では vicious（卑劣で凶暴な）、malicious（悪質な嫌がらせをする）、atrocious（凶悪で残忍な）、heinous（犯罪などが極悪非道な）、「嫌悪感を与える」では「匂い・味」に関しては revolting（吐き気がする）、repellent（とことん避けたい）、repugnant（ひどく嫌悪感を抱かせる）、［口］gross, disgusting（気持ち悪く大嫌い）、「行動」に関しては outrageous（極めて不当で許せない）、abominable（憎むべき）、obnoxious（ひどく不愉快にさせる）、「下劣」では corrupt（政治的に腐敗した）、vile（言葉などが下品で悪質な）、［格］despicable（行為などが卑劣な）、crooked（不正を働く）、unscrupulous（道徳心がまるでなくやり方の汚い）、「差別」では blatant（露骨で恥じるところがない）、flagrant（悪質で罪の意識がまるでない）が使われる。

語根の力で1級語彙光速マスター！①

gen は「生まれ、種族」－天才（genius）は傑作を生む種族（＝congenital）

- ※ **engender** － en（〜にする）＋ gen（生まれ）→ 生ずる、発生させる
- ※ **degenerate** － de（下に）＋ gen（種族）→ 退化する、逮捕する、堕落する

- ※ **congenial** – con（共に）+ gen（種族）→同性質の、気性の合った、楽しい
- ※ **regenerate** – re（再び）+ gen（生まれ）→再生させる
- □ **genealogy** – gen（種族）→家系（学）、系図（学）、系統（学）
- □ **progenitor** – pro（前の）+ gen（生まれ）→先駆者、生みの親

ven(e)、ven(t) は「来る」－イベント (event) がやって来る (＝come) 到来－Advent（キリストの降臨）から来た語

- ※ **convene** – con（共に）+ vene（来る）→召集する、召喚する
- ※ **intervene** – inter（中に）+ vene（来る）→干渉する、介在する
- □ **contravene** –（法律などに）違反する、無視する
- ※ **venue** – ven（来る）→開催地、会合場所、犯行地
- ※ **circumvent** – circum（周りに）+ vent（来る）→取り囲む、迂回する、回避する、出し抜く

tractは「引っ張る」－トラクター (tractor) で引っ張る、減ずる、損なう、そらす

- ※ **retract** – re（元へ）+ tract（引っ張る）→引っ込める、撤回する
- ※ **protract** – pro（前へ）+ tract（引っ張る）→引き延ばす
- □ **detract** – de（下へ）+ tract（引っ張る）→（注意を）そらす、（価値などを）損なう
- ※ **intractable** – in（無）+ tract（引っ張る）→強情な、扱いにくい

cur、courseは「走る、流れ」－currentは流れ（＝run）

- ※ **recurrence** – re（再び）+ cur（流れ）→再発、戻ること
- ※ **concur** – con（共に）+ cur（走る）→一致（同意）する、同時に起こる
- ※ **curt** – cur（走る）→そっけない、簡潔な（速いので）
- ※ **cursory** – cur（走る）→せっかちの、大まかな
- □ **discursive** – dis（分離）+ cur（流れ）→散漫な、広範囲の
- □ **discourse** – dis（分離）+ course（走る）→談話（する）、講演（する）
- ※ **recourse** – re（再び）+ course（走る）→頼ること、頼みとするもの（人）

第1日　英検1級最重要類語グループ
rank 3 「優しい・気前がいい」

● このグループは、優しさの「種類」を把握しておこう！

語彙水準	「優しい・気前がいい」グループ
1000語水準	kind, warm, good
2000語水準	friendly, generous
3000語水準	**considerate**, helpful
4000語水準	affectionate, **loving**, **caring**, **thoughtful**, supportive
5000語水準	**sympathetic**, **warm-hearted**, liberal, **charitable**
6000語水準	**attentive**, **compassionate**, **amiable**, **big-hearted**, **hospitable**, **cordial**, **lavish**
7000語水準	**accommodating**, benevolent, giving, **magnanimous**, **indulgent**, **humanitarian**, **congenial**, **amicable**
8000語水準	kindly, obliging, **altruistic**, **genial**, **affable**
9000語水準	**philanthropic**
10000語水準	open-handed, gracious, free-handed
15000語水準	munificent, bounteous

驚異のスーパー語彙力加速的UP例文

Philanthropic billionaires and **altruistic, accommodating** volunteer groups received a **cordial** reception in a **congenial** atmosphere from the refugees to whom they offered **humanitarian** aid.
(**博愛主義の**億万長者と、**利他的で面倒見のよい**ボランティア団体は、**友好的な**雰囲気の中、彼らが**人道的な**援助を行った難民たちから**心からの**歓迎を受けた。)

コロケーションとニュアンスで「発信型」語彙力UP

- ☐ **attentive** to (**details, customers, guests**)
  「細部・人など」に注意深く対応する
- ☐ **compassionate**（**care, woman**）
  情け深い「配慮・女性など」
- ✳ **amiable**（**solution, settlement, disposition**）
  友好的な「解決策」、愛想のよい「気質など」
- ✳ **cordial**（**invitation, relationships, welcome**）
  真心のこもった「招待・人間関係・歓迎など」
- ✳ **lavish**（**lifestyle, spending, party**）
  気前よくふんだんにお金を使う「生活・消費・パーティーなど」
- ✳ **accommodating**（**host, students, personality**）
  世話好きな、親切な「人・性格など」
- ☐ **magnanimous**（**gesture, act, mind**）
  寛大で高潔な「素振り・行動・精神など」
- ☐ **indulgent**（**parents, attitude**）
  大目に見る、甘やかす「両親・態度など」
- ✳ **humanitarian**（**aid, relief operations, activities**）
  人道的な「支援・援助活動・行動など」
- ✳ **congenial**（**atmosphere, company, friend**）
  気心の知れた、打ち解けた「雰囲気・仲間など」
- ✳ **amicable**（**solution, settlement, agreement**）
  友好的な、円満な「解決・和解・協定など」
- ✳ **altruistic**（**behavior, reason, love**）
  利他的な「振る舞い・理由・愛情など」
- ☐ **genial**（**climate, nature, sunshine**）
  温暖な、和やかな「気候・性質・太陽の光など」
- ☐ **affable**（**gentleman, demeanor, character**）
  話しやすい、親しみやすい「紳士・態度・性格など」
- ✳ **philanthropic**（**efforts, organization, support**）
  博愛の、慈善の「活動・団体・援助など」

ライティング&スピーキング力UP！類語使い分けマスター

＊最もgeneralな語は**kind**（親切な）と**friendly**（人なつこい）であるが、もっと意味を明確にするために「友情」系では**congenial**（明るく打ち解けやすい）、**affable**（優しくて雰囲気を明るくなごませる）、**amicable**（関係などが円満に解決する）、「気配り」系では**attentive**（細部にまで注意を払う）、**considerate**（気持ちに配慮し気が利く）、**compassionate**（相手の立場を理解し親身になる）、**accommodating**（いろいろと親切で世話好きな）、［格］**cordial**（誠心誠意あふれる）、「寛容」系では**generous**（人を喜ばせようと気前のよい）、［口］**big-hearted**（細かいことにこだわらず親切な）、**indulgent**（気ままにさせて甘やかす）、**lavish**（お金をぜいたくに惜しみなく使う）、**magnanimous**（倒した敵やひどいことをした人にも優しい）、［口］**open-handed**（特にお金に関して気前がいい）、「慈善」系では**altruistic**（自分より他人の幸せを気にかけて）、**benevolent**（目上や権限のあるものが目下に優しい）、**philanthropic**（困った人々にお金を寄付して）などが使われる。

MP3CDトラック7

第1日 英検1級最重要類語グループ

rank 4「悲痛の」

● このグループは、「悲しい」と「暗い」と「苦しむ」を区別しよう！

語彙水準	「悲痛の」グループ
1000語水準	sad
2000語水準	unhappy
3000語水準	down, **upset**
4000語水準	**depressed**, heartbroken, **miserable**
5000語水準	sorrowful, **gloomy**, **desolate**
6000語水準	mournful, **dismal**, trying, **agonizing**
7000語水準	**dejected, bleak, forlorn, traumatic, distressing**
8000語水準	**devastated, dispirited**, downhearted, tearful
9000語水準	**glum, downcast, harrowing**
10000語水準	**excruciating**
12000語水準	**despondent**, grievous
15000語水準	**distraught**
17000語水準	doleful, dolorous

驚異のスーパー語彙力加速的UP例文

The **distraught** man who suffered a **harrowing** tragedy and an **excruciating** pain has been increasingly **forlorn** and **despondent** about the **bleak** outlook for his future.
（痛ましい悲劇と堪えがたいほどの痛みに苦しんだその取り乱した男は、ますます孤独を感じ、自分の将来の暗い見通しに意気消沈している。）

42

コロケーションとニュアンスで「発信型」語彙力UP

- ☐ **dejected**（face, heart, businessman）
  落胆した、意気消沈した「表情・気持ち・ビジネスマンなど」
- ✳ **bleak**（future, outlook, period）
  見通しの暗い、荒涼とした「未来・展望・時代など」
- ☐ **forlorn**（hope, condition, place）
  わびしく孤独な「希望・状況・場所など」
- ✳ **traumatic**（injury, event, experience）
  心的外傷の、痛手となる「傷・出来事・経験など」
- ☐ **distressing**（time, symptoms, event）
  悲惨な、心を苦しめる「時間・症状・出来事など」
- ☐ **glum**（face, look, mood）
  浮かない、さえない「表情・雰囲気など」
- ☐ **downcast**（eyes, expression, state）
  うつむいた、意気消沈した「目・表情・状態など」
- ✳ **harrowing**（tales, experience, account）
  痛ましい、悲惨な「話・経験・説明など」
- ✳ **excruciating**（pain, process, ordeal）
  極度に痛い「痛み・プロセス・試練など」
- ✳ **despondent**（mood, look, heart）
  失望して落胆した「気分・表情など」
- ☐ **distraught**（face, mother）
  ひどく動揺した、取り乱した「表情・母親など」

ライティング＆スピーキング力UP！ 類語使い分けマスター

＊最もgeneralな語は**sad**（悲しい）と**upset**（動揺して）であるが、もっと意味を明らかにするために「悲しい」系は［口］**down**（元気がない）、**dispirited**（意欲をなくして）、**dejected**（落胆してしょんぼりした）、**mournful**（死を嘆き悲しんで）、**devastated**（精神的に打ちのめされた）、**despondent**

（希望を失って）、［格］**doleful**（表情が深い悲しみに満ちた）、「悲しませる」系は **depressing**（気分を滅入らせる）、**harrowing**（悲惨で聞くに堪えない）、［口］**trying**（経験などが苦しい）、**grievous**（耐えがたく嘆かわしい）、「暗い」系は **gloomy**（この先状況がよくなる可能性がない）、**dismal**（憂鬱でみじめな）、**bleak**（お先真っ暗な）、**desolate**（土地などが荒涼として）、**glum**（顔つきがむっつりとした）、［文］**forlorn**（見放されて孤独な）、「痛み」系は **agonizing**（身を切られるように痛い）、**excruciating**（まるで拷問のように痛めつける）などが使われる。

MP3CDトラック9

その他の重要類語グループ　ランク１　①

- 「未熟な」グループ

  (**adolescent** > **immature** > **juvenile** > infantile > jejune) behavior
  子供っぽい行動（＝childish）

- 「禁欲的な」グループ

  (**ascetic** > **austere** > monastic > puritanical) lifestyles
  禁欲的ライフスタイル（＝stoic）

★ ● 「偏った」グループ

  (**biased** > jaundiced > **slanted** > lopsided > **bigoted**) view
  偏った見方（＝prejudiced）

★ ● 「無愛想な」グループ

  (**blunt** > **brusque** > surly > **curt** > bluff) manner
  ぶっきらぼうな態度（＝abrupt）

- 「本物の」グループ

  (bona fide > **authentic** > **veritable**) genius
  紛れもない天才（＝genuine）

★ ● 「慢性の」グループ

  (**chronic** > **intractable** > **inveterate**) disease
  慢性病

★ ● 「秘密の」グループ

(closed-door > **clandestine** > **covert** > **furtive** > backdoor) meeting
秘密会議（＝secret）

★ ● 「似ている」グループ

be (**comparable** > **akin** > **analogous**) to human beings
人間に似ている（＝similar）(identicalは「同一の」)

★ ● 「説得力のある」グループ

(**compelling** > persuasive > powerful > **cogent** > forceful > **telling**) argument　説得力のある主張（＝strong）

★ ● 「抑制のきかない」グループ

(**compulsive** > **obsessive** > **confirmed**) gambler
ギャンブルに取りつかれた人

★ ● 「議論好きな」グループ

(**contentious** > **polemic** > disputatious) students
議論好きの学生（＝argumentative）(litigiousは「訴訟好きの」)

★ ● 「良心的な」グループ

(**conscientious** > **scrupulous** > conscionable) doctor
良心的な医者（＝good）

★ ● 「粘り強い」グループ

(continuous > **strenuous** > unremitting > **persevering** > **dogged** > **tenacious**) efforts　粘り強い努力（＝persistent）

★ ● 「洗練された」グループ

(courtly > **refined** > decent > **urbane** > **sophisticated** > **decorous**) manners　洗練された物腰（＝elegant）

★ ● 「創意工夫に富む」グループ

(creative > **innovative** > **imaginative** > **ingenious**) ideas
創意工夫に富む考え（＝original）

第2日 英検1級最重要類語グループ

rank 5 「喜んだ」

● このグループは、喜びの「大きさ」が表現できるようになってほしい！

語彙水準	「喜んだ」グループ
1000語水準	happy, glad
3000語水準	delighted
4000語水準	**excited**
5000語水準	**thrilled**, joyful
6000語水準	**overjoyed**, triumphant
7000語水準	**ecstatic**, gleeful
8000語水準	**elated, blissful**
9000語水準	**jubilant**
10000語水準	**exhilarating**
12000語水準	**euphoric**, enraptured
13000語水準	exultant

驚異のスーパー語彙力加速的UP例文

Elated with the victory on an **exhilarating** summer day, the champion gave a **blissful** smile and kiss to the **ecstatic** cheers of her **jubilant** fans.

（うきうきと陽気な夏の日に優勝して**大喜びした**チャンピオンは、**歓喜して大いに沸く**ファンの**熱狂的な**拍手喝采に、**至福の**微笑みとキスを投げかけた。）

コロケーションとニュアンスで「発信型」語彙力UP

- ecstatic（dance, experience, audience）
  有頂天で我を忘れた「ダンス・経験・聴衆など」
- ✱ elated（feeling, mood, fans）
  大喜びの「感情・雰囲気・ファンなど」
- blissful（life, state, moment）
  この上なく幸せな「生活・状態・時間など」
- ✱ jubilant（crowd, supporters, celebration）
  （勝利で）歓喜に沸く「群衆・儀式など」
- ✱ exhilarating（feeling, experience, performance）
  うきうき元気にさせる「感情・経験・パフォーマンスなど」
- ✱ euphoric（feeling, state, effect）
  幸福で陶酔している「感情・状態・効能など」
- enraptured（audience, crowd, fans）
  まるで天国にいるような幸せな「聴衆・ファンなど」
- exultant（voice, face）
  成功して勝ち誇った、大得意の「声・表情など」

ライティング＆スピーキング力UP！ 類語使い分けマスター

＊最もgeneralな語は **happy**（満足して幸せな）と **glad**（感謝してうれしい）、**delighted**（多いに喜びを表して）などであるが、もっと意味を明らかにするために、「**熱烈・有頂天**」系では、［口］**thrilled**（大喜びで興奮が一気に込み上げる）、**overjoyed**（うれしさでいっぱいの）、**jubilant**（群衆などが歓喜して大いに沸く）、**ecstatic**（我を忘れるほど）、**blissful**（うっとりと至福に満ちた）、**exhilarating**（気分を高揚させ元気づける）、**euphoric**（幸福感に酔って）、［格］**enraptured**（舞い上がって雲の上にいるような）、「**鼻高々**」系では **elated**（大得意に勝ち誇る）、［格］**exultant**（成功して大喜び）などが使われる。

第2日 英検1級最重要類語グループ

rank 6 「満ちあふれて・いっぱいの」

● このグループは、「いいもの」か「悪いもの」でいっぱいかどうかに注意しよう！

語彙水準	「満ちあふれて・いっぱいの」グループ
1000語水準	full of, rich in
2000語水準	filled with
3000語水準	crowded [thick] with
5000語水準	**abundant**
6000語水準	**overflowing** [crammed, congested, bursting] with
7000語水準	**infested** [**swarming**, packed, stuffed, **thronged**] with
8000語水準	**teeming** [**crawling**, glutted] with
9000語水準	**replete** [**overrun, brimming**] with
10000語水準	**rife** [**fraught**] with
15000語水準	satiated with

驚異のスーパー語彙力加速的UP例文

A journey in a **teeming** rain through the jungle **infested** with snakes, **swarming** with insects, **overrun** with weeds is definitely **fraught** with the gravest danger.
（土砂降りの雨が降り、蛇がうじゃうじゃ、虫がうようよ、雑草が生い茂るジャングルを行く旅というのは、間違いなく深刻な危険を大いにはらんでいる。）

コロケーションとニュアンスで「発信型」語彙力UP

※ **infested with**（rats, insects, cockroaches）
「ネズミ・害虫」などがはびこる

- ※ **swarming with**（tourists, insects）
  「観光客・害虫」などがうようよ群がっている
- □ **thronged with**（spectators, tourists, shoppers）
  「群衆」などで大混雑して、ごった返して
- ※ **teeming with**（life, fish, rain）
  「生命・魚・雨」などがあふれんばかりに豊富である
- ※ **crawling with**（insects, rats）
  「虫・ネズミ」などがうようよと這っている
- ※ **replete with**（information, photos, interest）
  「情報・写真・興味」などが満足するほど多い
- □ **overrun with**（weeds, pests, enemies）
  「植物・有害動物・敵」などが限度を超えて多い
- □ **brimming with**（hope, tears, confidence）
  「希望・涙・自信」などがあふれんばかりにいっぱいである
- ※ **rife with**（corruption, crime, danger）
  「汚職・犯罪・危険」などの悪事がはびこる
- ※ **fraught with**（danger, problems, tension）
  「危険・問題・緊張」などの悪いものでいっぱいである

ライティング＆スピーキング力UP！ 類語使い分けマスター

＊最もgeneralな語は**full of**（～でいっぱいの）と**rich in**（～で豊富な）であるが、もっと意味を明らかにするために「良いもの」系では**abundant**（資源などが豊富にある）、**bursting**（愛情などが勢いよくあふれる）、**brimming**（自信などがみなぎる）、**replete**（情報などが満足するほど多い）、「悪いもの」系では**crammed**（ぎゅうぎゅうに詰め込まれて）、**congested**（交通が密集して動けない）、**infested**（害虫などがはびこって）、**swarming**（大量にわんさと群れをなして）、**rife**（犯罪などが急速にはびこる）、**fraught**（危険や問題などが多い）などがよく使われる。また、**overflowing**（いっぱいであふれそう）、**bursting**（パンパンではち切れそう）、**stuffed**（ぎっしりと詰め物をされて）、[文] **thronged**（人が群がる）、**teeming**（生命などにあふれる）なども覚えておこう。

49

語根の力で1級語彙光速マスター！②

voc、vokeは「呼ぶ、声」―ボーカル（vocal）（＝call）無効にする、廃止する

- ※ **invoke** ― in（中へ）＋voke（呼ぶ）→祈る、切願する
- ※ **evoke** ― e（外へ）＋voke（呼ぶ）→呼び起こす、呼び出す
- □ **convoke** ― con（一緒に）＋voke（呼ぶ）→召集する
- ※ **equivocate** ― equi（等しく）＋voc（呼ぶ）→あいまいなことを言う
- ※ **vociferous** ― やかましい、大声で叫ぶ

fuseは「注ぐ」―いろんな音楽注ぐフュージョン（fusion）（＝pour）豊富な、あふれるような

- ※ **infuse** ― in（中へ）＋fuse（注ぐ）→注入する、吹き込む
- ※ **profuse** ― pro（前に）＋fuse（注ぐ）→豊富な、物惜しみしない
- ※ **diffuse** ― di（分類）＋fuse（注ぐ）→撒き散らす、放散する
- □ **suffuse** ― su（下に）＋fuse（注ぐ）→おおう、いっぱいにする

pel、pulsは「追いやる」―プロペラ（propeller）のpel（＝drive）駆り立てる

- ※ **compel** ― com（完全に）＋pel（追いやる）→強いる
- □ **impel** ― im（中へ）＋pel（追いやる）→促す、強いて～させる
- ※ **repel** ― re（元へ）＋pel（追いやる）→追い払う、拒絶する
- ※ **dispel** ― dis（除去）＋pel（追いやる）→追い散らす、払い去る
- □ **expulsion** ― ex（外へ）＋puls（追いやる）→追放、除籍
- □ **repulse** ― re（元へ）＋puls（追いやる）→撃退する（repelより強い）

rectは「まっすぐな」「直線の」

- ※ **rectify** ― 改正する、矯正する、精留する、整流する
- □ **insurrection** ― 反乱
- □ **resurrect** ― 復活させる

第2日 英検1級最重要類語グループ

rank 7 「ありふれた・つまらない」

● このグループは、「陳腐」と「単調」と「取るに足りない」の類語を使い分けられるようにしよう！

語彙水準	「ありふれた・つまらない」グループ
2000語水準	**dull**, average, flat
3000語水準	common, ordinary, **boring**
4000語水準	**commonplace**, uninteresting, unexciting, routine
5000語水準	**conventional**, unoriginal, indifferent, **trivial**
6000語水準	stereotyped, unimaginative, **tedious**, **trifling**, colorless
7000語水準	**pedestrian**, tame, featureless, lifeless, **negligible**
8000語水準	**stale**, **mediocre**, **insipid**, marginal
9000語水準	**prosaic**, **mundane**, **humdrum**
10000語水準	stock, clichéd, **run-of-the-mill**
12000語水準	**trite**, hackneyed, **lackluster**, middling, piddling, corny
15000語水準	vapid, overworked, threadbare
17000語水準	platitudinous, hoary

驚異のスーパー語彙力加速的UP例文

The **mediocre** party offered **insipid** food and a **lackluster** performance with **stale** jokes containing **trite** and **hackneyed** phrases about the **mundane** realities of life.

（その平凡でありきたりのパーティーはまずい食事を出し、人生のごくありふれた現実に関する、使い古され陳腐な言い回しのマンネリなジョークを用いた冴えないパフォーマンスを行った。）

コロケーションとニュアンスで「発信型」語彙力UP

- **stale (air, food, smell)**
  新鮮でない「空気・食品・においなど」
- ※ **mediocre (performance, reviews, life)**
  平凡な、可もなく不可もない「演技・批評・人生など」
- ※ **insipid (performance, food, plot)**
  退屈で刺激のない、味気ない「パフォーマンス・食べ物・話など」
- ※ **marginal (increase, success, loss)**
  取るに足らない、重要でない「増加・成功・損失など」
- **prosaic (style, life)**
  単調で面白くない「様式・生活など」
- ※ **mundane (world, tasks, event)**
  平凡で日常にありふれた「世界・仕事・出来事など」
- **humdrum (routine, job)**
  単調でマンネリの「日課・仕事など」
- **trite (saying, remarks)**
  陳腐で使い古された「ことわざ・発言など」
- ※ **lackluster (performance, sales, economy)**
  活気のない、さえない「パフォーマンス・売り上げ・経済など」

ライティング＆スピーキング力UP！類語使い分けマスター

＊最もgeneralな語は**common**（ありふれた）と**boring**（つまらない）であるが、もっと意味を明らかにするために「平均的・ありふれた」系では**mediocre**（二流で期待はずれ）、**insipid**（刺激に欠ける）、**lackluster**（さえない）、「つまらない」系は、まず仕事で分類すると［口］**routine**（単調で毎日くり返し）、**mundane**（日常にありふれた）、**tedious**（長時間にわたり退屈）、［文］**humdrum**（単調で面白みがない）、「数」では**negligible**（ごく少量で取るに足らない）、**marginal**（利益がほとんど出ない）、「言葉」では**trite**（使い古されて陳腐な）、［口］**corny**（ジョークなどが古くて面白くない）などが多く使われる。

第2日 英検1級最重要類語グループ
rank 8「恐ろしい」

● このグループは、恐さの度合いをつかんでおこう！

語彙水準	「恐ろしい」グループ
2000語水準	terrible
3000語水準	fearful
4000語水準	**horrible, frightening**
5000語水準	**dreadful**
6000語水準	horrifying, **scary**
7000語水準	**horrific, terrifying, alarming**
8000語水準	**appalling, dire**
9000語水準	**horrendous, gruesome**
10000語水準	**macabre, spine-chilling**, hair-raising
12000語水準	**ghastly**, spooky
15000語水準	blood-curdling, grisly

驚異のスーパー語彙力加速的UP例文

The world is faced with the **gruesome** task of tackling **dire** poverty and **appalling** food shortage, **horrendous** crime, and the **alarming** rate of global warming.
(世界は**切迫した**貧困、**ひどい**食料不足、**残虐な**犯罪、地球温暖化の**驚くべき**速さに取り組む**ぞっと身震いするような**課題に直面している。)

コロケーションとニュアンスで「発信型」語彙力UP

☐ **horrific**（accident, crime, injuries）

ショッキングで怖い、ぞっとする「事故・犯罪・傷など」

※ **terrifying**（story, memories, event）
非常に恐ろしい「話・思い出・出来事など」

※ **alarming**（rate, increase, number）
強い不安を抱かせる「速度・増加・数など」

※ **appalling**（conditions, behavior, crime）
恐ろしく劣悪な「状況・行動・犯罪など」

※ **dire**（straits, need, situation）
ひどく切迫した「苦境・要求・状況など」

※ **horrendous**（crime, experience, conditions）
身の毛のよだつ「犯罪・経験・状況など」

※ **gruesome**（murder, death, scene）
残酷でむごい、気味の悪い「殺人・死・事件など」

□ **macabre**（tales, story, death）
死を連想させる、ゾッとする「話・死など」

□ **ghastly**（act, look, accident）
むごくて吐き気がする「行為・様子・事故など」

ライティング＆スピーキング力UP！ 類語使い分けマスター

＊最もgeneralな語は**terrible**（怖い）と**frightening**（びくびくさせる）であるが、もっと意味を明らかにするために「嫌悪」系では**horrific**（物事の性質がショッキングで怖い）、**horrifying**（光景がぞっとするような）、**horrendous**（背筋が凍りつくほど恐ろしく、考えるのも嫌な）、[口] **spine-chilling**（映画や小説で背筋がぞっとするような）、「不安」系では**alarming**（傾向などが不安な気持ちにさせる）、**dire**（緊急に援助などが必要な）、「オカルト」系では**gruesome**（残酷で気味悪い）、**ghastly**（むごすぎて気分が悪くなる）、**spooky**（薄気味悪くまるで幽霊が出そうな）、**dreadful**（ひどく恐ろしく不快な）、**scary**（おっかない）、**hair-raising**（身の毛がよだつ）が使われる。

その他の重要類語グループ　ランク１　②

★ ●「様々な」グループ
　（**diverse** > **eclectic** > catholic > multifarious）interests
　幅広い趣味（≒various）（**disparate** > **discrete**は「異種の」「別々の」）
★ ●「陰気な」グループ
　（**dour** > gloomy > **sullen** > **sulky**）character
　陰気な性格（＝dark）
● 「公平な」グループ
　（**equitable** > **impartial** > **evenhanded**）settlement
　公平な解決（≒fair）
★ ●「先見の明のある」グループ
　（**far-sighted** > **prescient** > provident）leader
　先見の明のあるリーダー（＝fore-sighted）（**clairvoyant**は「千里眼の」）
★ ●「広く行き渡る」グループ
　（**far-reaching** > **pervasive** > **sweeping**）influence
　広範囲に渡る影響（≒widespread）（far-flung, extensiveは「広い地域に及ぶ」）
★ ●「派手な」グループ
　（**flamboyant** > **flashy** > **gaudy** > glitzy > jazzy > garish）dress
　けばけばしいドレス（≒loud）（luridは「色がけばい」）
● 「軽薄な」グループ
　（**frivolous** > **flippant** > skittish > flighty）young woman
　軽薄な若い女の子（≒shallow）
★ ●「架空の」グループ
　（fictional > **fictitious** > **make-believe** > illusory）creature
　架空の生物（＝imaginary）
● 「はかない」グループ
　（**fleeting** > **ephemeral** > evanescent > transitory）love
　束の間の愛（＝transient）
★ ●「虚弱な」グループ
　（**frail** > **fragile** > **feeble** > **brittle** > **infirm**）body

弱々しい体（＝delicate）（flimsyは「物がもろい」）

★ ● 「衛生的な」グループ

(germ-free > **hygienic** > **sanitary** > **sterile**) restaurant
衛生的なレストラン（＝clean）

● 「耳障りな」グループ

(**grating** > rasping > jarring > **strident**) noise
耳障りな音（exasperatingは「うっとうしい」）

● 「気づかない」グループ

(heedless of > **oblivious to** > unmindful of) the noise
物音に気づかない（＝inattentive to）

★ ● 「屈辱的な」グループ

(**humiliating** > **degrading** > **mortifying** > **demeaning**) experience
屈辱的な経験（＝very embarrassing）

● 「あからさまな」グループ

(**graphic** > **explicit** > true-to-life) descriptions of sex
生々しいセックスの描写（＝vivid）

★ ● 「田舎の」グループ

(**idyllic** > pastoral > **rustic** > bucolic) life
田舎の生活（＝rural）

● 「不法な」グループ

(**illicit** > **crooked** > **unlawful** > wrongful) dealings
不法な取引（＝illegal）

★ ● 「差し迫る」グループ

(**imminent** > **impending** > **looming**) danger
差し迫った危険（＝approaching）

第3日 英検1級最重要類語グループ
rank 9「頑固な・断固たる」

●いい意味と悪い意味のものの違いを認識しておこう！

語彙水準	「頑固な・断固たる」グループ
3000語水準	**stubborn**
4000語水準	**rigid**, uncontrollable
5000語水準	**obstinate**, inflexible, disobedient
6000語水準	contrary, determined
7000語水準	uncompromising, **resolute**, unmanageable
8000語水準	**adamant**, perverse, **intractable**, **unruly**
9000語水準	**steadfast**, **willful**, **wayward**
10000語水準	**refractory**, unyielding, **diehard**
11000語水準	**implacable**, pig-headed
12000語水準	**headstrong**, hidebound
15000語水準	obdurate, **recalcitrant**, intransigent

驚異のスーパー語彙力加速的UP例文

The female manager has been troubled by the **intractable** behavior of her **unruly** children at home as well as her **recalcitrant** subordinates and **implacable** opponents in the workplace.
(その女性マネージャーは、家庭では**手に負えない**自分の子供の**厄介な**振る舞いと、職場では**反抗的な**部下と**執念深い**ライバルに悩まされている。)

コロケーションとニュアンスで「発信型」語彙力UP

※ **adamant**（opposition, supporter, position）
断固として意見を変えない「反対・支援者・立場など」
※ **intractable**（pain, problem, disease）
解決できない、治りにくい「痛み・問題・病気など」
※ **unruly**（behavior, students, classroom）
手に負えない、言うことを聞かない「態度・生徒・教室など」
□ **willful**（misconduct, ignorance, failure）
意図的で勝手な「不正行為・無視・失敗など」
※ **wayward**（children, behavior）
勝手気ままな「子供・態度など」
□ **refractory**（disease, brick）
手に負えず厄介で治らない「病気・（耐火性の）レンガなど」
※ **implacable**（enemy, opposition）
執念深い、なだめられない「敵・反対」など
□ **recalcitrant**（children, students, elements）
従わず反抗的な「子供・生徒・要因」など

ライティング＆スピーキング力UP！類語使い分けマスター

＊最もgeneralな語は**stubborn**（頑固で我を通す）であるが、もっと意味を明らかにするために「手に負えない」系では**unruly**（規則に従わず言うことを聞かない）、**willful**（故意に反発する）、**wayward**（気まぐれで強情な）、[格]**refractory**（病気がしぶとく治らない、指示や命令にそむき厄介な）、**implacable**（敵が執念深い）、**recalcitrant**（子供が反抗的な）、「頑固一徹」系では**obstinate**（非常に頭が固くわからず屋）、[口]**pig-headed**（意固地で自己流を通す）、**adamant**（断固として譲らず意見を変えない）、[口]**diehard**（変化を拒み自分を曲げない）、「不動の決意」系では**resolute**（確固たる強い決心がある）、**steadfast**（固い決心で毅然と構えている）などが使われる。

第3日 英検1級最重要類語グループ
rank 10 「非情な」

●「非情」の度合いを認識しておこう！

語彙水準	「非情な」グループ
3000語水準	cruel, severe
4000語水準	**harsh**, unkind
5000語水準	**brutal**, **merciless**, murderous
6000語水準	**savage**, **inhumane**, **vicious**, barbaric
7000語水準	pitiless, **heartless**, sadistic, cold-hearted
8000語水準	**remorseless**, **relentless**, barbarous, blood-thirsty
9000語水準	**ruthless**, **atrocious**, fiendish, **ferocious**
10000語水準	**callous**, **diabolical**, **cold-blooded**, unrelenting
12000語水準	**inexorable**, brutish

驚異のスーパー語彙力加速的UP例文

In the **relentless** persecution of dissidents, the **ruthless** dictator committed **atrocious** acts of **brutality** with a **callous**, **inhumane** disregard for human life.
（反体制派への情け容赦のない迫害において、その無情な独裁者は、冷淡で非人道的な人命軽視と共に凶悪な残虐行為を行った。）

コロケーションとニュアンスで「発信型」語彙力UP

✳ **remorseless**（killer, criminal）
全く罪悪感のない、容赦ない「殺人者・犯罪者など」

- ❋ **relentless**（search, pressure, attack）
  容赦なく執拗な「追求・圧力・攻撃など」
- ❋ **ruthless**（enemy, killer, dictator）
  無情で冷酷な「敵・殺人者・独裁者など」
- ❋ **atrocious**（crime, act, condition）
  凶悪の、残虐な「犯罪・行為・状況など」
- ❋ **ferocious**（attack, animal, competition）
  どう猛な、猛烈な「攻撃・動物・競争など」
- ❋ **callous**（treatment, statement, behavior）
  無神経で冷淡な「扱い・言動・振る舞いなど」
- ❋ **diabolical**（plan, plot, killer）
  極悪非道な、悪魔のような「計画・殺人者など」
- ❋ **inexorable**（force, rise, process）
  情け容赦のない、止められない「力・上昇・プロセスなど」

ライティング＆スピーキング力UP！類語使い分けマスター

＊最もgeneralな語はcruel（残酷な）であるが、もっと意味を明らかにするために「厳しい」系ではsevere（規則や天気などが）、harsh（罰や処分などが）、relentless（攻撃などが容赦ない）、「残酷（主に人間）」系では［口］brutal（残忍で情け容赦のない）、［口］cold-blooded（血も涙もない）、［口］blood-thirsty（残忍で血に飢えた）、ruthless（頑固で情のかけらもない）、atrocious（極悪で残忍な）、callous（他人の苦しみに無情な）、「残酷（主に動物）」系ではsavage（荒々しくて凶暴な）、barbaric（野蛮で荒っぽい）、ferocious（猛獣のように凶暴な）などが使われる。

語根の力で1級語彙光速マスター！③

malは「悪く」「不正に」「悪い」「〜でない」

- □ **maladroit** – mal（〜でない）＋adroit（器用な）→不器用な、不手際な
- ❋ **malady** – 病気、疾病、病弊

- ☐ **malediction** – mal（悪く）+ dicere（言う）→呪い、悪口、中傷
- ☐ **malefaction** – mal（悪く）+ facere（行う）→悪事、犯罪
- ☐ **malfeasance** – mal（悪く）+ facere（行う）→違法行為、不正行為、悪事

ten、tainは「持つ」－テナント（tenant）は家の持ち主（=hold）

- ✳ **tenet** – ten（持つ）→主義、教義
- ✳ **pertain** – per（完全に）+ tain（持つ）→付属する、関係のある、形容詞は pertinent（関連した、要を得た）
- ✳ **tenacious** – ten（持つ）→固執する、粘り強い
- ☐ **tenable** – 持てる→維持できる、弁護できる
- ✳ **tenure** – ten（持つ）→保有（在職）権、保有（在職）期

pose、pon、poundは「置く」－ポン（pon）とpositionに置く（=put）

- ✳ **impose** – im（中に）+ pose（置く）→課す、押しつける
- ✳ **proponent** – pro（前に）+ pon（置く）人→提案者、擁護者
- ☐ **expound** – ex（外へ）+ pound（置く）→詳説する、解義する
- ✳ **impound** – im（中へ）+ pound（置く）→囲い込む、押収する

tact、tach、tang（ting）は「触れる」－目に触れるコンタクト（contact）あたち（attach）のもの！

- ☐ **tactile** – 触覚の、触知できる
- ✳ **intangible** – 無形の（もの）、触れることのできない（もの）、実体のない
- ✳ **contingent** – con（完全に）+ ting（触れる）→〜しだいの、〜に付随する、不慮の（出来事）、分遣

mag（mega）は「大きい」

- ✳ **magnate** – 実力者、大実業家

第3日 英検1級最重要類語グループ
rank 11 「神秘的な・不可解な」

● **mysterious**だけでなく、様々な類語を使えるようになろう！

語彙水準	「神秘的な・不可解な」グループ
4000語水準	**mysterious**
5000語水準	**obscure**
6000語水準	unexplainable, **perplexing**, puzzling
7000語水準	**enigmatic**
8000語水準	**esoteric**, **baffling**, **mystifying**
9000語水準	**inscrutable**, **mystical**
10000語水準	**cryptic**, shadowy
12000語水準	**arcane**, indecipherable
13000語水準	inexplicable, **unfathomable**
17000語水準	abstruse, recondite

驚異のスーパー語彙力加速的UP例文

A **mystical** woman with an **enigmatic** smile and an **inscrutable** look is studying the **arcane** language of **esoteric** Buddhism.
（謎に満ちた微笑みと**不可解な**表情を持つその**神秘的な**女性は、密教の**深遠な**言葉を勉強している。）

コロケーションとニュアンスで「発信型」語彙力UP

※ **enigmatic**（smile, statement, nature）
　謎めいた「微笑み・発言・性質など」

- ※ **esoteric**（practices, knowledge, philosophy）
  難解な、秘伝的な「慣習・知識・教えなど」
- ※ **baffling**（mystery, case, question）
  困惑させる「謎・事件・疑問など」
- □ **mystifying**（situation, phenomenon）
  理解しがたい「状況・現象など」
- ※ **inscrutable**（face, expression）
  無表情で不可解な「表情など」
- ※ **mystical**（experience, power, tradition）
  神秘主義的な、霊的力を持つ「経験・力・習慣など」
- □ **cryptic**（message, species, remark）
  不可解な、隠された意味を持つ「メッセージ・種・発言など」
- ※ **arcane**（knowledge, language）
  少数の人間以外には不可解な「知識・言語など」

ライティング＆スピーキング力UP！ 類語使い分けマスター

＊最も general な語は **mysterious**（謎めいて興味を引く）であるが、もっと意味を明らかにするために「興味を引く」系では **enigmatic**（謎に包まれて不思議な）、**mystifying**（儀式などが独特で神秘的な）、「得体の知れない」系では **perplexing**（理解に苦しみ当惑させる）、**baffling**（驚き当惑させる）、**shadowy**（正体がはっきりせず怪しい）、**inscrutable**（無表情で何を考えているのかわからない）、**indecipherable**（文字が判読できない）、**unfathomable**（あまりにも変わっていて不可解な）、「深遠な意味」系では、［文］**cryptic**（暗号めいた表現で理解しにくい）、**esoteric**（専門知識を持つごく一部の人間のみが知る）、［格］**arcane**（秘密で謎めいていてほとんどの人にはわからない）、**recondite**（難解で博識が必要な）などが使われる。

第3日 英検1級最重要類語グループ

rank 12 「勇敢な」

● 「美しい勇敢さ」と「大胆不敵」の使い分けに注意しよう！

語彙水準	「勇敢な」グループ
2000語水準	brave
3000語水準	courageous, bold
4000語水準	**reckless**
5000語水準	fearless, adventurous
6000語水準	**heroic**
7000語水準	**daring**
8000語水準	**audacious, gallant**
9000語水準	**dauntless**
10000語水準	**valiant**
11000語水準	**intrepid**, gutsy
12000語水準	plucky, devil-may-care

驚異のスーパー語彙力加速的UP例文

The **gallant** crew and **intrepid** hunters made an **audacious** attempt to save the boy's life in the **daring** adventure.

（その**気高く勇ましい**乗組員と**恐れ知らず**のハンターたちは、その**大胆不敵**な冒険において、少年の命を救うという**無謀で型破りな**挑戦に挑んだ。）

コロケーションとニュアンスで「発信型」語彙力UP

- ※ **heroic**（efforts, adventure, character）
  英雄的で勇ましい「努力・冒険・人格など」
- ※ **daring**（adventure, escape, project）
  大胆不敵な、無鉄砲な「冒険・脱出・プロジェクトなど」
- ※ **audacious**（plan, attack, attempt）
  型破りな、斬新な「試み・攻撃など」
- ※ **gallant**（attempt, soldier, fight）
  勇壮な、威厳のある「挑戦・兵士・戦いなど」
- □ **dauntless**（courage, will, task）
  びくともしない、くじけない「勇気・意志・任務など」
- □ **valiant**（effort, battle, warrior）
  （勝ち目がなくても）勇猛果敢な「努力・戦い・武士など」
- ※ **intrepid**（explorer, journey, reporter）
  （新しい挑戦にも）恐れを知らない「探検家・旅・レポーターなど」
- □ **plucky**（kid, fight）
  （困難な状況でも）勇気のある、あきらめない「子供・けんかなど」

ライティング＆スピーキング力UP！ 類語使い分けマスター

＊最もgeneralな語は**courageous**（粘り強く立ち向かう）、**brave**（勇ましく勢いがある）であるが、もっと意味を明らかにするために「大胆不敵」では**bold**（危険を顧みない）、**daring**（思い切って挑戦に立ち向かう）、**audacious**（大胆で勇敢かつ斬新な）、「恐れ知らず」では**reckless**（向こう見ずな）、**intrepid**（危険を冒し、危険な場所にも行きたがる）、**gutsy**（男らしい度胸がある）などがよく使われる。さらに、**dauntless**（決してくじけない）、［文］**gallant**（気高く勇猛果敢な）、［文］**valiant**（勝ち目がなくても主義を貫いて）もマスターしよう。

その他の重要類語グループ　ランク１　③

- ●「不変の」グループ
  (**immutable** > **steadfast** > unvarying) orbit
  変わらぬ軌道（＝unchangeable）
- ★ ●「即興の」グループ
  (**impromptu** > extemporaneous > **improvised** > offhand) speech
  即興スピーチ（＝ad-lib）
- ★ ●「性急な」グループ
  (**impulsive** > **impetuous** > headlong) decision
  性急な決定（＝hasty）
- ●「扇動的な」グループ
  (**incendiary** > rabble-rousing > **inflammatory** > seditious > demagogic) speech　扇動的なスピーチ
- ●「荒れ模様の」グループ
  (**inclement** > stormy > rugged > tempestuous) weather
  荒れ模様の天候
- ★ ●「優柔不断な」グループ
  (**indecisive** > **wishy-washy** > irresolute > **vacillating**) manager
  優柔不断な経営者（＝weak）
- ●「拭い去れない」グループ
  (**indelible** > **enduring** > ineffaceable) impression
  いつまでも残る印象（＝lasting）
- ★ ●「無関係の」グループ
  (**irrelevant** > extraneous > **impertinent**) subjects
  無関係の問題（＝unrelated）
- ★ ●「落ち着かない」グループ
  (**jumpy** > jittery > **restive** > fidgety) students
  そわそわした学生（＝restless）（uptight, edgy, high-strungは「気が張りつめた」）
- ●「陽気な」グループ
  (jolly > **jovial** > jaunty > **jocular**) clerk

陽気な店員（＝cheerful）

★ ● 「土壇場の」グループ
(**last-ditch** > **last-minute** > eleventh-hour) effort(s)
土壇場の努力

★ ● 「重要な」グループ
(**key** > **critical** > **crucial** > **vital** > **pivotal**) role
重要な役割（＝important）

★ ● 「威嚇的な」グループ
(**menacing** > **intimidating** > terrorizing) tone
威嚇的な口調（＝threatening）

● 「あら探しをする」グループ
(**nitpicking** > captious > carping > caviling > **hairsplitting**) boss
あら探しをする上司（＝fault-finding）

★ ● 「無数の」グループ
(**numerous** > **myriad** > **infinite** > **innumerable** > umpteen) ways
無数のやり方（＝countless）

★ ● 「時代遅れの」グループ
(**obsolete** > **outdated** > **antiquated** > **outmoded** > superannuated > moth-eaten) weapons
古くさい兵器（＝old）

● 「口のうまい」グループ
(glib > oily > unctuous > oleaginous) politician
口のうまい政治家（＝smooth-talking）

★ ● 「不吉な」グループ
(**ominous** > **portentous** > evil > **sinister** > foreboding) signs
不吉な前兆（＝unlucky）（apocalypticは「将来の不幸を予言する」）

● 「これみよがしの」グループ
(**ostentatious** > **affected** > **pretentious**) lifestyle
これみよがしのライフスタイル（＝showy）

第4日 英検1級最重要類語グループ
rank 13「情熱的な・気合の入った」

●「情熱の強さ」に注意して類語を覚えよう！

語彙水準	「情熱的な・気合の入った」グループ
1000語水準	crazy
2000語水準	eager, passionate
3000語水準	**earnest, enthusiastic**
5000語水準	fierce, devoted
6000語水準	**ardent**, fiery, **dedicated, committed**, wholehearted
7000語水準	**zealous, spirited**, addicted, **fanatical**
8000語水準	**vehement**, animated, avid, hooked
9000語水準	**fervent**
10000語水準	**impassioned**
12000語水準	fervid

驚異のスーパー語彙力加速的UP例文

Zealous activists, **fervent** supporters, and **fanatical** believers **vehemently** protested against the government, delivering **impassioned** speeches on political reform.
（**熱狂的な**活動家や**熱心な**支持者、そして**狂信的な**信者たちは政治改革に関する**情熱の**こもった演説をしながら、**猛烈に**政府に抗議した。）

コロケーションとニュアンスで「発信型」語彙力UP

※ ardent（supporter, fan, desire）

熱心な「支持者・ファン」、切実な「願いなど」
- **zealous**（advocate, supporter, devotion）
  やる気に満ちた「支持者」、熱烈な「献身など」
- **spirited**（performance, defense, singer）
  活発な、元気いっぱいの「パフォーマンス・擁護・歌手など」
- **fanatical**（attention, devotion, crowd）
  熱狂的な、狂信的な「注目・献身・群衆など」
- **vehement**（opposition, attack, criticism）
  激しい、猛烈な「抗議・批判など」
- **animated**（conversation, discussion, market）
  生き生きとした、活気に満ちた「会話・市場など」
- **avid**（collector, fan, interest）
  熱心に求める「コレクター・ファン」、熱烈な「興味など」
- **fervent**（prayer, desire, believer）
  誠意のこもった「祈り・切望」、熱心な「信者など」
- **impassioned**（plea, speech, song）
  熱烈で奮起させる「訴え・演説・歌など」

ライティング＆スピーキング力UP！ 類語使い分けマスター

＊最もgeneralな語は**eager**（熱心で待ちきれない）と**passionate**（情熱的）であるが、もっと意味を明らかにするために「情熱」では**earnest**（ひたむきに取り組む）、**ardent**（熱烈な思いを抱いて）、**wholehearted**（支援などが温かく心からの）、**avid**（熱狂的に求める）、**zealous**（精力的で揺るぎない）、**fervent**（強く心から信じて）、「病みつき」では［口］**hooked**（はまっている）、**addicted**（やみつきになっている）、**fanatical**（狂信的な）、「献身的」では**committed**（目標達成に心血を注ぐ）、**dedicated**（誠心誠意身を捧げて尽くす）、**devoted**（敬い、それだけを強く支持して）などが使われる。keen＜eager＜enthusiastic＜passionate＜ardent, avid, fervent＜zealous＜fanaticalの順に意味が強くなっていく。

第4日　英検1級最重要類語グループ

rank 14「厳しい・独裁的な」

● 類語は「人」が厳しいのか、「事柄」が厳しいのかに注意しよう！

語彙水準	「厳しい・独裁的な」グループ
2000語水準	tough, severe, tight
3000語水準	strict
5000語水準	rigid, harsh
7000語水準	**demanding, rigorous, austere**
8000語水準	**stringent, stern, authoritarian, tyrannical, oppressive**
9000語水準	**exacting, despotic**
10000語水準	**autocratic**
11000語水準	**draconian**

驚異のスーパー語彙力加速的UP例文

The **oppressive, despotic** government took **stern** measures against those opposed to its **stringent** regulations and **rigorous** cuts in expenditure under the **austere** budget.
（その抑圧的で独裁的な政府は、その厳格な規制と緊縮予算に基づく厳密な歳出削減に反対する者に対して、手厳しい措置を講じた。）

コロケーションとニュアンスで「発信型」語彙力UP

※ **rigorous**（check, standards, imprisonment）
　（規則に基づいて）厳しい「検査・基準・監禁など」
※ **austere**（life, expression, budget）
　禁欲的な「生活」、厳格な「表情」、切り詰めた「予算など」

- ※ **stringent**（standards, requirements, regulations）
  厳しい「水準・要求・規則など」
- ※ **stern**（warning, look, opposition）
  情け容赦のない「警告・対立」、（顔つきなどが）いかめしい「表情など」
- ※ **authoritarian**（rule, regime, manner）
  独裁政治の「支配・統治制度」、権威主義的な「態度など」
- □ **tyrannical**（rule, leader）
  暴君的な「支配・指導者など」
- ※ **oppressive**（regime, laws, heat）
  抑圧的な「政治・法律」、（天候が）過酷な「暑さなど」
- □ **exacting**（standards, requirements, customer）
  厳しく要求の多い「基準・必要条件・客など」
- ※ **despotic**（rule, power, government）
  横暴で専制的な「支配・権力・行政など」
- □ **draconian**（measures, laws, penalties）
  （罰や規則などが）極めて厳しい「措置・法律・罰など」

ライティング＆スピーキング力UP! 類語使い分けマスター

＊最もgeneralな語は**severe**（「天気や痛みが」激しい）と**strict**（「規則などを守らせて」厳しい）であるが、もっと意味を明らかにするために「罰」では**harsh**（容赦ない）、**severe**（過酷な）、[格]**draconian**（極めて厳しい）、「規則・基準」では**strict**（厳しく守らせる）、**rigid**（凝り固まって融通性のない）、**stringent**（絶対に守らなければならない厳しい（規則））、**exacting**（要求が多い）、**oppressive**（抑圧的な）、**rigorous**（検査などが手厳しい）、「状況・条件」には［口］**tough**（困難できつい）、**demanding**（要求が多く疲れさせる）、「予算」では［口］**tight**（財布の紐が固い）、**austere**（禁欲的で無駄を切り詰めた）、「支配」では**authoritarian**（権威主義の）、**tyrannical**（非道な暴君の）、**despotic**（絶対権力を振るう暴君の）などがよく使われる。さらに**stern**（表情が厳しい）や、**harsh competition**（過酷な競争）、**austere beauty**（飾り気のない美しさ）などの表現も重要。

語根の力で1級語彙光速マスター！④

mor、mors、mort、moriは「死」－もうと(mort)っくに死んでる！(=death)

- ※ **mort**ician － mort (死)→葬儀屋
- □ **mor**gue － mor (死)→死体公示所
- ※ **mor**bid － mor (死)(につながる)→病的な、病気の
- ※ **mort**gage － mor (死) + gage (誓約、抵当)→抵当、担保
- □ **mort**ify － mort (死)(ぬほどの目にあう)→恥をかかせる、苦行する、克服する

dic(t)、loqu(locu)、nounce(nunci)は「言う」－ディクテーション (dictation) せよと言う (=say)

- ※ in**dict** － in (中へ) + dict (言う)→起訴する、非難する
- ※ juris**dict**ion － juris (法律) + dict (言うこと)→司法権、裁判権、支配権
- □ inter**dict** － inter (間で) + dict (言う)→禁止する、妨げる、阻止する
- □ ab**dic**ate － ab (分離)すると dic (言う)→放棄する、辞任する
- □ bene**dict**ion － bene (よい) + dict (言う)→祝福、感謝の祈り
- ※ de**nounce** － de (下に、完全に) + nounce (言う)→公然と非難する
- ※ re**nounce** － re (後ろへ) 戻れと nounce (言う)→放棄 (破棄) する
- ※ e**nunci**ate － e (外へ) + nunci (言う)→明確に発音する
- ※ **loqu**acious － loqu (話す)→おしゃべりの
- □ ventri**loqu**ism － ventri (腹) + loqu (話す)→腹話術
- ※ circum**locu**tion － circum (周囲) + locu (話す)→遠回し、回りくどい表現
- □ inter**locu**tor － 対話者、対談者

gregは「集まる、群」－ぐりぐり集まる (=gather)

- □ ag**greg**ate － ag (～の方へ) + greg (集める)→集める (集まる)、総計 (の)
- ※ **greg**arious － greg (集まる)→社交的な、群居する
- ※ se**greg**ate － se (分離) + greg (群)→分離する (される)、差別する (される)
- ※ e**greg**ious － e (外へ) + greg (群)→悪い意味で目立って→実にひどい

第4日 英検1級最重要類語グループ
rank 15「完全な・最高の・無欠の」

● パーフェクトは使われ過ぎて弱いので、語彙を増して強調しよう！

語彙水準	「完全な・最高の・無欠の」グループ
2000語水準	perfect
4000語水準	ultimate
5000語水準	**ideal**
6000語水準	**flawless**, faultless
7000語水準	**spotless**, optimum, matchless, **intact**
8000語水準	**impeccable**, unmatched, unrivalled, unequaled, unimpaired
9000語水準	**immaculate**, **infallible**, peerless, **pristine**
10000語水準	**consummate**, **exemplary**, unspoiled, unblemished
12000語水準	**quintessential**, **mint**, **unparalleled**, untarnished
15000語水準	**inimitable**

驚異のスーパー語彙力加速的UP例文

The **unparalleled, inimitable** violinist in an **impeccable** dress gave an **immaculate** performance with a **consummate** skill in the **pristine** forest.
(素晴らしく非の打ちどころのないドレスを身にまとった、その比類なき、かつ他の追随を許さないバイオリン奏者は、原始のままの森林で、その卓越した実に見事な腕前で完璧な演奏をした。)

コロケーションとニュアンスで「発信型」語彙力UP

- ☐ **spotless（record, reputation, house）**
  非の打ちどころのない「記録・評判」、手入れの行き届いた「家など」
- ✳ **(remain, survive, be left) intact**
  （叙述で使われ）無傷で残る
- ✳ **flawless（beauty, performance, diamond）**
  傷のない、欠点が全くない「美しさ・パフォーマンス・宝石など」
- ✳ **impeccable（taste, service, reputation）**
  申し分のない、完璧な「好み・サービス・評判など」
- ✳ **immaculate（condition, conception, collection）**
  汚れのない、純潔な「状態・受胎・収集物など」
- ☐ **infallible（word, rule, wisdom）**
  絶対に失敗しない、信頼できる「教え・原則など」
- ✳ **pristine（condition, wilderness, beauty）**
  完全に手付かずの「状態」、原始のままの「自然・美しさなど」
- ✳ **consummate（professional, skill, singer）**
  この上なく有能な、熟達した「専門家・技能・アーティストなど」
- ☐ **exemplary（service, leadership, student）**
  立派で他の模範となる「サービス・指導力・学生など」
- ✳ **quintessential（symbol, aspect, problem）**
  神髄となる、典型的な「シンボル・特徴・問題など」
- ☐ **mint（condition）**
  真新しい、極めて美しい「状態」（in mint condition「新品同様で」）
- ✳ **unparalleled（service, level, speed）**
  比類なき、たぐいまれな「サービス・レベル・速さなど」
- ☐ **inimitable（style, talent, artist）**
  特別でまねのできない、追随を許さない「スタイル・才能・芸術家など」

ライティング&スピーキング力UP! 類語使い分けマスター

＊最もgeneralな語は**perfect**（基準を満たし完璧な）と**ideal**（理想的で満足のいく）であるが、もっと意味を明らかにするために「無傷」系では**spotless**（汚れひとつない）、**flawless**（非常に美しく欠点が見当たらない）、**unimpaired**（身体機能が損なわれていない）、**impeccable**（ミスや欠点がなく完璧）、**untarnished**（名誉や評判が傷つけられていない）、「手つかず」系では**intact**（元の状態のままの）、**pristine**（自然がまだ荒らされていない）、**immaculate**（純潔で汚れのない）、**mint**（真新しい状態の）、「無比の」系では**unrivalled**（他に競争相手がなく独り舞台の）、**unmatched**（匹敵するものがない）、**unparalleled**（前代未聞で他の追随を許さない）、「究極」系では**consummate**（才能が卓越した）、**quintessential**（神髄を現した）などが多く使われる。さらに、**exemplary**（立派で模範となる）、**optimum**（タイミングなどが最適な）も覚えておこう。

第4日 英検1級最重要類語グループ
rank 16「明確な・わかりやすい」

● 水準の低い語は発信に、高い語は受信力UPに重要！

語彙水準	「明確な・わかりやすい」グループ
1000語水準	clear
2000語水準	plain, sure, simple
3000語水準	**obvious**, **apparent**
4000語水準	**transparent**, visible, noticeable
5000語水準	**definite**, **evident**, understandable
6000語水準	**manifest**, **tangible**, perceptible, clear-cut, comprehensible, **coherent**, straightforward
7000語水準	**unambiguous**, **explicit**, **crystal-clear**, **self-evident**, discernible
8000語水準	**lucid**, **articulate**, revealing, **intelligible**, **glaring**
9000語水準	**patent**, unmistakable, **unequivocal**
10000語水準	**overt**, indisputable
15000語水準	limpid, lucent, palpable
17000語水準	pellucid, perspicuous

驚異のスーパー語彙力加速的UP例文

After the participants' **overt** criticism toward his **glaring** error, the manager gave **explicit** instructions and **lucid** explanations, making **unequivocal** answers to their questions.

（支配人の甚だしいミスに対する出席者たちのあからさまな批判の後、彼は質問にはっきりと答えながら、明確でわかりやすい説明を行った。）

コロケーションとニュアンスで「発信型」語彙力UP

※ **coherent**（approach, strategy, argument）
首尾一貫した、論理的な「取り組み・戦略・議論など」

※ **explicit**（content, instructions, guidance）
非常にはっきりと明白な「内容・指示・指導など」

□ **lucid**（introduction, explanation, discussion）
流れるように明快な「前書き・説明・議論など」

※ **articulate**（speech, speaker）
はっきりと明瞭な「スピーチ・話し手など」

※ **intelligible**（speech, account, message）
理解しやすい「スピーチ・記述・メッセージなど」

※ **glaring**（example, error, problem）
目立ってわかりやすい「例・過失・問題など」

※ **patent**（error, advantages, discrimination）
（強調で使われる）明らかな「過失・利点・差別など」

□ **unequivocal**（evidence, statement, commitment）
一点の曇りもなく明らかな「証拠・声明・約束など」

□ **overt**（act, discrimination, criticism）
公然と、あからさまな「行為・差別・批判など」

ライティング＆スピーキング力UP！ 類語使い分けマスター

＊最もgeneralな語は**clear**（はっきりと明瞭な）と**simple**（単純でわかりやすい）であるが、もっと意味を明らかにするために「説明」には**explicit**（詳細に述べられ大変わかりやすい）、**lucid**（明快でスムーズにわかる）、**revealing**（ポイントがはっきりとした）、**intelligible**（知的で理解しやすい）、**articulate**（はきはきと述べられて）、[口] **crystal-clear**（一点の曇りもなく理解しやすい）、「視覚」には**obvious**（一目瞭然な）、**apparent**（表面的には明白だが実はそうでないかもしれない）、**evident**（はっきりわかり、みんなも言っている）、**transparent**（透けて見えるよ

うに明白な)、**glaring**（失敗が派手に目立って)、**overt**（批判などが公然とあからさまな）などがよく使われる。この他、**definite**（目標などが明確な)、**unequivocal**（曖昧な所がなくはっきりしている）も覚えておこう。

MP3CDトラック36

その他の重要類語グループ　ランク1　④

★ ● 「外向的な」グループ
（**outgoing** > **gregarious** > companionable > **extroverted** > convivial) woman　外向的な女性
★ ● 「好みにうるさい」グループ
（**picky** > choosy > **selective** > **fussy** > finicky > **fastidious** > discriminating) about furniture　家具にうるさい（＝particular）
● 「冒とく的な」グループ
（**profane** > **blasphemous** > irreverent > **impious** > sacrilegious) language　冒とく的な言葉
● 「まとまりのない」グループ
（**rambling** > desultory > discursive > **digressive**) speech
取り止めのないスピーチ（＝ disorganized）
★ ● 「有名な」グループ
（**renowned** > **distinguished** > **eminent** > **prominent** > notable > **noted** > **illustrious**) scientist　有名な科学者（＝famous）
★ ● 「筋の通った」グループ
（rational > **coherent** > **consistent** > **articulate** > **tenable**) argument
筋の通った意見（＝logical）
★ ● 「冗長な」グループ
（**redundant** > **verbose** > wordy > prolix > **tautological**) description
冗長な記述（＝repetitive）
★ ● 「後悔する」グループ
（**repentant** > **remorseful** > **penitent** > contrite > rueful) sinner
後悔している罪人

- ●「たくましい」グループ
  (**robust** > **sturdy** > **husky** > beefy > strapping > brawny > stalwart > **burly** > sinewy) athlete　たくましい選手
- ★●「皮肉な」グループ
  (**sarcastic** > **satirical** > **cynical** > **sardonic**) comment
  皮肉な言葉（= ironical）
- ★●「厳しい」グループ
  (**scathing** > **caustic** > biting > acid > trenchant > acerbic > **incisive** > acrid > vitriolic > piquant > **acrimonious**) remark(s)
  辛らつな言葉（= bitter）
- ●「うぬぼれた」グループ
  (**self-important** > **conceited** > bloated > vainglorious > swollen-headed) fool　うぬぼれた馬鹿（= bigheaded）
- ★●「全くの」グループ
  (**sheer** > **consummate** > **downright** > arrant > **out-and-out** > unmitigated > **stark** > unconditional > **unqualified**) folly　全くの愚行（= utter）
- ★●「粗悪な」グループ
  (**shoddy** > **sleazy** > tacky > tawdry) jewel　安作りの宝石（= cheep）
- ★●「乏しい」グループ
  (**shoestring** > **meager** > **paltry** > **skimpy** > **scanty** > exiguous) budget
  乏しい予算（= very small）
- ●「やせた」グループ
  (**slim** > **skinny** > **slender** > **lanky**) body　ほっそりした体（= thin）
- ★●「活気のない」グループ
  (**sluggish** > **ailing** > **stagnant** > **anemic**) economy
  不況の経済（moribundは「瀕死の」）
- ★●「元気のない」グループ
  (**sluggish** > **lethargic** > **listless** > **languid** > torpid) worker
  元気のない労働者（= weak）
- ●「偏狭な」グループ
  (small-minded > **parochial** > **provincial**) attitude
  狭量な態度（= narrow-minded）

第5日 英検1級最重要類語グループ

rank 17 「傲慢な・生意気な」

● 「生意気な」と「軽蔑的」を区別できるようにしよう!

語彙水準	「傲慢な・生意気な」グループ
2000語水準	proud
4000語水準	**arrogant**, vain
5000語水準	**snobbish, conceited**
6000語水準	**haughty, pompous, impudent, insolent**
7000語水準	**self-important, forward**
8000語水準	**overbearing**, big-headed, **presumptuous**
9000語水準	impertinent, **disdainful, patronizing**
10000語水準	**imperious, condescending**, bombastic
13000語水準	cocky, **cheeky**, brash, saucy
15000語水準	bumptious, supercilious
20000語水準	sententious, snotty, cavalier

驚異のスーパー語彙力加速的UP例文

The **overbearing** boss always takes a very **condescending** attitude toward **impudent** and **conceited** young workers, giving them a **disdainful** look and a **patronizing** smile.
(その横柄な上司は、軽蔑的な表情と目上ぶった笑みを浮かべながら、生意気でうぬぼれた若い社員に対し、いつも非常に見下したような態度を取る。)

コロケーションとニュアンスで「発信型」語彙力UP

- ※ **pompous**（air, fool, language）
  思い上がった「雰囲気・馬鹿者・言葉遣いなど」
- ※ **impudent**（way, young boy）
  厚かましい、恥知らずな「やり方・若者など」
- ※ **overbearing**（father, boss, approach）
  横柄で威圧的な「父親・上司・やり方など」
- ※ **presumptuous**（claim, behavior）
  おこがましい「要求・振る舞いなど」
- ※ **patronizing**（way, tone, remarks）
  横柄で恩着せがましい「やり方・口調・意見など」
- □ **imperious**（tone, gesture, voice）
  傲慢で命令的な「口調・しぐさ・声など」
- ※ **condescending**（tone, attitude, manner）
  相手を見下すような「口調・態度など」

ライティング＆スピーキング力UP！ 類語使い分けマスター

＊最もgeneralな語は**too proud**（高慢な）であるが、もっと意味を明らかにするために「**自信過剰**」系では［格］**conceited**（思い上がった）、**arrogant**（周囲の配慮に欠け傲慢な）、［口］**big-headed**（天狗になって）、**overbearing**（支配的で自分の言うことを聞かせようとする）、［口］**haughty**（尊大で自分が誰よりも偉い）、「**見せかけ**」系では**vain**（うぬぼれが強く中身のない）、**pompous**（気取ってもったいぶる）、「**見下し**」系では**patronizing**（恩着せがましい）、**condescending**（鼻で笑いとばす）、「**生意気**」系では［口］**cheeky**（子供が図々しい）、**forward**（自信がありすぎ、馴れ馴れしくて）、**impudent**（厚かましく恥知らず）、**presumptuous**（失礼で越権行為をする）、**insolent**（無茶苦茶失礼で）、**cocky**（うぬぼれて鼻につく）、**saucy**（失礼でちょっとエッチ）、**brash**（自信があり攻撃的で）、**bumptious**（自信満々に意見を主張し、うっとうしがられる）、**cavalier**（規則や人の気持ちを無視する）、**supercilious**（人を小馬鹿にした）などがよく使われる。

MP3CDトラック39

第5日 英検1級最重要類語グループ

rank 18「元気な」

● 各類語で意味の強さやコロケーションが変わってくる。

語彙水準	「元気な」グループ
2000語水準	active
4000語水準	**energetic, lively**
5000語水準	**dynamic, vital**
6000語水準	**vigorous, brisk**
7000語水準	**spirited**, tireless
8000語水準	**vivacious, vibrant**
9000語水準	**animated**
10000語水準	**frisky**
12000語水準	indefatigable
13000語水準	**exuberant, ebullient**, peppy
15000語水準	zippy, bouncy, perky, sprightly

驚異のスーパー語彙力加速的UP例文

The **vivacious** woman with an **exuberant** personality had a **brisk** walk and **vigorous** exercise with her **frisky** puppy in the **vibrant** street.
(その生き生きと元気あふれる魅力を放つ快活な女性は、活気に満ちた大通りを、元気に跳び回る子犬と一緒にきびきびと早足で歩き、激しい運動をした。)

MP3CDトラック40

コロケーションとニュアンスで「発信型」語彙力UP

- **vigorous**(exercise, campaign, efforts)
  元気はつらつとした「運動」、力強く激しい「キャンペーン・努力など」
- **brisk**(walking, business, sales)
  きびきびとした「ウォーキング」、活況な「ビジネス・売り上げなど」
- **spirited**(debate, performance, defense)
  威勢のよい、熱のこもった「議論・パフォーマンス・擁護など」
- **vivacious**(personality, lady)
  生き生きとして陽気な「女性・性格など」
- **vibrant**(color, personality, city)
  快活で心躍らせる「色・人格・街など」
- **animated**(conversation, discussion)
  活気に満ちた、盛り上がっている「会話・議論など」
- **frisky**(kittens, puppies, nature)
  元気に戯れる、飛び跳ねる「動物・性質など」
- **exuberant**(energy, spirit, growth)
  あふれんばかりの「エネルギー・生命力・成長など」
- □ **ebullient**(nature, character, mood)
  威勢がよく活気にあふれた「性格・雰囲気など」

ライティング＆スピーキング力UP！類語使い分けマスター

＊最もgeneralな語は**active**（常に目標があり精力的）であるが、もっと意味を明らかにするために「気合」系では**spirited**（気合の入った）、**lively**（生き生きと活発な）、「体力」系では**energetic**（体力と精神力の両方がみなぎる）、**brisk**（きびきび動いて健康的）、**vigorous**（強くて健康でエネルギッシュ）、**dynamic**（非常に精力的でアイデアもどんどん浮かび、くじけない）、**animated**（好奇心旺盛で、元気はつらつ）、**frisky**（犬などが元気でじゃれまわる）、**exuberant**（勢いよくエネルギーがほとばしる）、「明るい」系では**vivacious**（特に若い女性が陽気で活発な）、**vibrant**（色や場所が活気にあふれわくわくさせる）、［口］**perky**（スカッと元気でさわやかな）、［文］**ebullient**（快活で元気あふれる）などが使われる。

語根の力で1級語彙光速マスター！⑤

tor(t) は「ねじる」－拷問（torture）で体をねじる（=twist）

- ※ **dis<u>tort</u>** – dis（分離）+ tort（ねじる）→ゆがめる、ねじる、解する
- ※ **re<u>tort</u>** – re（再び）+ tort（ねじる）→言い返す、しっぺ返しをする
- □ **ex<u>tort</u>** – ex（外へ）+ tort（ねじる）→強要する、ゆする

cep(t)、cap(t)、cipは「取る、受け取る」－キャプテン（captain）はレシーブ（receive）に応じる（accept）

- ※ **per<u>cep</u>tive** – per（完全に）+ cep（取る）→知覚の（鋭い）
- □ **re<u>cep</u>tacle** – re（再び）+ cep（取る）→容器、避難所
- ※ **<u>cap</u>tivate** – cap（取る）→魅惑する
- ※ **re<u>cip</u>ient** – re（再び）+ cip（受け取る）→受取人、授受者
- ※ **in<u>cep</u>tion** – in（中に）+ cep（受け取る）人→初め、発端
- ※ **in<u>cip</u>ient** – in（中に）+ cip（取り）初めの→初期の、発端の

sed、sid、sessは「座る」－サイド（side）に座る

- ※ **super<u>sed</u>e** – super（上に）+ sed（座る）→取って代わる、後任となる
- ※ **dis<u>sid</u>ent** – dis（反対に）+ sid（座る）→意義のある、反対者
- ※ **in<u>sid</u>ious** – in（中に）+ sid（座る）→潜行性の、陰険な
- ※ **as<u>sid</u>uous** – as（～の方へ）+ sid（座る）込む→根気強い、勤勉な
- ※ **<u>sed</u>entary** – sed（座る）→座った姿勢の、座りがちな

vert、versは「回る」－オートリバース（reverse）でテープが回る

- ※ **sub<u>vert</u>** – sub（下へ）+ vert（向きを変える）→転覆させる、打倒する
- ※ **in<u>vert</u>** – in（～の方へ）+ vert（向きを変える）→ひっくり返す、反対にする
- ※ **a<u>vert</u>** – a（逆に）+ vert（向きを変える）→避ける、そむける
- □ **tra<u>vers</u>e** – tra（越える）+ vers（回す）→横切る、越える
- ※ **<u>vers</u>atile** – 才能がvers（回った）→多才の、多芸の、多目的の

第5日 英検1級最重要類語グループ

rank 19 「熱い」

●「乾燥」した熱さと「蒸し」熱さの違いに注意！

語彙水準	「熱い」グループ
1000語水準	hot
2000語水準	burning
3000語水準	boiling
5000語水準	heated
6000語水準	**muggy**
7000語水準	**blazing**, roasting
8000語水準	**torrid, scorching**（特に重要！）
9000語水準	**searing**, scalding
10000語水準	**sweltering**
12000語水準	**sultry**
15000語水準	blistering

驚異のスーパー語彙力加速的UP例文

The hostages were forced to walk in a **torrid** desert under the **scorching** sun on **sweltering** summer days.
（その人質たちは、うだるように蒸し暑い夏の日に、焼けつくような太陽の下で灼熱の砂漠を強制的に歩かされた。）

| コロケーションとニュアンスで「発信型」語彙力UP |

- ※ **muggy**（weather, day, summer）
  蒸し暑い「天候・季節など」
- ※ **blazing**（fire, sun, battle）
  赤々と燃える「炎・太陽」、熱く激しい「戦いなど」
- ※ **torrid**（love affair, season, heat）
  熱烈な「恋愛」、灼熱の「季節・暑さなど」
- ※ **scorching**（sun, summer, afternoon）
  焼けつくような、酷暑の「太陽・夏・午後など」
- □ **searing**（heat, pain, tragedy）
  猛暑で皮膚をこがすような「熱・痛み」、残酷な「悲劇など」
- ※ **sweltering**（heat, summer, room）
  うだるように暑い、汗だくの「暑さ・夏・部屋など」
- □ **sultry**（voice, summer, night）
  情熱的で艶かしい「声」、非常に蒸し暑い「夏・夜など」

| ライティング＆スピーキング力UP！ 類語使い分けマスター |

＊最もgeneralな語は**hot**（熱い）であるが、もっと意味を明らかにするために「乾燥」系では［口］**boiling**（猛烈な暑さでうだるような）、**blazing**（炎がめらめらと燃えるように）、［格］**torrid**（非常に暑くて乾燥で完全にからからになる）、**scorching**（灼熱の）、**searing**（皮膚を焦がすほど灼熱の）、［文］**scalding**（やけどするほど）、「湿気」系では［口］**muggy**（じめじめとして不快な）、**sweltering**（うだるような湿度で気絶しそう）、［格］**sultry**（べとべとして非常に蒸し暑い）などが多く使われる。また、**burning ambition**（熱烈な野望）、**heated discussion**（白熱した討議）などの表現も覚えておこう。

第5日 英検1級最重要類語グループ
rank 20 「貪欲な・渇望して」

●「貪欲の強さ」に注意して類語を覚えよう！

語彙水準	「貪欲な・渇望して」グループ
1000語水準	hungry
3000語水準	eager, anxious, longing, yearning
5000語水準	greedy
6000語水準	desirous
7000語水準	**avaricious, avid**
8000語水準	**mercenary**, possessive
9000語水準	**voracious, covetous**
10000語水準	**insatiable, acquisitive, unquenchable**
15000語水準	**rapacious**, gluttonous, ravenous

驚異のスーパー語彙力加速的UP例文

The **avaricious** man is an **avid** gamer and a **voracious** reader who has an **insatiable** appetite for power and an **unquenchable** thirst for knowledge.
(その**強欲な**男は**熱心な**ゲーム愛好者で、権力への**飽くなき**欲求と知識への**抑えきれない**渇望を持つ、**貪欲な**読書家である。)

コロケーションとニュアンスで「発信型」語彙力UP

☐ **desirous** of (**peace, success, fame**)
　「平和・成功・名声など」を強く求める

※ **avaricious**（nature, girl, eyes）
（金銭に）強欲な「性質・少女・目つきなど」

※ **avid**（reader, collector）
趣味「読書や収集など」に凝る

※ **mercenary**（army, company, motives）
金銭ずくの、報酬目当ての「軍隊・会社・動機など」

※ **voracious**（reader, appetite, predator）
がつがつと貪欲な「読者・食欲・肉食動物など」

※ **insatiable**（desire, hunger, appetite）
飽くことのない、とどまるところを知らない「欲望・飢え・食欲など」

□ **acquisitive**（desire, society, mind）
何でも欲しがる、欲張りな「欲望・社会・気持ちなど」

□ **rapacious**（appetite, hands, nature）
（力ずくで）必要以上にまだ欲しがる「食欲・やり方・性質など」

ライティング＆スピーキング力UP！類語使い分けマスター

＊最も general な語は **hungry**（貪欲な）であるが、もっと意味を明らかにするために「情熱」系では **eager**（強く望む）、**avid**（非常に熱狂的で、どんどん求める）、「切望」系では **longing**（強く欲しがる態度を示す）、[文] **yearning**（手に入らないものを強く望む）、「貪欲」系では [口] **greedy**（必要以上に欲しがる）、[格] **avaricious**（主に金銭に強欲な）、**voracious**（がつがつと食べるようにむさぼる）、**covetous**（他人のものを手にしたがる）、**insatiable**（欲望が無限に続く）、**rapacious**（略奪してまでも欲しい）、**acquisitive**（特に新しいものをどんどん欲しがる）などが使われる。hungry ＜ greedy ＜ avaricious ＜ voracious ＜ insatiable, rapacious の順に意味が強くなる。

その他の重要類語グループ　ランク1　⑤

- ●「不毛の」グループ
  (**arid** > **barren** > sterile) land 不毛の土地 (＝dry and bare)
- ★●「簡潔な」グループ
  (**succinct** > **terse** > **laconic** > **pithy**) answer
  簡潔な答え (＝brief)
- ★●「厄介な」グループ
  (**thorny** > **knotty** > **sticky** > pesky > **ticklish** > **touchy**) problem
  厄介な問題 (＝delicate)
- ★●「啓発的な」グループ
  (**thought-provoking** > **enlightening** > **illuminating** > **edifying**) book
  啓発的な本 (＝instructive)
- ★●「毒性の」グループ
  (**toxic** > **noxious** > **virulent** > **venomous**) substances
  毒性物質 (＝poisonous)
- ★●「感動的な」グループ
  (**touching** > **poignant** > **impressive** > affecting) story
  感動的な物語 (＝moving)
- ●「重要でない」グループ
  (**trivial** > **trifling** > inconsequential > indifferent > **marginal** > **negligible**) matter 取るに足らない事柄 (＝minor)
- ●「抑えられない」グループ
  (**unbridled** > unrestrained > **unchecked** > unconstrained) passion
  抑えられない情熱 (＝uncontrolled)
- ★●「下品な」グループ
  (**vulgar** > **boorish** > **uncouth** > **crass** > coarse) behavior
  下品な振る舞い (＝crude)
- ★●「揺るぎない」グループ
  (**unwavering** > **unshakable** > steadfast > **unflagging**) belief
  揺るぎなき信念 (＝firm)

● 「最高の」グループ

　（**utmost** > **paramount** > supreme）importance
　最重要の（= greatest）

★ ● 「悪意のある」グループ

　（**vicious** > **malicious** > spiteful > **malevolent** > baleful）lie(s)
　悪意のある嘘（= evil）

● 「貞淑な」グループ

　（**virtuous** > **chaste** > prudish > puritanical）woman
　貞淑な女性（celibateは「独身の」）

★ ● 「空想的な」グループ

　（**visionary** > **utopian** > fanciful > chimerical > **quixotic**）ideas
　空想的な考え（= unrealistic）

★ ● 「やかましい」グループ

　（**vociferous** > uproarious > **clamorous** > obstreperous）crowd
　やかましい群衆（= noisy）

★ ● 「好戦的な」グループ

　（**belligerent** > **feisty** > combative > warlike > **bellicose** > pugnacious）attitude　好戦的な態度（= aggressive）

★ ● 「儲かる」グループ

　（well-paying > **lucrative** > **remunerative** > fruitful）job
　儲かる仕事（= profitable）

● 「健康によい」グループ

　（**wholesome** > salutary > salubrious）exercise
　健康によい運動（= healthful）

第6日 英検1級最重要類語グループ

rank 21「賢い」

●「博学」、「抜け目のない」から「悪賢い」と使い分けできるようになろう！

語彙水準	「賢い」グループ
2000語水準	smart, bright, sharp
3000語水準	wise, clever, brilliant, keen
4000語水準	acute, **intelligent**
5000語水準	**educated**, learned, **sensible**, cunning
6000語水準	**knowledgeable**, **shrewd**, **ingenious**, **intellectual**
7000語水準	judicious, **insightful**, discerning, **perceptive**, agile
8000語水準	**savvy**, **sagacious**, learned
9000語水準	**astute**, brainy
10000語水準	**erudite**
12000語水準	**canny**, **crafty**, wily
15000語水準	perspicuous

驚異のスーパー語彙力加速的UP例文

The **canny, perceptive** politician assisted by **erudite** professors had to contend with the **crafty** adversary assisted by tech-**savvy**, **astute** businesspeople.

(博学な教授たちに支持された慎重で洞察力のあるその政治家は、ハイテクに精通していて明敏な実業家たちに支持された悪賢い敵対者と戦わなければならなかった。)

コロケーションとニュアンスで「発信型」語彙力UP

□ **judicious**（use, choice, selection）
　慎重な「使用法など」、賢明な「選択など」

※ **perceptive**（analysis, man, writer）
洞察力のある「男性・作家など」、鋭い「分析など」

※ **savvy**（investor, travelers, kids）
（経験豊富で）知識のある、抜け目ない「投資家・旅行者・子供など」

☐ **sagacious**（animal, observer, statesman）
「コンサルタントや助言」など

※ **astute**（observer, politician, businessman）
鋭い・明敏な「観察者・ビジネスマンなど」、狡猾な「政治家など」

※ **erudite**（scholar, professor, discussions）
博識な・学識豊かな「学者・教授など」、学問的な「議論など」

※ **canny**（player, politician, investor）
（主に金銭的なことで）用心深い「選手・投資家など」

※ **crafty**（cat, devil, fox）
悪賢い・ずる賢い「猫・悪人・キツネなど」

☐ **wily**（old fellow, old man, old fox）
狡猾な・ずる賢い「(高齢の) 人、政治家など」

ライティング＆スピーキング力UP！ 類語使い分けマスター

＊最も general な語は **intelligent**（聡明な）と **clever**（利口な）であるが、もっと意味を明確にするために「博識」は **knowledgeable**（博識）、［文］**learned, erudite**（学識豊か）、**educated**（教養のある）、「賢明」は［格］**sagacious, wise**（賢い）、［口］**brainy**（頭のいい）、**sensible**, ［格］**judicious**（分別のある）、「抜け目ない」は **canny**（金銭に関して）、**savvy**（経験豊富で）、**crafty**（ずる賢い）、**cunning**（人をだますのがうまい）、**wily**（狡猾）、「鋭い」は **acute**（感覚などが）、**astute**（状況判断が速く損得に抜け目がない）、**shrewd**（状況判断に抜け目がない）、**sharp**（頭の回転と理解が速くてだまされない）、**discerning**（眼識のある）、**insightful, perceptive**（洞察力のある）、**smart**（賢く判断力がある）、**bright**（利発）、「賢さで異彩を放つ」は **brilliant**、「独創的」は **ingenious**、「知的」は **intellectual** などが用いられる。

第6日 英検1級最重要類語グループ
rank 22 「値段が高い・贅沢な」

●「値段が高い」と「贅沢」の類語を使い分けよう！

語彙水準	「値段が高い・贅沢な」グループ
2000語水準	expensive
3000語水準	wasteful
4000語水準	**costly**, high-priced
5000語水準	dear, **overpriced**, **steep**
6000語水準	stiff, **lavish**, **extravagant**
7000語水準	**prohibitive**, **astronomical**, **outrageous**
8000語水準	**exorbitant**, appalling, **eye-popping**
9000語水準	prodigal, **pricey**
10000語水準	profligate, rip-off
12000語水準	unconscionable, inordinate, spendthrift
17000語水準	extortionate

驚異のスーパー語彙力加速的UP例文

The **prodigal** son indulges in a **lavish** lifestyle, splurging on **prohibitively** expensive hotels with **exorbitant** room rates.
(その**放蕩**息子は**法外な**室料の、**極端に**高いホテルに散財しつつ、**贅沢な**ライフスタイルに溺れている。)

コロケーションとニュアンスで「発信型」語彙力UP

※ **lavish**（lifestyle, gift, wedding）
贅沢な「生活習慣・贈り物・催し物など」

※ **prohibitive**（price, duty, in price）
あまりに高くて手が出ない「値段など」、極端に重い「税など」

※ **exorbitant**（fees, price, cost）
途方もない、法外な「料金・価格・出費など」

□ **prodigal**（son, daughter, child）
放蕩な、金遣いの荒い「息子・娘など」

※ **pricey**（restaurant, hotel, method）
やたらと値の張る「レストラン・ホテル・方法など」

□ **profligate**（life, use, son）
浪費の激しい「生活・使用など」、放蕩な「息子など」

□ **unconscionable**（contract, amount, price）
過度の、途方もない「契約・量・価格など」

□ **inordinate**（amount, number, price）
法外な、べらぼうな「数量・値段など」

ライティング＆スピーキング力UP！ 類語使い分けマスター

＊最もgeneralな語は**expensive**（高くつく）であるが、もっと意味を明確にするために「高い」は**costly**（とても高くつく）、[口] **pricey, high-priced**（高価な）、**dear**（品質の割に割高な）、**overpriced**（価値に対して高すぎる）、[格] **exorbitant**（途方もなく高い）、[格] **inordinate**（尋常ではない高さの）、**outrageous**、[格] **unconscionable**（許せないほど高い）、[口] **stiff**、[口] **steep**（不当・法外に高い）、**prohibitive**（高くて手が届かない）、**astronomical**（桁はずれに高い）、**extravagant**（expensiveとexorbitantの中間的な高さ）、**appalling**（ぞっとするほど高い）、**eye-popping**（目が飛び出るほど高い）、**rip-off**（ぼったくりの値段の）、**wasteful**（不経済な）、「贅沢」は**lavish**、「放蕩」は[格] **profligate**（お金を無駄に使い過ぎる）、[格] **prodigal**（放蕩な）、**spendthrift**、などが用いられる。

語根の力で1級語彙光速マスター！⑥

jectは「投げる」－カセットをeject！（＝throw）

- ☐ **interjection** − inter（中へ）+ ject（投げる）→間投詞
- ※ **conjecture** − con（共に）+ 意見を ject（投げる）→推測（する）
- ※ **abject** − ab（分離）+ ject（投げる）→みじめな、みすぼらしい
- ※ **dejected** − de（下へ）+ ject（投げる）→意気消沈した、がっかりした

gest、port、ferは「運ぶ」－フェリー（ferry）で運ぶ（＝carry）

- ☐ **ingest** − in（中へ）+ gest（運ぶ）→摂取する、飲み込む
- ※ **gestation** − 妊娠（期間）、（計画などを）練ること
- ☐ **gesticulate** − 身振りで話す
- ※ **deport** − de（分離）+ port（運ぶ）→国外に追放する
- ※ **defer** − de（下に）+ fer（運ぶ）→従う、譲る

vis、vidは「見る」－ビデオ（video）を見る（＝see）

- ※ **envision[envisage]** − enはvision「見通し」を動詞にし→見通す、心に描く
- ※ **visage** − vis（見る）→顔、容貌、様相
- ※ **visionary** − 先見の明ある、空想的な、幻の、夢想家
- ※ **improvise** − 前もって見ない、即興で作る
- ※ **provision** − 供給、用意、（複）食料
- ※ **vista** − 眺め、展望、並木道

pedは「足、少年」－足で少年ペダル（pedal）を踏む

- ※ **expedite** − ex（外へ）+ ped（足を）（自由にする）→促進する
- ※ **impede** − im（中へ）+ ped（足）を入れる→遅らせる、邪魔する
- ※ **peddle** − ped（足）→行商する、売り歩く、広める
- ※ **pedigree** − ped（足）→系図（足が枝分かれしている）、家系、由来、起源
- ※ **pedagogy** − ped（少年）+ ago（導く）→教育（性）、教授（法）

95

第6日 英検1級最重要類語グループ

rank 23「従順な・追従する」

●「従順な」と「へつらう」の類語を使い分けよう！

語彙水準	「従順な・追従する」グループ
4000語水準	obedient, controllable
5000語水準	manageable, governable, tame
6000語水準	**docile, meek**
7000語水準	unresisting, tractable, slavish
8000語水準	**compliant**, dutiful
9000語水準	**deferential, submissive**
10000語水準	pliant, yielding, **malleable, sycophantic**
11000語水準	complaisant, servile
12000語水準	**amenable**
15000語水準	acquiescent, **obsequious**, subservient, biddable

驚異のスーパー語彙力加速的UP例文

Japanese men used to be attracted to **meek, deferential and malleable** women who were **amenable** to their husbands.
（昔、日本人の男性は、夫に対して従順で柔和でうやうやしく融通のきく女性に引かれた。）

コロケーションとニュアンスで「発信型」語彙力UP

※ **docile**（pupil, creatures, nature）
　教えやすい「生徒など」、御しやすい「生き物など」

- ※ **compliant** with the (**information, right, system**)
「情報・権限・体系など」に準拠・遵守・適合している、言いなりになる
- ※ **deferential** to the (**law, government, authority**)
「法律・政府・権威など」に敬意を表する
- □ **submissive** to the (**police, right, law**)
「警察・権限・法律など」に対して従順である
- ※ **malleable** (**metal, steel, character**)
可鍛性の、打ち延ばしできる「金属など」、従順な「性格など」
- □ **sycophantic** (**press, media, smile**)
おべっかを使う「メディアなど」
- ※ **amenable** to the (**law, guidance, theory**)
「法律・指導など」に従う、「治療などが」可能である
- □ **obsequious** to the (**great, government**)、**obsequious** (**smile**)
「権威あるものなど」にこびへつらう、こびるような「笑いなど」
- □ **subservient** to the (**government, country, authority**)
「政府・国家・権威など」に追従する、従属する

ライティング&スピーキング力UP！ 類語使い分けマスター

＊最もgeneralな語は**willing**（いとわない）であるが、もっと意味を明確にするために**amenable**（指示などに快く従う）、**obedient, biddable**（言うことをよく聞く）、**yielding**（言いなりになる）、［格］**malleable**（可鍛性、従順）、［格］**complaisant**（愛想のよい）、**docile**（従順な）、**meek**（子羊のようにおとなしい）、**tame**（言いなりになる）、**submissive**（服従的な）、**unresisting**（抵抗しない）、**governable, controllable**（支配しやすい）、［格］**tractable, manageable**（扱い易い）、［格］**sycophantic**（おべっかを使う）、**obsequious**（こびへつらう）、**servile**（へつらいぺこぺこする）、**subservient**（卑屈で人の言うことに何でも従う）、**slavish**（奴隷的）、**compliant**（すぐに人に同意したり、規則に従う）、**pliant**（すぐに人に影響され、あやつられる）、**deferential**（うやうやしくて丁重な）、**dutiful**（忠実で本分を守る）、**acquiescent**（文句を言わずにおとなしく従う）などが用いられる。

第6日 英検1級最重要類語グループ

rank 24 「不明確な・わかりにくい」

●「意図的」にぼかす語と、そうでない語の使い分けに注意しよう

語彙水準	「不明確な・わかりにくい」グループ
1000語水準	gray
2000語水準	unclear
3000語水準	**vague**
4000語水準	uncertain
5000語水準	**obscure**, **ambiguous**, dim, indefinite
6000語水準	indistinct, blurred, **fuzzy**, **evasive**, undecided
7000語水準	**hazy**, misty, indeterminate, foggy
8000語水準	imperceptible, **equivocal**
9000語水準	**murky**, ill-defined
10000語水準	**noncommittal**, blurry
15000語水準	**nebulous**

驚異のスーパー語彙力加速的UP例文

The **obscure** speaker with a **murky** past was **equivocal** about his intentions and made a **noncommittal** answer to the questions by using **evasive** expressions.（暗い過去を持つはっきりとしない話者は、自分の意図に関してあいまいで、逃げ口上の表現を用いながら、質問に対して態度の曖昧な返事をした。）

コロケーションとニュアンスで「発信型」語彙力UP

※ **fuzzy**（concept, logic, set, information）
あいまいな「概念・論理・集合・情報など」

- ※ **evasive**（answer, tactic, maneuver）
  回避的、言い逃れ的な「回答・戦術・戦略など」
- ※ **hazy**（shade, sky, idea）
  かすんだ、ぼんやりした「色合い・空・考えなど」
- ※ **equivocal**（character, relationship, answer）
  はっきりしない「性格・関係など」、幾通りにも解釈できる「回答など」
- ※ **murky**（waters, world, depths, past）
  どんよりした、真っ暗な「水・過去・奥底など」、怪しげな「世界など」
- □ **noncommittal** on the（future, matter, possibility）
  「将来・状況・可能性など」について言質を与えない、態度をはっきりさせない
- □ **nebulous**（concept, nature, idea）
  漠然とした、不明瞭な「考え・性質など」

ライティング＆スピーキング力UP！ 類語使い分けマスター

＊最もgeneralな語は**unclear**（不明確な）であるが、もっと意味を明確にするために「不明瞭」は**hazy**（空間・空・考えなどがかすんだ、ぼんやりした）、[文] **misty**（霧の深い、涙で見えない）、**foggy**（霧の深い、見通しが悪い）、**murky**（陰鬱）、**ill-defined**（明確に定義されていない）、**nebulous**（説明・定義が困難）、**indefinite**（数量・期間が不定、不明確）、**dim**（暗くぼんやり、記憶がおぼろげ）、**blurred**（形や記憶が不明瞭）、**blurry**（目がかすむ、輪郭などがぼやけた）、**indistinct**（はっきり見る・聞く・覚えるのが不可能）、「わからない」は**indeterminate**（正確に知ることができない）、**imperceptible**（微小で感知できない）、**obscure**（煩瑣で理解しがたい・不明瞭）、「曖昧」は**ambiguous**（両義的）、**equivocal**（はっきりせずごまかそうとする）、**fuzzy**（形・音・考えなどがあいまい）、**vague**（言説・考え・感情などがあいまい）、**gray**（どっちつかず、曇った）、**uncertain**（時期・数量が不明確、ためらい）、**undecided, indecisive**（優柔不断な、未決定の）、**noncommittal**（言質を与えない）、**evasive**（質問にはっきり答えない）などが用いられる。

第6日 英検1級最重要類語グループ
rank 25「変わった・突飛な」

●非常に使い分けが難しいので要注意のグループ！

語彙水準	「変わった・突飛な」グループ
2000語水準	funny, **unique**
3000語水準	**strange**, **unusual**, **curious**, unfamiliar
4000語水準	uncommon, **odd**, **weird**, **abnormal**, **extraordinary**
5000語水準	**peculiar**, **queer**, **eccentric**, **distinct**, distinctive
6000語水準	**quaint**, **unconventional**
7000語水準	**bizarre**, unorthodox
8000語水準	**singular**
9000語水準	**outlandish**
10000語水準	**uncanny**, **anomalous**, atypical
12000語水準	**idiosyncratic**, offbeat, freakish
15000語水準	zany, wacky, kooky, quirky, oddball, way-out

驚異のスーパー語彙力加速的UP例文

The actress in an **outlandish** dress has an **uncanny** ability, **singularly** unique voice but an **idiosyncratic** personality and a **bizarre** taste in food.（異国風の衣装をまとったその女優は、不思議な能力と非常に珍しい声の持ち主だが、性格は特異で食べ物は下手物趣味であった。）

コロケーションとニュアンスで「発信型」語彙力UP

※ **bizarre**（behavior, foods, fashion）

奇異な、奇妙な「行動・食べ物・ファッションなど」
- ※ **singular** (**event, coincidence, habit**)
  稀に見る「(偶然の) 出来事など」、風変りな「習慣など」
- ※ **outlandish** (**costumes, outfit, claims**)
  異国風の、風変わりな「服装・考えなど」
- ※ **uncanny** (**resemblance, ability, knack**)
  (説明が難しいほど) 神秘的な「類似点など」、超人的な「能力など」
- ※ **anomalous** (**behavior, dispersion, position**)
  (主に生物学的に) 異常な、特異な、変則的な「振る舞い・状態など」
- ※ **idiosyncratic** (**nature, risk, reaction**)
  個人に特有の「性質・リスク・反応など」
- □ **offbeat** (**story, humor, idea**)
  型破りの「話・考えなど」
- □ **quirky** (**sense, characters, place**)
  気まぐれの、急変する「性格など」、奇抜な「場所など」

ライティング&スピーキング力UP! 類語使い分けマスター

＊最もgeneralな語は**unusual**(普通でない)、**uncommon**(稀な)であるが、もっと意味を明確にするために、**strange**(異常で驚く)、**odd**(奇妙な)、**queer**(奇妙で理解に苦しむ)、**unique**(独特な)、**weird**(不気味な)、**funny**(気色悪い)、**distinct**(他と全く異質な)、**distinctive**(他と異なり目立つ)、**curious**(好奇心をそそる)、**quaint**(古風で魅力的)、**eccentric**(常軌を逸して面白い)、**abnormal**(異常で危険な)、**extraordinary**(非凡な)、**peculiar**(奇異で違和感がある)、**unconventional**(型破りな)、**exotic**(異国風の)などが使われたり、**bizarre**(奇々怪々な)、**unorthodox**(異端な)、**singular**(独特な、並外れた)、**outlandish**(全く異様な)、**uncanny**(超自然的な)、**anomalous**(異常で予想外の)、**atypical**(非典型的)、**idiosyncratic**(行動・考え方が特異な)、**offbeat**(突飛な)、**freakish**(奇怪な)、[口] **zany**(滑稽な)、[口] **way-out**(前衛的な)、**quirky**(型破りで予想がつかない)、[口] **kooky**(変わり種の)、[口] **wacky**(いかれぽんちの)、**surreal**(超現実的な)などがある。

その他の重要類語グループ　ランク2　①

- 「すばやい」グループ
  (**agile** > **nimble**) climber　すばやい登山家（＝quick）
★ - 「縁起のよい」グループ
  (**auspicious** > **propitious**) sign　吉兆（＝lucky）
★ - 「ずうずうしい」グループ
  (**blatant** > **brazen**) lie　見え透いた嘘（＝shameless）
★ - 「生まれつきの」グループ
  (**built-in** > **innate** > **inherent** > **inborn**) ability　生まれつきの能力（＝natural）
- 「集団の」グループ
  (**communal** > **collective**) living　集団生活（＝group）
★ - 「極秘の」グループ
  (**confidential** > **classified** > **hush-hush**) documents　極秘書類（＝top-secret）
- 「連続する」グループ
  (**continual** > **successive** > **consecutive**) development　連続した発展（＝continuous）
- 「堕落した」グループ
  (**crooked** > **venal** > **bribable**) politician　汚職政治家（＝corrupt）
- 「根深い」グループ
  (**deep-rooted** > **inveterate** > **ineradicable**) habit　根深い習慣
★ - 「器用な」グループ
  (**dexterous** > **deft** > **adroit**) surgeon　器用な外科医（＝skillful）
- 「現実的な」グループ
  (**down-to-earth** > **pragmatic** > **businesslike**) attitude　現実的な態度（＝realistic）
★ - 「やつれた」グループ
  (**emaciated** > **gaunt** > **haggard**) patient　やつれた患者
★ - 「初期の」グループ
  (**embryonic** > **nascent** > **incipient**) stage　初期の段階（＝early）

(**inchoate**は「計画などが初期の」)

- ★ ● 「共感的な」グループ
  (**empathic** > **empathetic**) listening 人の身になって聞くこと
- ★ ● 「死去した」グループ
  (**deceased** > **departed** > **defunct**) president 死去した大統領（＝dead）
  (**extinct**は「種族などが死滅した」)
- ★ ● 「有害な」グループ
  (**detrimental** > **deleterious** > **pernicious**) effects of smoking タバコの有害な影響（＝harmful）
- ★ ● 「信仰心のあつい」グループ
  (**devout** > **dedicated** > **pious**) Christian 敬虔なクリスチャン（＝devoted）
- ● 「遅い」グループ
  (**dilatory** > **tardy**) in answering the letter 手紙の返事を書くのが遅れて（＝slow）
- ● 「幻滅した」グループ
  be (**disillusioned** > **disenchanted**) with the world 世の中に幻滅して（＝disappointed）
- ★ ● 「めまいがする」グループ
  (**dizzy** > **giddy**) height 目のくらむ高さ
- ● 「有効な」グループ
  (**efficacious** > **potent**) treatment 有効な治療（＝effective）
- ● 「誤った」グループ
  (**faulty** > **fallacious** > **erroneous**) reasoning 間違った推論（＝wrong）
- ● 「不誠実な」グループ
  (**fair-weather** > **treacherous** > **perfidious**) partner 不誠実なパートナー（＝untrustworthy）
- ● 「し烈な」グループ
  (**fierce** > **cutthroat** > **harsh**) competition し烈な競争（＝severe）

第7日 英検1級最重要類語グループ

rank 26「太い」

● 「ふくよかな・恰幅のいい」といったいい意味の太さと、悪い意味の太さを使い分けるように！

語彙水準	「太い」グループ
1000語水準	fat, large, big, heavy
5000語水準	**overweight**
6000語水準	**plump**, **obese**
7000語水準	**chubby**, **stout**, **hefty**
8000語水準	**corpulent**, bulky
9000語水準	**flabby**, chunky, round
10000語水準	portly, fleshy
12000語水準	potbellied, dumpy
15000語水準	beefy, **paunchy**
17000語水準	pudgy, thickset, tubby

驚異のスーパー語彙力加速的UP例文

Those **obese** women with **chubby** cheeks and **portly** men with a **potbelly** are **corpulent** without being **flabby**, weighing a **hefty** 200 pounds.（丸ぽちゃの頬の肥満女性および太鼓腹で恰幅のよい男性は、たっぷり200ポンドの体重があり、堅太りである（肉がたるまずでっぷりしている）。）

コロケーションとニュアンスで「発信型」語彙力UP

✳ **obese**（body, children, patient）

（不健康な程度に）肥満の「体・子供」
- ※ chubby (girl, cheeks, face)
  （健康そうで魅力的に）まるまると太った、丸ぽちゃの「少女・顔など」
- ※ stout (heart, man, woman)
  強い、勇敢な「心など」、頑健な、どっしりした「人など」
- ※ hefty (price, fine, amount)
  べらぼうに高い「金額など」、山ほどの「量など」
- ※ corpulent (men, body, woman)
  ずうたいの大きい、でっぷりした「人・体など」
- □ bulky (look, item, man)
  巨大な「外観・男性など」、大きくて扱いにくい、かさのある「商品など」
- ※ flabby (skin, belly, stomach)
  たるんだ、締まりのない「人の皮膚・腹など」
- □ portly (man, figure, gentleman)
  恰幅がいい（特に中年の）「男性・人など」
- □ fleshy (part, face, fruit)
  肉付きがいい「顔・果実など」

ライティング＆スピーキング力UP! 類語使い分けマスター

＊最もgeneralな語は**fat**（太った、肥えた）と**heavy**（大柄で体重が重い）であるが、もっと意味を明確にするために［口］**big**（サイズ・重要性などが大きい）、**large**（サイズなどが大きい）、**bulky**（かさのある）、「太った」は［口］**hefty**（ずっしりと重い）、**overweight**（過体重の）、**obese**（肥満体の）、［格］**corpulent**（でっぷりと太った）、**round**（丸々と太った）、**paunchy, potbellied**（太鼓腹の）、［口］**tubby**（太っちょの）、**plump**（ふくよかな）、［文］**portly**（年配の男が丸々太った）、**chubby**（丸ぽちゃの）、［口］**flabby**（ぶよぶよの）、**dumpy**（ずんぐりした）、**chunky**（ずんぐりとがっしりした）、［口］**pudgy**（子供がずんぐりした）、**fleshy**（肉質の）、**beefy**（筋骨たくましい）、**stout**（頑健で恰幅のいい）、**thickset**（太くてがっしりした）などが用いられる。

第7日 英検1級最重要類語グループ
rank 27 「内気・おとなしい・臆病な」

● このグループでは、「控え目」と「臆病な」の類語を使い分けるように！

語彙水準	「内気・おとなしい・臆病な」グループ
2000語水準	shy, quiet
5000語水準	**reserved, timid, unassertive, cowardly**
6000語水準	**meek**
7000語水準	**withdrawn**
8000語水準	**demure, introverted, bashful**, wimpy
9000語水準	retiring, **self-contained, reticent**
10000語水準	**self-effacing, diffident**
12000語水準	**coy**, timorous, unconfident
17000語水準	pusillanimous

驚異のスーパー語彙力加速的UP例文

The **demure, bashful** woman with a **coy** smile couldn't care less about a **diffident, self-effacing** man **reticent** about his personal life.
（遠慮がちな笑みを浮かべた控えめではにかみ屋の女性は、私生活について無口な内気で出しゃばらない男性のことを気にせずにはいられなかった。）

コロケーションとニュアンスで「発信型」語彙力UP

※ **demure** (lady, look, smile)
　慎み深い、つつましい「女性・表情など」

- ※ **introverted**（child, personality, boy）
  内向的な「子供・性格・少年など」
- ※ **bashful**（smile, lady, boy）
  恥じらいを含んだ「笑いなど」、はにかみ屋の「女性・少年など」
- □ **self-contained**（class, man, cat）
  打ち解けない「人（の集団）・動物など」
- ※ **reticent about**（the fact, the matter, his life）
  「事柄・生活など」について話したがらない、口が重い
- ※ **self-effacing**（manner, style, man）
  控えめな、出しゃばらない「仕草・スタイルなど」
- ※ **diffident**（man, smile, manner）
  自信がない、おずおずした「男性・笑い・方法など」
- ※ **coy**（smile, with men）
  純情ぶる「笑い」、「男などに」純情ぶる

> **ライティング＆スピーキング力UP！ 類語使い分けマスター**

＊最もgeneralな語は**quiet**（静かな）と**shy**（恥ずかしがり屋の）であるが、もっと意味を明確にするために「内気」は**unconfident, diffident**（自信がなく、シャイで自分の事を話したがらず、ひっそりとしている）、**introvert[ed]**（内向的な）、**self-contained**（人に頼らず、人に打ち解けず感情も表さない）、**bashful**（はにかみ屋の）、**coy**（はにかみ屋の、わざと恥ずかしそうにする）、**retiring**（引っ込みがちな）、**withdrawn**（引きこもった）、[格] **timorous, timid**（臆病な）、[格] **pusillanimous**（リスクなどに対して臆病な）、[口] **wimpy**（女々しい）、**cowardly**（意気地のない）、「遠慮」は**reserved, unassertive**（控えめな）、**self-effacing**（自慢もせず目立たないようにする）、**demure**（慎み深い）、「温和」は**meek**、「口が重い・寡黙な」は**reticent**などが用いられる。

語根の力で1級語彙光速マスター！⑦

cede、ceed、cessは「行く」－進んで行くプロセス（process）

- ☐ **accede** – ac（～の方へ）+ cede（行く）→同意する、（地位に）就く
- ❋ **intercede** – inter（間に）+ cede（行く）→仲裁する、仲に入る
- ❋ **recede** – re（後ろへ）+ cede（行く）→後退する、手を引く
- ❋ **predecessor** – pre（前に）+ cess（行く）→前任者、前身
- ❋ **concede** – con（共に）+ cede（行く）→是認する、譲る
- ❋ **incessant** – in（中へ）+ cess（行く）→絶え間のない

epiは「上」「外側」「間」「そのうえ」

- ❋ **epigram** – epi（上に）+ graph（書く）→エピグラム、寸鉄詩、警句
- ☐ **epigraph** – epi（上に）+ graph（書く）→碑銘、エピグラフ、題辞
- ❋ **epidemic** – 流行病
- ❋ **epitaph** – 墓碑銘、碑文、碑銘体の詩
- ☐ **epithet** – あだ名、ののしりの言葉

periは「周りの」「近い」

- ☐ **perigee** – peri（近く）+ ge（地球）→近地点
- ❋ **peripheral** – 周囲の、周辺の、末梢的な
- ❋ **perimeter** – peri（周り）+ meter（寸法）→周辺、外辺部、《医学》視野計
- ☐ **periscope** – peri（周り）+ scope（見る）→潜望鏡（レンズ）

plac（plais）、gratは「喜ばせる」「気に入る」「感謝する」「楽しい」

- ❋ **placate** – なだめる   ❋ **placid** – 穏やかな
- ❋ **placebo** – 偽薬、気休め薬
- ❋ **complacent** – com（完全に）+ plac（喜ばす）→満足そうな
- ☐ **complaisant** – com（完全に）+ plais（喜ばす）→親切な、人を喜ばす
- ❋ **gratification** – 満足させる［する］こと、満足感
- ❋ **gratuity** – 心づけ、チップ

第7日 英検1級最重要類語グループ
rank 28「大変な・疲れさせる」

● このグループではどれほど大変かを使い分けられるようにしよう！

語彙水準	「大変な・疲れさせる」グループ
1000語水準	hard, heavy, tough
3000語水準	**difficult**, **tiring**
5000語水準	**challenging**, **exhausting**, **laborious**
6000語水準	**demanding**, burdensome, **trying**
7000語水準	**strenuous**, **painstaking**
8000語水準	**grueling**, **rigorous**
9000語水準	**exacting**
10000語水準	**onerous**, punishing, **arduous**, **uphill**, wearisome
15000語水準	herculean, taxing, **back-breaking**

驚異のスーパー語彙力加速的UP例文

The student made a **strenuous** effort to meet the **exacting** standards of his **demanding** teacher and survive **grueling** competition to pass the **rigorous** test.
(その生徒は、要求の多い先生の厳しい基準を満たして、**厳格な**テストに合格するために**非常に疲れる**競争を乗り越えようと、**たゆまぬ**努力をした。)

コロケーションとニュアンスで「発信型」語彙力UP

※ **demanding** (job, task, work)
要求が厳しい、過大の労力を要する「仕事など」

- **trying** (time, experience, circumstances)
  腹立たしい、耐えがたい「時間・経験など」
- **strenuous** (life, exercise, efforts)
  奮闘の「生活など」、骨の折れる「運動など」、懸命の「努力など」
- **grueling** (training schedule, examination)
  へとへとに疲れさせる「トレーニング・試合など」
- **rigorous** (standards, analysis, training)
  過酷な、厳密な「基準・分析・トレーニングなど」
- **exacting** (demands, requirements, standards)
  精密さを要求する、厳格な「要件・基準など」
- **onerous** (task, duties, contract)
  骨の折れる「仕事・任務など」、有償の「契約など」
- **arduous** (task, journey, work)
  煩わしい、努力を要する「仕事など」、つらい「旅など」
- **uphill** (battle, task, struggle)
  苦しい「戦いなど」、骨の折れる「仕事など」

ライティング＆スピーキング力UP！ 類語使い分けマスター

＊最もgeneralな語は**difficult**（困難な）と**tough**（厄介な）、**hard**（努力を要する）であるが、もっと意味を明確にするために「つらい」は**trying**（苦しい）、[格]**onerous**（煩わしい）、**punishing, exhausting, grueling**（極度に疲労させる）、[格]**wearisome**（とても退屈な）、**boring, tiresome**（うんざりする）、**burdensome**（負担の多い）、「困難だがやりがいのある」は**challenging**、「〜を要する」は**laborious**（時間と労力）、**strenuous**（多大な労力を必要とする）、**demanding**（多大な能力・忍耐・努力を必要とする）、**exacting**（多大な努力とスキルと忍耐力と注意力を要する）、**painstaking**（努力と細心の注意を要する）、**rigorous**（細心の注意と正確さを必要とし、厳しい基準を満たす必要のある）、**back-breaking**（肉体的に骨の折れる）、**taxing**（心身の多大な努力を必要とする）、**uphill, arduous**（長期の多大な努力を要する）、**herculean**（超人的な努力を要する）などが用いられる。

第7日 英検1級最重要類語グループ
rank 29「気難しい・怒りっぽい」

● 類語が非常に多く、口語と文語が区別できるようにしておこう！

語彙水準	「気難しい・怒りっぽい」グループ
4000語水準	short-tempered, **bad-tempered**
5000語水準	irritable
6000語水準	moody, **sullen**
7000語水準	**cross**, fretful, **sulky**
8000語水準	**touchy**, **grouchy**
9000語水準	**grumpy**, **crabby**, **fractious**
10000語水準	querulous, testy, snappish, **cranky**
12000語水準	**petulant**, ill-humored, prickly, huffy
15000語水準	peevish, **cantankerous**, crotchety
17000語水準	choleric, splenetic, irascible, tetchy, waspish, surly, churlish

驚異のスーパー語彙力加速的UP例文

Inside the room are **fractious** children with a **sulky** face, a **grouchy** old lady and a **grumpy** old man who are **touchy** about everything. (部屋の中にいたのは、ふくれっ面でむずかる子供たちと、あらゆることに対して神経質な不平ばかり言う老婦人と無愛想な老人であった。)

コロケーションとニュアンスで「発信型」語彙力UP

✳ **sulky**（face, child, expression）
　すねた、むっつりした「顔・子供・表情など」

- ※ **touchy**（subject, issue, topic, situation）
  扱いに慎重を要する「話題・状況など」
- ※ **grouchy**（man, voice, tone）
  機嫌が悪い、不平ばかり言う「男性・声・調子など」
- ※ **grumpy**（old man, face, expression）
  気難しい「老人・顔・表情など」
- □ **crabby**（lady, old man, baby）
  気難しい、ひねくれた「女性・老人・子供など」
- ※ **fractious**（country, politics, child）
  厄介な、手に負えない「国家・政治・子供など」
- ※ **cranky**（baby, mood, child）
  気難しい、むずかる「子供など」
- □ **petulant**（child, kid, baby）
  （特につまらないことに）不機嫌な「子供など」
- □ **cantankerous**（old lady, old man, coot）
  つむじまがりの「老人など」

ライティング＆スピーキング力UP! 類語使い分けマスター

＊最もgeneralな語は**bad-tempered**（気難しい）であるが、もっと意味を明確にするために**irritable**（癇癪持ちの）、[口] **prickly**（すぐに怒る）、**short-tempered**（短気な）、**sullen, surly**（無愛想な）、**moody**（むら気の）、**fractious**（手に負えない）、**touchy**（神経質な）、**grumpy**（怒りっぽくて情けない）、[口] **cross**（不機嫌な）、**sulky**（すねた）、[口] **grouchy**（いつもぶつぶつ言う）、**testy**（せっかちですぐに怒る）、[文] **choleric**（かんしゃく持ちの）、[格] **irascible**（ちょっとしたことでもすぐに怒る）、[口] **tetchy**（わけもなくすぐに怒る）、**cranky**（気難しい）、**peevish**（ささいなことですぐに怒る）、**crabby**、[格] **splenetic**（気難しい）、[格] **churlish**（失礼で気難しい）、**cantankerous**（文句ばかり言い、くってかかる）、**petulant**（だだっ子のよう）、**crotchety**（すぐにムッとする）、[格] **querulous**（愚痴っぽい）、**waspish**（いらいらしてとげのある）などがある。

第7日 英検1級最重要類語グループ

rank 30「辛らつな・棘のある」

●激しさ・敵意の強さを読み取ろう！

語彙水準	「辛らつな・棘のある」グループ
4000語水準	sharp
5000語水準	bitter, **harsh**
6000語水準	**sarcastic**, malicious
7000語水準	spiteful
8000語水準	biting, **sardonic**, stinging
9000語水準	**acrimonious**, acrid, acid, **venomous**
10000語水準	**caustic**, **incisive**, barbed, **virulent**
12000語水準	**acerbic**, **scathing**, piquant, blistering
15000語水準	trenchant, vitriolic, mordant

驚異のスーパー語彙力加速的UP例文

When they had an **acrimonious** debate, he made an **incisive** argument, a **sarcastic** comment, and **scathing** criticism, with a **sardonic** smile on his face. (彼らが**辛らつな**討論をした時、彼は**痛烈**に議論し、**皮肉な**コメントをし、**酷評**をして**冷笑**を浮かべた。)

コロケーションとニュアンスで「発信型」語彙力UP

※ **sarcastic**（reply, comment, answer）
　皮肉な、当てこすりの「返答・意見など」

☐ **virulent**（attack, hostility, language）

激しい「攻撃・敵意など」、毒気満々たる「言葉など」
- ※ **sardonic**（smile, humor, grin）
  皮肉な、小馬鹿にしたような「ユーモア・笑みなど」
- ※ **acrimonious**（relationship, dispute, argument）
  辛らつな「関係・議論など」
- □ **venomous**（remarks, words, tongue）
  悪意に満ちた「言葉など」
- ※ **caustic**（remarks, wit, tongue）
  痛烈な、辛らつな「言葉・機知など」
- ※ **incisive**（comments, style, criticism）
  鋭い「コメント・批判など」、痛快な「文章など」
- □ **acerbic**（humor, wit, criticism）
  とげとげしい、辛らつな「ユーモア・機知・批判など」
- ※ **scathing**（attack, criticism, comments）
  痛烈な、容赦のない「攻撃・非難・意見など」

ライティング＆スピーキング力UP！ 類語使い分けマスター

＊最もgeneralな語はsharp（シャープな）、bitter（辛らつな）であるが、もっと意味を明確にするためにsarcastic（嫌みな）、［文］sardonic（嘲笑的な）、harsh（無情な）、［格］acrimonious（激しい怒り口調の）、［格］acrid（激しい批判口調の）、stinging（言葉が刺すように辛らつな）、blistering（怒りと嫌悪と非難を示す）、caustic（皮肉で激しい批判を示す）、acid（言葉などが辛らつな）、［格］trenchant（言葉が激しく、相手を徹底的に叩く）、biting（皮肉などが鋭い、痛烈な）、［格］mordant（痛烈かつ滑稽な）、incisive（ダイレクトで頭が切れ、鋭い）、virulent（深い憎しみを表して）、spiteful（嫌いな人を傷つけようとひどい事をする）、venomous（毒舌と怒りに満ちた）、malicious（相手を傷つけ、恥をかかせようとひどいことをする）、acerbic（ダイレクトに酷評する）、barbed（言葉などがとげのある）、［格］vitriolic（毒舌と憎しみで相手を苦しめる）、scathing（厳しく批判して容赦のない）、unkind（意地の悪い）などが用いられる。

その他の重要類語グループ　ランク2　②

- 「比喩的な」グループ
  (**figurative** > **metaphorical**) expressions　比喩的表現
- 「たるんだ」グループ
  (**flaccid** > **flabby** > **limp**) muscle　たるんだ筋肉（＝soft）
- ★ 「薄弱な」グループ
  (**flimsy** > **tenuous** > **insubstantial**) evidence　もろい証拠（＝weak）
- ★ 「熱狂的な」グループ
  (**frantic** > **frenetic** > **frenzied**) pace（すさまじいペース）
- 「無駄な」グループ
  (**futile** > **abortive** > **vain**) attempt　無駄な試み（＝unsuccessful）
- ★ 「面白い」グループ
  (**hilarious** > **humorous** > **risible**) jokes　面白いジョーク（＝funny）
  (**facetious**は「時機を得ずこっけいな」)
- ★ 「でたらめの」グループ
  (**hit-or-miss** > **haphazard**) approach　でたらめなやり方（＝random）
- 「読みにくい」グループ
  (**illegible** > **indecipherable**) handwriting　読みにくい筆跡
  （＝unreadable）
- 「救いがたい」グループ
  (**incurable** > **incorrigible** > **irreformable**) criminal　救いがたい犯罪者
- ★ 「徹底的な」グループ
  (**in-depth** > **exhaustive**) research　徹底的調査（＝thorough）
- ★ 「土着の」グループ
  (**indigenous** > **endemic**) tribes　土着の部族（＝native）
- ★ 「不器用な」グループ
  (**inept** > **awkward** > **maladroit**) handling　下手な扱い（＝clumsy）
  (gaucheは「社交が不器用な」)
- 「避けられない」グループ
  (**inescapable** > **unavoidable** > **ineluctable**) conclusion　必然的な結論
  （＝inevitable）

- 「反駁できない」グループ

  (**irrefutable** > **incontestable** > **indisputable**) argument 反駁［論破］できない主張（**infallible**は「確実な」）

★ ● 「取り返しのつかない」グループ

  (**irreparable** > **irrevocable**) damage 取り返しのつかない損害（＝unrecoverable）

● 「巡回する」グループ

  (**itinerant** > **peripatetic**) preacher 巡回して教える伝道者（**nomadic**は「遊牧の」、**wayfaring**は「旅行中の」）

★ ● 「致死の」グループ

  (**lethal** > **deadly**) dose 致死量（＝fatal）

★ ● 「おしゃべりな」グループ

  (**loquacious** > **voluble** > **garrulous**) girl おしゃべりな女の子（＝talkative）（**glib**は「舌先三寸の」）

★ ● 「生い茂る」グループ

  (**lush** > **luxuriant**) plants 茂った草木（＝rich）

★ ● 「おせっかいな」グループ

  (**meddlesome** > **officious**) neighbors おせっかいな隣人（**prying** > **inquisitive**は「詮索好きの」）

● 「偽りの」グループ

  (**mendacious** > **untruthful** > **prevaricating**) report 偽りの報告（＝false）

● 「几帳面な」グループ

  (**meticulous** > **punctilious**) accountant 几帳面な会計士

● 「雑多の」グループ

  (**miscellaneous** > **sundry**) goods 雑多な商品（＝various）（**assorted**は「詰め合わせの」、**hybrid**は「混成の」）

★ ● 「情状酌量する」グループ

  (**mitigating** > **extenuating**) circumstances 酌量すべき事情

第8日 英検1級最重要類語グループ
rank 31 「怒って・苛立って」

● 怒りの大きさがわかるようにしておこう！

語彙水準	「怒って・苛立って」グループ
1000語水準	angry
2000語水準	mad, wild
3000語水準	upset, annoyed
4000語水準	**furious**, irritated
5000語水準	raging, **offended**
6000語水準	**enraged**, **indignant**, **resentful**
7000語水準	**outraged**, **displeased**, aggravated
8000語水準	**vexed**, **infuriated**, **chagrined**
9000語水準	incensed, **cross**
10000語水準	**seething**, ranting, **exasperated**
12000語水準	**disgruntled**, fuming, **miffed**
13000語水準	piqued, **riled**
15000語水準	**irate**, livid, nettled
17000語水準	irked, peeved

驚異のスーパー語彙力加速的UP例文

The **disgruntled** employee, **indignant** about unfair treatment and **resentful** of his demotion, is **seething** with anger toward the sole responsibility of dealing with **irate** customers.
(**不満を抱いた**従業員は、不当な扱いに**憤り**、自分の降格に関して**憤慨**していて、**激怒**した客を扱うという自分一人が負っている責任に対する怒りで**興奮**している。)

コロケーションとニュアンスで「発信型」語彙力UP

- ※ **vexed** about/with/at/by the (**problem, question**)
「問題・質問など」にいら立つ、困惑する
- ※ **infuriated** by/at/over the (**sentence, punishment, criticism**)
「(主に) 不当な刑罰・判決など」に激怒して
- ※ **chagrined** at/by the (**loss, failure, defeat**)
「敗北・失敗など」に失望して、悔恨して
- □ **seething** with (**rage, jealousy, hatred**)
「怒り・嫉妬・憎しみなど」で腸が煮えくり返って
- ※ **exasperated** by/with/at the (**failure, defeat**)
「失敗・敗北など」にいら立つ
- ※ **disgruntled** (**employees, customers, fans**)
(思いどおりにいかなくて) 不機嫌な「従業員・客・支持者など」
- □ **miffed** at/about his (**attitude, tone, criticism**)
「(批判的・非難的な) 態度・口調など」にむっとして
- ※ **irate** (**customers, phone calls**)
ひどく怒った「客など」、怒りの (苦情の)「電話・手紙など」

ライティング&スピーキング力UP! 類語使い分けマスター

＊最もgeneralな語は **angry**（怒って）であるが、もっと意味を明確にするために、怒りの程度順に並べると、①「狼狽して」は **upset**、②「気分を害して」は **offended, disgruntled, displeased**（他人の失敗・よくない状況が気に入らずに）、**miffed**、③「いら立って」は ［口］ **riled**（いらついて）、［口］ **peeved**（じらされて）、［口］ **nettled**（他人の言動にイラッときて）、**annoyed, irritated**（じれったくいらいらして）、**exasperated**（状況や他人のしたことに非常にいら立って）、**cross**（不機嫌になって）、［格］ **irked**（うんざりさせられて）、［格］ **piqued**（些細なことでムッとして）、［格］ **vexed**、④「激怒して」は ［口］ **mad**（キレて）、［口］ **wild, raging**（怒り狂って）、**irate, enraged**（立腹して）、**fuming**（カッカして）、**seething**（怒りで

震えて)、⑤「殺気立った」は **infuriated, outraged, indignant**（不正・不当な扱いに対して憤慨して)、**resentful**（他人への嫉妬から激怒して)、⑥さらに激しくなると **furious**（猛り狂って)、**incensed**（非常に怒った)、**livid**（カンカンに怒って）などがよく用いられる。他にも、「失望・悔恨して」に **chagrined**、「怒りにまかせて大声で苦情をぶちまけている」に **ranting** などがある。

第8日 英検1級最重要類語グループ
rank 32 「ぼろぼろの・みすぼらしい」

●「身なり・服装」と「建物」のどちらに結びつくかを覚えておこう！

語彙水準	「ぼろぼろの・みすぼらしい」グループ
4000語水準	decayed
5000語水準	neglected
6000語水準	**shabby**
7000語水準	crumbling
8000語水準	**battered**
9000語水準	**ragged**, **tattered**
10000語水準	**dilapidated**, creaky, **rickety**, **rundown**
12000語水準	**decrepit**, **derelict**, **frayed**, moth-eaten, threadbare
15000語水準	ramshackle, seedy, scruffy, tumbledown

驚異のスーパー語彙力加速的UP例文

A **battered** woman in **tattered** clothes and her **shabby**-looking spouse with a **ragged** beard live in a **dilapidated** house in a **derelict** inner-city area.（ぼろぼろの上着を着ている虐待された女性と、ぼさぼさのひげを生やしたさえない風体の夫は、見捨てられた都心部の壊れかけた家に住んでいる。）

MP3CDトラック71

コロケーションとニュアンスで「発信型」語彙力UP

※ **shabby**（**appearance, clothes**）
　使い古されてぼろぼろになった「外観・衣服など」
※ **battered** old（**house, building, hat**）
　くたびれた古い「家・建物・帽子など」

- □ **ragged**（jacket, blanket, coat）
  すりきれた「ジャケット・毛布・コートなど」
- ※ **tattered**（flag, clothes, cloth）
  ずたずたの「旗・衣服・布など」
- ※ **dilapidated**（building, house, furniture）
  手入れ不足・老朽化で壊れかかった「建物・家具など」
- □ **rickety**（stairs, table, bed）
  造りが悪くすぐに壊れそうな「階段・家具など」
- ※ **rundown**（town, house, building）
  荒廃した「街・建物など」
- □ **decrepit**（old man, house）
  よぼよぼの「老人など」、おんぼろの「家など」
- ※ **derelict**（building, house, land）
  遺棄されて状態が悪い「建物・場所など」
- □ **frayed**（carpet, clothes, shirt）
  すり切れてほころんだ「絨毯・衣服など」

ライティング&スピーキング力UP! 類語使い分けマスター

＊最も general な語は **old**（古い）、**dirty**（汚い）であるが、もっと意味を明確にするために、「腐敗した」は **decayed**、「手入れのされていない」は **neglected**、「ボロボロの」は **rundown**、「ぼろぼろと崩れそうな」は **crumbling**、「古くなってギシギシと音を立てる」は **creaky**、「古くて虫喰いだらけの」は **moth-eaten**、「すれて糸の見える」は **threadbare**、「修理が必要なほどひどい状態で」は **ramshackle**、「不潔でむさくるしい」は **seedy**、「薄汚い」は **scruffy**、「古くて今にも壊れそうな」は **tumbledown** などがある。

語根の力で1級語彙光速マスター！⑧

pan は「すべての」－パノラマは全景を見渡す

- ※ **panacea** – pan（すべての）→ 万能薬

- ※ **pan**demic － pan（すべての）＋ demos（民衆）→全国［全世界］的流行の
- ※ **pan**demonium － pan（すべての）＋ demon（悪魔）→大混乱、修羅場、地獄
- □ **pan**theism － pan（すべての）＋ theism（神を信じること）→多神教

euは「良い」「よく」－良いことだけを言う（eu）

- ※ **eu**genics － eu（良い）→優生学
- ※ **eu**logy － eu（良い）＋ logy（言葉）→賛辞、称賛
- ※ **eu**phemism － eu（良い）→婉曲語法、遠回し表現
- ※ **eu**phoria － eu（良い）＋ phoria（状態）→（一時的な）幸福感、《医学》多幸症
- ※ **eu**thanasia － eu（良い）＋ thanatos（死）→安楽死（術）

vinc(vanq)、victは「打ち負かす」「征服する」－打ち負かしてvictory！（＝conquer）

- ※ e**vict** － e（外へ）＋ vict（打ち負かす）→立ち退かせる、追い立てる
- ※ in**vinc**ible － in（否定）＋ vinc（打ち負かす）→征服できない、無敵の
- □ **vanq**uish －征服する、克服する、勝つ

rog(a)は「頼む、尋ねる」→arrogantな頼み方をするな！

- ※ inter**rog**ate － inter（中へ）＋ rog（尋ねる）→尋問する、取り調べる
- ※ de**rog**atory － de（下に）＋ rog（求める）→（名誉・価値を）損なうような、軽蔑的な
- ※ pre**rog**ative － pre（前に）＋ rog（求める）→特権、特典
- ※ sur**rog**ate － sur（下に、副）＋ rog（求める）→代理人、代用物
- □ ab**rog**ate － ab（離れて）＋ rog（求める）→廃止する、排除する

vali、vale、valuは「価値がある」「力がある」

- □ **vali**ant －雄々しい、勇敢な、立派な、勇敢な人
- ※ **vali**date －有効にする、批准［認可］する
- ※ con**vale**scent －回復期の、回復期患者

第8日 英検1級最重要類語グループ
rank 33「いやらしい・好色の」

● スラングも多いので使い方に要注意！

語彙水準	「いやらしい・好色の」グループ
1000語水準	dirty, hot, blue
2000語水準	adult, skin
3000語水準	crude, **sexy**
5000語水準	**sensual**, **vulgar**, steaming
6000語水準	**filthy**, **indecent**, pornographic, **erotic**, **X-rated**
7000語水準	**obscene**, **suggestive**, **spicy**
8000語水準	lustful, **horny**
9000語水準	**lecherous**
10000語水準	**salacious**, **lewd**, **racy**
12000語水準	libidinous, **off-color**, **raunchy**, **lascivious**
15000語水準	naughty, **risqué**, ribald
17000語水準	prurient, bawdy, smutty
20000語水準	lubricious, concupiscent

驚異のスーパー語彙力加速的UP例文

A **lecherous** man told **salacious** stories and showed **obscene** pictures to a woman, making **lewd** jokes and giving her a **lascivious** look.
（好色な男はみだらなことを話し、女性に際どい写真を見せつけ、卑猥な冗談を言うと彼女をわいせつな目で見た。）

コロケーションとニュアンスで「発信型」語彙力UP

- □ **lecherous**（old man, gaze）
  スケベな「男・視線など」
- ※ **obscene**（language, phone call, gesture）
  わいせつな「言葉・電話・仕草など」
- ※ **salacious**（stories, rumors, gossip）
  いかがわしい「話・ゴシップなど」
- ※ **lewd**（comments, behavior, photos）
  みだらな「言動・写真など」
- □ **off-color**（joke, story, remark）
  いかがわしい「ジョーク・話・発言など」
- □ **raunchy**（photos, TV show, comedy）
  下品な「写真・テレビ番組など」
- ※ **lascivious**（old man, pictures）
  好色な「男性・写真など」
- □ **risqué**（TV show, photos, films）
  きわどい「テレビ番組・写真・映画など」

ライティング＆スピーキング力UP！類語使い分けマスター

＊最もgeneralな語は、**dirty**（汚らわしい）、**hot, sexy**（性的に魅力的な）であるが、もっと意味を明確にするため、「性的なものに関連した」は**blue**、「大人向けの」は**adult**、「ヌード専門の」は〔口〕**skin**、「露骨に性的な」は**crude, vulgar**、「官能的な」は**sensual**、「下品な」は**filthy**、「反道徳的な」は**indecent**、「好色文学の」は**pornographic**、「色情的な」は**erotic**、「18禁の」は**X-rated**、「思わせぶりな」は**suggestive**、「きわどい」は**spicy**、〔口〕**naughty**、「好色な」は**lustful**、「ムラムラして」は〔口〕**horny**、「性的描写が面白い」は**racy**、「性的衝動（リビドー）に駆られた」は**libidinous**、「下ネタの」は**ribald, bawdy**、「病的に変態な」は**prurient**、「わいせつな」は**smutty, lubricious**、「色欲の盛んな」は**concupiscent**などがある。

第8日 英検1級最重要類語グループ

rank 34「豊かな」

● 人が金持ちと高価の類語を使い分けるように！

語彙水準	「豊かな」グループ
1000語水準	rich
3000語水準	wealthy, gorgeous
4000語水準	luxurious
6000語水準	**affluent**, **lavish**
7000語水準	**exclusive**
8000語水準	deluxe, **well-to-do**, **well-off**
9000語水準	**sumptuous**, **upscale**, well-heeled
10000語水準	**posh**, plush, **opulent**
15000語水準	ritzy

驚異のスーパー語彙力加速的UP例文

The **well-to-do** family drives an **upscale** car and wears **opulent** jewels, and often stays at a **posh** hotel and eats **sumptuous** meals at an **exclusive** restaurant.
(その裕福な家族は、高級車に乗り、豪華な宝石を身につけて、しゃれたホテルによく泊まり、富裕層向けのレストランで贅沢な食事をする。)

コロケーションとニュアンスで「発信型」語彙力UP

☐ **affluent**（areas, society, family）
裕福で生活水準が高い「地域・社会・家族など」

- ※ **lavish**（lifestyle, gifts, scale）
  豪華で贅沢な「生活様式・贈り物・規模など」
- ※ **exclusive**（shop, club, hotel）
  高級で一般人には利用できない「店・クラブ・ホテルなど」
- □ **well-to-do**（families, businesspeople, consumers）
  それなりに金持ちの「家族・ビジネスマン・消費者など」
- ※ **well-off**（family, society, class）
  そこそこ裕福な「家族・社会・階級など」
- ※ **sumptuous**（feast, meal, dinner）
  豪華絢爛な「宴会・食事・夕食など」
- ※ **upscale**（restaurants, hotel, neighborhoods）
  高所得者用の「レストラン・ホテル・住宅地域など」
- ※ **posh**（hotel, apartment, restaurant）
  優雅で豪華な「ホテル・マンション・レストランなど」
- ※ **opulent**（hotels, fabrics, jewelry）
  豪華でこれ見よがしの「ホテル・織物・宝石など」

ライティング＆スピーキング力UP！類語使い分けマスター

＊最もgeneralな語は**rich**（金持ちな）、**wealthy**（お金・財産をたくさん持った）であるが、もっと意味を明確にするために、「高価で質の高い」は**luxurious**、［口］**plush**、「裕福で生活水準が高い」は**affluent**、「豪華で贅沢な」は**lavish**、「高級で一般人には利用できないような」は**exclusive**、「同種のものに比べて質・価格ともに優れた」は**deluxe**、「それなりに金持ちの」は**well-to-do, well-off**、「豪華絢爛な」は**sumptuous**、「高所得者用の」は**upscale**、「リッチな」は［口］**well-heeled**、「優雅で豪華な」は**posh**、「これ見よがしに豪華な」は**opulent**、「高価でおしゃれな」は［口］**ritzy**などがある。

第8日 英検1級最重要類語グループ
rank 35 「冷めた・冷静な」

● ネガティブな「無関心」とポジティブな「冷静」を使い分けるように！

語彙水準	「冷めた・冷静な」グループ
2000語水準	calm
3000語水準	relaxed
4000語水準	indifferent, serene
5000語水準	uninterested, unconcerned, tranquil
6000語水準	uninvolved, unemotional, unexcitable, unresponsive
7000語水準	**apathetic, composed**
8000語水準	**lukewarm, placid, impassive**
9000語水準	**dispassionate**
10000語水準	**phlegmatic**, even-tempered, cool-headed
12000語水準	**nonchalant, blasé**, unperturbed, unruffled, equable, self-possessed, unflappable, stolid

驚異のスーパー語彙力加速的UP例文

You have to consider **dispassionately** the **lukewarm** support from **apathetic** voters who are **nonchalant** about political reform.
(あなたは政治改革に**無関心**で**冷淡な**有権者からの**いいかげんな**支援について**冷静**によく考えなければならない。)

コロケーションとニュアンスで「発信型」語彙力UP

※ **apathetic** about the (**world, problem, future**)
「世界・問題・将来など」に対して関心がない

- ☐ **composed**（manner, state of mind, expression）
 冷静沈着な「態度・心理状態・表情など」
- ✳ **lukewarm**（response, reception, reviews）
 いい加減な「返答・もてなしなど」
- ✳ **placid**（disposition, horse, animals）
 温和な「気質・動物など」
- ☐ **impassive**（expression, face）
 感情を表さない「表情・顔など」
- ✳ **dispassionate**（analysis, approach, observers）
 感情の影響を受けていない「分析・アプローチ・第三者など」
- ☐ **phlegmatic**（temperament, disposition, character）
 めったに激さない「気質・性格など」
- ✳ **nonchalant**（shrug, tone, manner）
 無頓着な「仕草・話しぶりなど」
- ☐ **blasé** about（the dangers, sex, money）
 「危険・セックス・お金など」に無関心な

ライティング＆スピーキング力UP！ 類語使い分けマスター

＊最もgeneralな語は**calm**（平静な）、**relaxed**（くつろいだ）であるが、もっと意味を明確にするために、「無関心で」は**indifferent, uninterested**、「安らかな」は**serene, tranquil**、「おかまいなしの態度で」は**unconcerned**、「客観的な」は**uninvolved**、「感情を表さない」は**unemotional, impassive**、「たやすく興奮しない」は**unexcitable**、「無反応な」は**unresponsive**、「何らの感情・関心もない」は**apathetic**、「感情のコントロールができて落ち着いている」は**composed**、「いい加減な」は**lukewarm**、「温和な」は**placid**、「感情に流されない」は**dispassionate**、「めつたに取り乱すことのない」は**phlegmatic**、「簡単にいら立たない」は**even-tempered**、「冷静な」は**cool-headed, unruffled**、「無頓着な」は**nonchalant**、「飽き飽きして」は**blasé**、「取り乱さない」は**unperturbed**、「落ち着いた」は［格］**equable**、「困難な状況においても冷静でいられる」は**self-possessed**、［口］**unflappable**、「鈍感な」は**stolid**などがある。

その他の重要類語グループ　ランク2　③

- 「議論の余地がある」グループ
  (**moot** > **arguable** > **disputable**) point 異論のある点（=debatable）
- 「濁った」グループ
  (**murky** > **turbid**) water 濁った水（=muddy）
- 「名目上の」グループ
  (**nominal** > **titular**) head of the company 名目上の会社の社長
- 「結婚の」グループ
  (**nuptial** > **matrimonial**) ceremony 結婚式（=wedding）
- ★ 「不透明な」グループ
  (**opaque** > **translucent**) glass 不透明［半透明］なガラス
- 「異教の」グループ
  (**pagan** > **heathen**) priest 異教の僧侶
- ★ 「気のない」グループ
  (**perfunctory** > **lukewarm**) greeting おざなりの挨拶（=half-hearted）
- ★ 「甘やかす」グループ
  parents (**permissive** > **indulgent**) with their children 子供に甘い親
  （=soft）（**clement, lenient** は「処罰が寛容な」）
- 「ぶちの」グループ
  (**piebald** > **dappled** > **mottled**) dog ぶちの犬（**speckled, spotted, flecked** は「斑点のある」)
- 「もっともらしい」グループ
  (**plausible** > **specious** > **meretricious**) argument もっともらしい議論
  （ostensible は「見せかけの」）
- 「小さい」グループ
  (**petite** > **diminutive**) woman 小柄な女性（=small）
- 「不安定な」グループ
  (**precarious** > **insecure** > **shaky**) position 不安定な立場（=unstable）
- ★ 「肉食の」グループ
  (**predatory** > **carnivorous** > **rapacious**) animals 肉食動物
  （=meat-eating）

★ ● 「輝く」グループ
　　（**radiant** > **beaming**）smile　晴れやかな微笑（＝happy）
● 「臭い」グループ
　　（**stinking** > **rancid**）cheese　臭いチーズ（＝smelly）
● 「思わせる」グループ
　　old house（**redolent** > **evocative**）of horror movies　ホラー映画を思わせる旧家（＝suggestive）
★ ● 「過剰な」グループ
　　（**redundant** > **excess** > **superfluous**）workers　過剰労働者（＝extra）
★ ● 「関連した」グループ
　　be（**relevant** > **pertinent** > **germane**）to the subject　主題に関連した（＝related）
★ ● 「自称の」グループ
　　（**self-proclaimed** > **would-be**）writer　自称作家
● 「偶然の」グループ
　　（**serendipitous** > **chance** > **fortuitous**）discoveries　思いがけない発見（＝accidental）
● 「曲がりくねった」グループ
　　（**serpentine** > **meandering** > **sinuous**）road　曲がりくねった道（＝winding）
★ ● 「怪しい」グループ
　　（**shady** > **dubious** > **fishy**）character　いかがわしい人物（＝questionable）
★ ● 「ずさんな」グループ
　　（**slipshod** > **slovenly**）work　ずさんな仕事（＝sloppy）
★ ● 「自己満足の」グループ
　　（**smug** > **contented** > **complacent**）smile　自己満足の笑み（＝self-satisfied）
● 「眠い」グループ
　　（**soporific** > **drowsy**）lecture　眠たい講義（＝sleepy）
● 「人気のある」グループ
　　（**sought-after** > **well-received** > **favored**）singer　売れっ子の歌手（＝popular）

- ★ ● 「辛い」グループ
  (**spicy** > **pungent** > **piquant**) food ピリッとする食べ物 (＝hot)
- ● 「波乱に富む」グループ
  (**stormy** > **tempestuous** > **checkered**) life 波乱な人生 (＝eventful)
- ● 「仮の」グループ
  (**tentative** > **provisional**) agreement 仮の協定 (＝temporary)
- ★ ● 「生ぬるい」グループ
  (**tepid** > **lukewarm**) water ぬるい水 (＝slightly warm)
- ● 「不注意な」グループ
  (**thoughtless** > **inadvertent** > **heedless**) behavior 不注意な行動 (＝careless) (**unwitting**は「知らずにした」)
- ★ ● 「穏やかな」グループ
  (**tranquil** > **serene** > **placid** > **sedate** > **staid**) life 穏やかな生活 (＝peaceful)
- ● 「偏在する」グループ
  (**ubiquitous** > **omnipresent**) vending machines どこにでもある自動販売機
- ★ ● 「気取らない」グループ
  (**unaffected** > **unassuming** > **unpretentious**) fellow 気取らない男 (＝modest)
- ★ ● 「実行可能な」グループ
  (**viable** > **feasible** > **practicable**) plan 実行可能な計画 (＝workable)
- ★ ● 「執念深い」グループ
  (**vindictive** > **vengeful**) enemy 執念深い敵 (＝unforgiving)
- ★ ● 「影響を受けやすい」グループ
  (**vulnerable** > **impressionable** > **susceptible**) girl 多感な少女 (＝sensitive)
- ★ ● 「物欲しそうな」グループ
  (**wistful** > **wishful**) look 物欲しそうな目
- ● 「惨めな」グループ
  (**wretched** > **hapless**) life 惨めな人生 (＝miserable)

第9日 英検1級最重要類語グループ
rank 36「間抜けな・馬鹿げた・頭のおかしい」

● 人が馬鹿なのと事柄が馬鹿げているのを使い分けられるように！

語彙水準	「間抜けな・馬鹿げた・頭のおかしい」グループ
2000語水準	**stupid**, slow, crazy
3000語水準	**foolish**, **silly**, unintelligent, thick, **ridiculous**
4000語水準	**ignorant**, unintelligent, **thoughtless**, **dumb**
5000語水準	**reckless**, unwise, **irrational**, **dense**, insensible, insensitive, tactless
6000語水準	senseless, **lunatic**, mindless, **rash**
7000語水準	brainless, thick-headed, laughable, idiotic, witless
8000語水準	**foolhardy**, **ludicrous**
9000語水準	idiotic, **ill-advised**, **preposterous**, senseless
10000語水準	moronic, **crass**, **farcical**, nonsensical, scatterbrained
12000語水準	asinine, imbecile, dopey
15000語水準	vapid, **inane**, fatuous, obtuse, vacuous

驚異のスーパー語彙力加速的UP例文

It is **ill-advised** to accept the **rash** and **preposterous** decision to send such a **lunatic** to the **ludicrous** mission.（そんな**変人**をその**馬鹿げた**任務に派遣するという、**軽率**で**不合理**な決定に応じるのは**無分別**である。）

コロケーションとニュアンスで「発信型」語彙力UP

※ **lunatic**（fringe, ideas, behavior）
狂気じみた「過激派・考え・行動など」

- ※ **rash**（decision, promise, driving）
  向こうみずな「決定・約束・運転など」
- □ **foolhardy**（decision, venture, bravery）
  無鉄砲な「決定・冒険など」
- ※ **ludicrous**（idea, suggestion, amount）
  馬鹿げた「考え・提案・金額など」
- □ **ill-advised**（remarks, attempt, marriage）
  思慮の足りない「発言・試み・結婚など」
- ※ **preposterous**（idea, claim, price）
  とんでもなく非常識な「考え・主張・金額など」
- ※ **crass**（behavior, remark, stupidity）
  愚鈍で無神経な「行動・発言など」
- ※ **farcical**（situations, events, circumstances）
  茶番めいた「状況・出来事など」
- □ **asinine**（suggestions, idea, remarks）
  愚蒙な「提案・考え・発言」
- □ **inane**（remarks, idea, smile）
  無意味な「発言・考え・微笑みなど」

ライティング＆スピーキング力UP！ 類語使い分けマスター

＊最もgeneralな語は**stupid, silly**（馬鹿な）、**crazy**（気の狂った）であるが、もっと意味を明確にするために、「頭の回転が遅い」は**slow, thick**、［口］**dumb**、［口］**dense**、「しっかりした判断力がない」は**foolish, unwise**、「馬鹿げた」は**ridiculous**、「理解力・学習能力が欠けた」は**unintelligent**、「無知な」は**ignorant**、「思いやりがなく軽率な」は**thoughtless**、「向こうみずな」は**reckless**、「道理・論理に基づいていない」は**irrational**、「鈍感な」は［格］**insensible**、「無神経な」は**insensitive**、「人を怒らせたり傷つけるようなことを言ったりしたりする」は**tactless**、「無感覚の」は**senseless**、「思慮に欠ける」は**mindless**、「知性のない」は**brainless**、「とんでもなくアホな」は［口］**thick-headed**などがある。

第9日 英検1級最重要類語グループ

rank 37「大きい・膨大な」

● 類語が多いが、大きさの度合いを把握しておこう！

語彙水準	「大きい・膨大な」グループ
2000語水準	big, large, great
3000語水準	huge
4000語水準	**immense**, monster
5000語水準	**enormous**, **tremendous**, **vast**, spacious, **extensive**
6000語水準	**substantial**, **massive**, oversized, mega, jumbo, expansive
7000語水準	**sizeable**, mammoth, **gigantic**, **monumental**, mighty, **roomy**, bulky
8000語水準	**colossal**, voluminous, **prodigious**
9000語水準	**whopping**, capacious
10000語水準	titanic, **gargantuan**
12000語水準	elephantine, **epic**
15000語水準	humongous, burly, hulking

驚異のスーパー語彙力加速的UP例文

The blockbuster hit was a **momentous** work of art with an **epic** proportion created by a director with a **prodigious** talent at a **whopping** cost.（そのヒット作は、並外れた才能を持つ監督がべらぼうな費用をかけて作成した、壮大な規模の重要な芸術品であった。）

コロケーションとニュアンスで「発信型」語彙力UP

✳ **gigantic**（proportions, size, scale）

巨大な「規模・大きさなど」
- ✽ monumental (building, architecture, sculpture)
  堂々とした「建物・彫像など」
- ✽ colossal (statue, amount, building)
  途方もなく大きい「像・量・建物など」
- ✽ prodigious (talent, energy, ability)
  驚くほど並外れた「才能・力など」
- ✽ whopping (amount, bill, lie)
  ばかでかい「量・（額の）請求書・虚言など」
- □ capacious (bag, warehouse)
  容量の大きい、包容力のある「カバン・倉庫など」
- □ gargantuan (proportions, sizes, giant)
  とてつもない大きさの「規模・大きさ・巨人など」
- ✽ epic (proportions, battle, journey)
  壮大な「規模・戦い・旅行など」

ライティング＆スピーキング力UP! 類語使い分けマスター

✽最も general な語は **big, large, great**「大きい」であるが、もっと意味を明確にするために、「莫大な」は **huge, immense**（想像もつかない）、**enormous**（普通をはるかにしのぐような）、**tremendous**（驚くべき、恐るべき）、「異常な大きさの」は **monster**、「広大な」は **vast**、「広々とした」は **spacious, roomy**、「広範な分野を取り扱う」は **extensive**、「相当な量の」は **substantial, sizeable**、「大きくてどっしりした」は **massive**、「大きすぎる」は **oversized**、「超でかい」は［口］**mega**、「特大の」は［口］**jumbo**、「膨張力のある」は **expansive**、「巨大な」は **mammoth, gigantic**、「堂々とした」は **monumental**、「強大な」は **mighty, titanic**、「大きくて扱いにくい」は **bulky**、「途方もなく大きい」は **colossal**、「分量が豊富な」は **voluminous**、「驚くべきほど桁外れな」は **prodigious**、「大きくてのっそりした」は **elephantine**、「ばかでかい」は［口］**whopping**、［口］**humongous**、「容量の大きい」は **capacious**、「たくましい」は **burly**、「ずうたいの大きい」は **hulking** などがある。

MP3CDトラック83

第9日 英検1級最重要類語グループ
rank 38「おいしい」

● 口語と書き言葉の使い分けができるようにしておこう！

語彙水準	「おいしい」グループ
2000語水準	delicious
3000語水準	tasty
6000語水準	**juicy**
7000語水準	**savory**
8000語水準	**luscious**, yummy
9000語水準	appetizing, **mouth-watering**
10000語水準	**delectable**
12000語水準	**palatable, scrumptious**
14000語水準	**scrummy**
15000語水準	**succulent**, ambrosial

> 驚異のスーパー語彙力加速的UP例文
>
> We are enjoying a **palatable** dinner consisting of **succulent** steak, **luscious** fruits, **delectable** wine, and **scrumptious** apple pies.
> （私たちは**肉汁の多い**ステーキ、**香りのよい**果物、**おいしい**ワイン、そして**ほっぺたが落ちるほどおいしい**アップルパイから成る、**味のよい**夕食を味わっている。）

136

コロケーションとニュアンスで「発信型」語彙力UP

- **juicy**（meat, fruits）
  汁の多い「肉・果物など」
- **scrumptious**（cake, pie）
  とてもおいしい「ケーキ・パイなど」
- **succulent**（steak, vegetable, fruits）
  汁の多い「ステーキ・野菜・果物など」
- **savory**（snacks, dishes, flavor）
  風味のよい「お菓子・料理・香りなど」
- **luscious**（fruit, melons, oranges）
  甘くておいしい「果物など」
- **delectable**（dishes, food, cuisine）
  たいそう美味な「料理など」
- **palatable**（food, wine, dishes）
  口に合う「食べ物・飲み物など」

ライティング＆スピーキング力UP！類語使い分けマスター

＊最もgeneralな語は**delicious, tasty**（おいしい）であるが、もっと意味を明確にするために、「水分がたっぷり含まれた」は**juicy, succulent**、「風味のよい」は**savory**、「甘くておいしい」は**luscious**、「めっちゃうまい」は［口］**yummy**、「見た目・臭いが食欲をそそる」は**appetizing**、「垂涎を禁じ得ない」は**mouth-watering**、「たいそう美味な」は［格］**delectable**（ものすごくおいしくて見た目も美しい）、**ambrosial**、「口に合う」は**palatable**、「すごくおいしい」は［口］**scrumptious**（非常においしくて食欲をそそる）、［口］**scrummy**などがある。

第9日 英検1級最重要類語グループ

rank 39 「変わりやすい・むら気の」

● 「事柄」が変動しやすいのと「人」が変わりやすいのを使い分けられるようにしよう！

語彙水準	「変わりやすい・むら気の」グループ
4000語水準	**changeable**, **unstable**
5000語水準	**capricious**, **irregular**
6000語水準	**variable**, **inconstant**, fluid
7000語水準	**erratic**, fluctuating, **inconsistent**
8000語水準	**fickle**, **volatile**
10000語水準	flighty, **mutable**
12000語水準	**mercurial**, skittish
15000語水準	protean

驚異のスーパー語彙力加速的UP例文

My **fickle** girlfriend has a **volatile** temper and a **whimsical** sense of humor, and often shows **erratic** behavior **inconsistent** with her beliefs.
（私の移り気なガールフレンドは怒りっぽい気性で、ユーモアセンスが風変わりで、自分の信念と矛盾する行き当たりばったりの行動を取ることがよくある。）

138

コロケーションとニュアンスで「発信型」語彙力UP

※ **erratic**（behavior, movements, rainfall）
不規則で予測しがたい「行動・動き・降水など」

※ **inconsistent**（account, results, play）
つじつまの合わない、むらがある「説明・結果・プレーなど」

※ **fickle**（finger of fate, trend, weather）
「運命のいたずらなど」、突然変わりやすい「流行・天気など」

※ **volatile**（market, situation, issues）
不安定で今にも悪化しそうな「市場・状況・問題など」

※ **mercurial**（temperament, mood swings）
移り気な「性格など」

ライティング＆スピーキング力UP! 類語使い分けマスター

＊最もgeneralな語は**irregular**（不規則な）、**changeable**（変化しやすい）であるが、もっと意味を明確にするために、「不安定な」は**unstable**、「急変しやすい」は**capricious**、「ばらつきがあり、変わりやすい」は**variable**、「流動的な」は**fluid**、「不規則でむらがあり予測がつかない」は**erratic**、「大きく変動しやすい」は**fluctuating**、「むらがある」は**inconsistent**、「いつも気が変わって信頼できない」は**fickle**、「不安定なあまり今にも悪化しそうな」は**volatile**、「軽はずみな」は**flighty**、「無常の」は**mutable**、「しょっちゅう突然気分が変わる」は［文］**mercurial**、「軽薄で意見・行動・気持ちがころころ変わる」は**skittish**、「変幻自在な」は［格］**protean**などがある。

第9日 英検1級最重要類語グループ

rank 40 「軽蔑的な」

● 類語が多いが、軽蔑的な非難の程度を読み取ろう！

語彙水準	「軽蔑的な」グループ
4000語水準	insulting
5000語水準	mocking
6000語水準	disrespectful
7000語水準	contemptuous, **scornful**
8000語水準	**derisive**, **derogatory**, **disdainful**, scoffing, sneering
9000語水準	**snide**, jeering, taunting
10000語水準	**pejorative**, belittling
12000語水準	**disparaging**, deprecating

驚異のスーパー語彙力加速的UP例文

The **cynical** guy always makes **derisive** comments and **snide** remarks about his coworkers in **pejorative** terms, and gives them a **disdainful** look.
(その**冷笑的な**男は、**軽蔑語**を用いて仕事仲間について**あざけり**のコメントと**悪意に満ちた**感想を述べ、**軽蔑的な**まなざしを向ける。)

コロケーションとニュアンスで「発信型」語彙力UP

☐ **derisive (laughter, remarks, comment)**
　嘲笑的な「笑い・発言など」

* **derogatory**（remarks, comments, terms）
  他人の名誉を傷つけるような「発言・言葉など」
* **disdainful**（glance, tone, expressions）
  軽蔑的な「一目・口調・表情など」
* **snide**（remarks, comments）
  遠回しで嫌みな「発言など」
* **pejorative**（term, connotations, overtone）
  非難的な「言葉・含蓄など」
* **disparaging**（remarks, comments, words）
  見くびった「発言など」

ライティング＆スピーキング力UP！ 類語使い分けマスター

＊最もgeneralな語は**rude**（失礼な）であるが、もっと意味を明確にするために、「無礼で相手を怒らせて」は**insulting, mocking**（あざけり・軽蔑を言葉や態度で示して）、**contemptuous**（無価値と見なして軽蔑する）、「礼儀を欠いた」は**disrespectful**、「強いあざけりを示す」は**scornful**, **scoffing**（完全にバカにしてあざ笑う）、**sneering**（冷笑する）、**derisive**（軽蔑・あざけりを示す）、「他人の名誉を傷つけるような」は**derogatory**、「完全に見下して」は**disdainful**、「遠回しで嫌味な」は**snide**、「野次をとばして」は**jeering**、「失敗をあざけり、怒らせる」は**taunting**、「非難と侮辱を示して」は**pejorative**、「過小評価して」は**belittling**、「価値がないと見くびって」は**disparaging**、「強い非難を示して」は**deprecating**などがある。

その他の重要コロケーション　ランク3

- ★ ● (**adjacent**) houses　隣り合った家（＝neighboring）
- ● (**clogged**) pipe　詰まったパイプ
- ★ ● (**coercive**) measures　強制的手段（＝forcible）
- ★ ● salary (**commensurate**) with her work　仕事に見合う給料（＝equivalent to）
- ● (**concomitant**) responsibility　付帯責任（＝accompanying）
- ● remuneration (**contingent**) upon success　成功報酬（＝dependent）
- ● (**crisp**) weather　さわやかな天気（＝refreshing）
- ★ ● (**expedient**) measures　好都合な手段（＝convenient）
- ● (**extant**) document　今も現存する文書（＝existing）
- ★ ● (**dissenting**) view　異なる意見（＝differing）
- ● (**distorted**) account　歪められた記事（＝twisted）
- ★ ● (**doting**) parents　溺愛する親
- ★ ● (**empirical**) knowledge　経験的知識（＝experiential）
- ★ ● (**euphemistic**) expressions　婉曲表現（＝indirect）
- ★ ● (**far-fetched**) story　こじつけ話（＝unlikely）
- ★ ● (**forgone**) conclusion　目に見える結果（＝obvious）
- ● (**freewheeling**) life　自由奔放な生活（**carefree, easygoing**は「気楽な」）
- ● (**halcyon**) days　平和な時代（＝peaceful）
- ● travel across the country (**incognito**)　お忍びでその国を旅する
- ● clothes (**incongruous**) with the occasion　場違いの服（＝unsuitable for）
- ● (**ineffable**) joy　筆舌に尽くせない喜び（＝indescribable）
- ● (**ingenuous**) smile　無邪気な笑み（＝innocent）
- ● (**innocuous**) drugs　無害な薬（＝harmless）
- ★ ● (**integral**) part of the course　コースに不可欠の部分（＝indispensable）
- ● (**longitudinal**) research　長期的な研究（＝long）
- ★ ● (**menial**) work　つまらない単純作業（＝unskilled）
- ● (**mnemonic**) devices　記憶術
- ★ ● (**morbid**) love of cleanliness　潔癖
- ● (**open-ended**) question　自由回答式質問

- （**opportune**）offer of assistance タイミングのいい援助の申し出（＝timely）
- （**overcast**）day 曇った日（＝cloudy）
- ★ （**posthumous**）works 遺著（post-mortemは「死後の」）
- ★ （**precocious**）child 早熟な子供
- ★ （**precautionary**）measure 予防策
- ★ （**prolific**）writer 多作な作家（＝productive）
- ★ （**reactionary**）idea 保守的な考え（＝conservative）
- ★ （**resounding**）victory 目覚ましい勝利（＝great）
- ★ （**rudimentary**）knowledge 基礎知識（＝basic）（**underlying, fundamental**は「根本的な」）
- ★ be（**sanguine**）about his chance of success 成功の可能性を楽観する（＝optimistic）
- （**seasoned**）player 熟練したプレイヤー（＝skilled）
- ★ （**sedentary**）job 座ったきりの仕事
- （**subterranean**）tunnel 地下トンネル（＝underground）
- （**taut**）rope 張ったロープ（＝stretched）
- （**telltale**）signs of panic 隠しきれない狼狽の様子（＝revealing）
- ★ （**time-honored**）custom 伝統的な慣習（＝traditional）
- ★ （**ulterior**）motive 下心（＝hidden）
- ★ （**unfounded**）fear 杞憂（＝groundless）
- （**unsung**）hero[heroine] 縁の下の力持ち
- ★ （**untapped**）natural resources 未開発の天然資源（＝unexploited）
- ★ （**vicarious**）experience 疑似体験

143

第10日 英検1級最重要類語グループ
rank 1「破壊する」

● 何を破壊するかによって類語の使い分けができるようにしておこう！

語彙水準	「破壊する」グループ
1000語水準	break
2000語水準	spoil
3000語水準	**destroy**, ruin
4000語水準	snap, crack
5000語水準	**shatter**, **smash**, bust, **burst**, pound
6000語水準	crush, **disrupt**, wreck, eliminate
7000語水準	**demolish**, **devastate**, fracture, fragment
8000語水準	**eradicate**, **ravage**, **annihilate**, **dismantle**
9000語水準	**raze**, **level**, **quash**, rupture, grind, dash
10000語水準	**obliterate**, sabotage
13000語水準	blight, splinter
15000語水準	pulverize

驚異のスーパー語彙力加速的UP例文

After the town was **ravaged** by the war and later **devastated** by the earthquake, the undestroyed buildings were **demolished** and the undamaged weapons were **dismantled** by the soldiers.
（その町は戦争で完全に**破壊され**、次に地震で壊滅的に**破壊された**後、兵士らにより、残った建物は**取り壊され**、損傷を免れた武器は**解体された**。）

コロケーションとニュアンスで「発信型」語彙力UP

● (英検1級最重要語彙)
- **disrupt** the (**service, operation, process**)
  「活動・プロセスなど」を妨害する
- **demolish** (**a building, a house, the argument, the theory**)
  「建物など」を解体する、「議論・理論など」をくつがえす
- **devastated** by (**an earthquake, tsunami, bombing, bomb**)
  (場所が)「自然災害・爆撃など」で壊滅的に破壊される
- **eradicate** (**the problem, the disease, poverty**)
  「問題・病気・貧困など」を根絶する
- **ravaged** by (**war, fire, disease**)
  (国・町が)「戦争・災害・病気など」によって完全に破壊される
- **annihilate** the (**enemy, species**)
  「敵・種など」を絶滅させる
- **dismantle** the (**machine, engine, system, program**)
  「機械・システムなど」を解体する、「計画など」を破棄する
- **raze** the (**building, town, village**)
  「建物など」を倒壊しつくす、「町など」を破壊する
- **obliterate** (**the city, the traces, his memory**)
  「場所・痕跡・記憶など」を跡形もなく消す

ライティング&スピーキング力UP！ 類語使い分けマスター

＊最もgeneralな語が**break**(「機械」を壊す、「岩・ガラス」を砕く、「骨・棒」を折る、「布・契約・記録」を破る)と、**destroy**(「建物・場所」を破壊する、「敵」を滅ぼす、「計画・希望」を砕く、「文書」を破棄する)であるが、もっと意味を明確にするために、「人生」は**ruin**、「夢・希望」は**shatter**、「機械」は**dismantle**、「建物」は**demolish, raze, level**、「町」は**devastate, ravage, raze, level, obliterate, wipe out, stamp out**、テロや貧困などの「社会問題」は**eliminate, eradicate, wipe out, stamp out**、「敵」は**annihilate, wipe out, stamp out**などが用いられる。

第10日 英検1級最重要類語グループ
rank 2「妨げる・防ぐ」

● 「未然に防ぐ」と「起こっていることを妨げる」の類語の違いを覚えておこう！

語彙水準	「妨げる・防ぐ」グループ
1000語水準	hold back, keep ~ from
2000語水準	**prevent**
3000語水準	**disturb**, delay
4000語水準	**frustrate**, interrupt
5000語水準	**hinder**, **block**
6000語水準	**avert**, arrest, **check**, jam, paralyze
7000語水準	**foil**, **impede**, retard, bar, **deter**, lame
8000語水準	**thwart**, **hamper**, **inhibit**, **derail**, stunt
9000語水準	**preclude**, **obstruct**, balk, **encumber**, **stymie**
10000語水準	**forestall**
13000語水準	cramp, scuttle, stonewall
15000語水準	obviate, hamstring

驚異のスーパー語彙力加速的UP例文

In order to **avert** global warfare, the countries have to **forestall** the danger of nuclear attacks, **foil** VIP assassination attempts, and **inhibit** the growth of terrorism.

（世界戦争を**回避する**ために、各国は核攻撃の危険を**未然に防ぎ**、VIP暗殺計画を**妨げ**、そしてテロの増加を**阻止し**なければならない。）

146

コロケーションとニュアンスで「発信型」語彙力UP

- ※ **avert** (**the danger, the disaster, a crisis**)
 「危険・災害・危機など」を防ぐ、回避する
- ※ **foil** his (**plan, plot, attempt**)
 「計画・陰謀・試みなど」をくじく、失敗させる
- ※ **impede** the (**progress, growth, development**)
 「進行・成長・発展など」を邪魔する、遅らせる
- ※ **deter** (**crime, attack, criminals, him from committing ~**)
 (恐怖などが)「犯罪・攻撃など」を阻止する、「罪人など」に思いとどまらせる
- ※ **thwart** his (**desire, plan, attempt**)
 「欲望・計画・試みなど」を阻止する、挫折させる
- ※ **hamper** the (**progress, development, process**)
 「進行・発展・過程など」を妨害する、邪魔をする
- ※ **inhibit** the (**growth, development, movement**)
 (主に自然科学の分野で)「成長・発達など」を抑制する、「動作など」を妨げる
- ※ **stunt** the (**growth, development, progress**)
 「成長・発育など」を抑制する、「進行など」を阻む
- ※ **preclude** the (**use of ~ , possibility, necessity**)
 (起こらないように)「利用・可能性・必要性など」を不可能にする、排除する
- □ **obstruct** the (**view, passage, path, traffic**)
 「視界・通路・交通など」を遮断する、妨害する
- ※ **encumber** the (**right, process, movement**)
 「権利・進行・動作など」を妨げる、邪魔する
- □ **stymie** the (**growth, development, flow [of information]**)
 「成長・開発・(情報などの) 流出など」を妨害する、邪魔する
- ※ **forestall** (**the problem, his attempt, the attack**)
 (未然に)「問題・試み・攻撃など」を防ぐ、食い止める
- □ **scuttle** the (**deal, plan, process**)
 (意図的に)「取引・計画・過程など」を台無しにする、ふいにする

| ライティング&スピーキング力UP！ 類語使い分けマスター |

＊この日本語グループでgeneralな語は**block**（「通路」を妨げる）、**disturb**（「平和・秩序・眠り」など安定した状態や「仕事・勉強」などを乱す）、**prevent**（「戦争・災害・病気」など災難を防ぐ）で、基本動詞を使えば、**hold back, keep ~ from**となる。

　意味を明確にするために、「防ぐ、避ける」グループには、**avoid**（災難をはじめ幅広く）、**avert**（戦争・危機を）、**frustrate**（企て・努力を）、**deter**（思いとどまらせる）、［格］**forestall**（トラブル・問題を）、**foil, thwart**（悪事の計画、策略を）、**obviate**（困難・ニーズを）がある。

　また「妨げる」のグループには、**inhibit**（発育・衝動を）、**hinder**、［格］**impede, hamper**、［格］**retard, cramp**、［格］**arrest**などは（進行・成長を）、**interrupt**（進行を一時的に）、**derail**（交渉・進行を）、［格］**obstruct**（司法・通路・進行を）、**stunt**（発育を）、**check**（成長・増大を）、**bar**（公式に）、［口］**stymie**、［格］**encumber**（受け身形で人・組織が動きを妨げられる）、**scuttle**（計画・取引などを）、**stonewall**（議事妨害する）、**hamstring**（必要な行動が取れないように）など多くの類語があり、最後の3つはタイムのような高度な英字誌でよく用いられる「国連英検特Ａレベル」の語彙である。

語根の力で1級語彙光速マスター！⑨

lav、luは「洗う」－lavatoryで手を洗う

- □ **ablution**－ab（離れて）＋lu（洗う）→体を洗うこと、《教会》洗浄式
- ※ **deluge**－de（離れて）＋lu（洗う）→大洪水、氾濫
- ※ **dilute**－dis（分離する）＋lu（洗う）→薄める、効果を弱める
- ※ **lavish**－気前のよい、豊富な

capt、capitは「頭」「要点」－captainは団体のヘッド（＝head）

- □ **capitulate**－降伏する

- ※ **captivate** – 魅了する
- □ **decapitate** – de（離れて）+ capit（頭）→首を切る、断頭する
- ※ **per capita** – 1人当たり（の）、頭割りで［の］
- ※ **recapitulation** – 要約（すること）

luc、lumは「光」「輝き」－光きらめくイルミネーション（illumination）

- ※ **elucidate** – e（外に）+ luc（明るい）→解明する、はっきりさせる
- ※ **lucid** – luc（光）→明快な、明晰な、輝く
- □ **luminary** – lum（光）→発光体、天体、すぐれた人
- ※ **luminous** – lum（光）→光を発する、輝く、明るい、聡明

chron、chronoは「時」

- ※ **anachronism** – ana（さかのぼって）+ chron（時を）→時代錯誤、アナクロ
- ※ **chronic** –（病気が）慢性の、長期にわたる
- ※ **chronological** – 年代順の
- □ **chronicle** – 年代記、記録、(the C-)…新聞、年代記に載せる、記録に留める

vestは「服を着せる」「おおう」－ベストを着せる

- ※ **travesty** – trans（おおって）+ vest（着せる）→戯画化、パロディ、まがいもの
- ※ **vested** –（権利など）所有の確定した、既得の、祭服を着けた
- ※ **divest** – dis（分離）+ vest（着せる）→剥奪する

第10日 英検1級最重要類語グループ
rank 3「非難する・叱る」

● 非常に類語の多いグループで、「叱る系」と「馬鹿にする系」を区別できるようにしておこう！

語彙水準	「非難する・叱る」グループ
2000語水準	attack
3000語水準	criticize
5000語水準	**condemn**
6000語水準	**denounce**
7000語水準	**censure**
8000語水準	**reprimand, admonish**
9000語水準	**decry, reproach**
10000語水準	**reprove, rebuke, disparage**
11000語水準	**chastise, deprecate**
12000語水準	**berate, chide**, upbraid
13000語水準	**denigrate, lambaste**
15000語水準	vilify, **castigate**, excoriate
17000語水準	pillory, revile
20000語水準	reprehend, vituperate, remonstrate

驚異のスーパー語彙力加速的UP例文

The supervisor **disparaged** the worker's drinking habit and **admonished** him to mend his way instead of **rebuking** him for his poor sales performance and **reprimanding** him for his low productivity.

(上司は、その労働者の販売実績の不振を**とがめて**生産性の低さを**叱責する**のではなく、彼の酒癖を**非難して**、行いを改めるように**勧告した**。)

MP3CDトラック95

コロケーションとニュアンスで「発信型」語彙力UP

- ※ **reprimand** (him for his action [behavior], for poor performance)
  (公式に)「行動・態度など」をとがめる、けん責［懲戒・戒告］する
- ※ **decry the** (injustice, attack, practice)
  (公然と)「不正・攻撃・習慣など」に強い不同意を表す、誹謗する、けなす
- ※ **reproach him for his** (failure, blindness)
  (がっかりして)「失敗・無分別など」を叱責する、たしなめる
- ※ **reprove him for his** (conduct, sin, carelessness)
  「(間違った) 行為など」をたしなめる、「罪など」を戒める
- □ **rebuke him for his** (carelessness, actions, sin, behavior)
  (厳しく)「行動・罪・態度など」を叱責する、なじる、戒める
- ※ **disparage his** (opponent, abilities, efforts)
  「敵・能力・努力など」を軽んじる、見くびる、けなす、悪口を言う
- □ **deprecate his** (skill, efforts, achievements)
  「技能・努力・業績など」を見くびる、軽視する、反対する
- □ **berate him for his** (actions, behavior)
  (激しく怒って)「行動・態度など」を叱りつける、とがめる
- ※ **chide him for his** (conduct, behavior)
  (穏やかに)「行為・態度など」をたしなめる、注意する、小言を言う

> **ライティング＆スピーキング力UP！ 類語使い分けマスター**

＊最もgeneralな語は**scold**（がみがみと口で言う［口］**tell sb off**）や**criticize**（酷評する）であるが、意味を明確にするために「叱る」は［格］**berate**（激しく叱りつける）、［格］**rebuke**（叱責する）、**reproach**（悲しげに）、［文］**chide**（優しく）、**reprove**（穏やかに批判する）、［格］**admonish**（忠告する）、［格］**upbraid**（詰責する）、**reprimand**（けん責する）、［口］**lambaste**（怒って痛罵する）、［文］**castigate**（厳しく戒める）があり、「非難する」は**attack**（論敵を）、**denounce**（公然と）、**charge**（正式に公然と）、［格］**censure**（公然と譴責する）、**condemn, decry**（行動や考えへの強い批判をする）、**accuse**（不正行為など法的責任を問う）、**blame**（過失の咎で責める）、［文］**excoriate**（罵倒する）、「けなす」は［格］**disparage**（価値のないものであると批判する）、**belittle**（軽んじる）、［格］**vilify**（悪い情報などを流して中傷する）などがある。

第10日 英検1級最重要類語グループ
rank 4「魅了する・そそのかす」

● 非常に類語の多いグループで、いい意味か悪い意味かの違いを使い分けできるようになろう!

語彙水準	「魅了する・そそのかす」グループ
2000語水準	interest
3000語水準	attract, excite
4000語水準	**appeal to**, charm
5000語水準	**lure, arouse**, absorb
6000語水準	**fascinate, enchant, beguile**, grip
7000語水準	**tempt, seduce, allure, intrigue**, dazzle
8000語水準	entice, **captivate, engross**
9000語水準	ravish, **hypnotize**
10000語水準	**mesmerize, tantalize, woo**
12000語水準	**titillate, transfix**, rivet, spellbind
13000語水準	entrance, enrapture, bewitch
15000語水準	**enthrall**, enamor

驚異のスーパー語彙力加速的UP例文

The man, though **engrossed** in an **intriguing** book, was **transfixed** by the **captivating** smile and the **mesmerizing** voice of a woman who suddenly appeared.
(その男は好奇心をそそる本に没頭していたが、突然現れた女性の魅惑的な微笑とうっとりさせる声にくぎ付けになった。)

153

コロケーションとニュアンスで「発信型」語彙力UP

- ✻ **tempt** him into[to] (**sin, evil, pleasure, desire**)
  （そそのかして）「悪事・快楽・欲望など」へ引き込む、誘惑する
- ✻ **seduce** a (**woman, girl, man**) with ～
  「女性・少女・男性など」を口説く、そそのかす、うまく言いくるめる
- ✻ **entice** (**customers, children, voters**) with ～
  （約束や説得で）「顧客・子供・有権者など」を誘惑する、釣る
- ✻ **captivated** by (**the story, the idea, her voice**)
  [受身形で]「話・考え・声など」の虜になる、に心酔する、魅了される
- ✻ **engross** his (**mind, attention, time**)
  「心・注意・時間など」をすっかり奪い去る、没頭させる
- ☐ **ravished** by the (**beauty, music, sight**)
  [受身形で]「美しさ・音楽など」に夢中になる、うっとりする
- ✻ **mesmerized** by her (**beauty, charm, performance**)
  [受身形で]（あまりにも魅力的で）「魅力・演技など」にうっとりする
- ✻ **tantalized** by the (**taste, aroma, idea**)
  [受身形で]「味・香り・考えなど」でじらす
- ✻ **woo** (**a woman, voters, customers, consumers**)
  「女性・有権者・顧客・消費者など」を口説く、獲得する、熱心に勧誘する

ライティング＆スピーキング力UP！ 類語使い分けマスター

＊最もgeneralな語は**attract**や**interest**などであるが、もっと意味を明確にするために、「**魅了する**」は**fascinate**（囚にする）、**charm**（魔法のような力で）、**spellbind**（特に聞いているものに心を奪われて）、**enchant**（非常にいい気持ちにさせる）、**mesmerize, hypnotize**（非常にうっとりさせる）、**enthrall**（あまりにも素晴らしく美しいので、くぎ付けになる）、**enamor**（[受身]惚れさせる）、[文] **beguile**（引きつけて紛らわす）、**appeal to**（人心に訴える）、「**誘惑する**」は**tempt**（悪事・快楽に誘い込む）、**allure**（魅惑する）、**lure**（おびき寄せる）、**entice**（巧みに誘う）、**seduce**（丸め込む）、

154

coax（おだてなだめて）、wheedle（甘言やへつらいで）、「興奮させる」は excite, arouse（性的に）、titillate（快く刺激する）、「関心を持たせる」は intrigue（好奇心をそそる）、grip（心をとらえて離さない）、absorb, engross（没頭させる）、rivet（くぎ付けにする）、「驚嘆させる」はdazzle（目のくらむような美しさと技）、transfix（[受身] 驚き・興味・恐怖で動けなくなる）などが用いられる。

MP3CDトラック98

その他の重要類語グループ　ランク1　①

- 「嫌う」グループ
  (**abhor** > **loathe** > **detest** > **abominate**) violence　暴力を嫌う（＝hate）
- 「慎む」グループ
  (**abstain from** > **eschew** > **forgo**) alcohol
  酒を控える（＝refrain from）
- ★ 「容疑を晴らす」グループ
  be (**acquitted of** > **vindicated from** > **exonerated from**) the murder charge　殺人容疑が晴れる（＝cleared of）
- 「悩まされる」グループ
  family (**afflicted** > **tormented** > **beset** > **bedeviled**) with financial problems　財政問題にさいなまされている家族（＝plagued）
- ★ 「怒らせる」グループ
  be (**annoyed** > **exasperated** > **aggravated** > **riled**) by his rude behavior　彼の失礼な行動に苛立つ（＝irritated）
- ★ 「横領する」グループ
  (**appropriate** > **misappropriate** > **embezzle**) the company funds
  会社の金を横領する（＝pocket）
- 「攻撃する」グループ
  (**assail** > **assault** > **storm**) the enemy fortress
  敵の要塞を攻撃する（＝attack）
- 「わめく」グループ
  (**bellow** > **blare** > **bluster**) out orders to his subordinates

部下に命令をわめいて言う（＝shout）（**shriek**は「金切り声を出す」）

★ ● 「脅迫する」グループ

（**blackmail** > **intimidate** > **browbeat**）him into signing the contract
彼を脅して契約にサインさせる（＝threaten）

★ ● 「満足させる」グループ

（**cater to** > **gratify** > **pander to**）their whim
彼らの気紛れを満たす（＝satisfy）

● 「打ち負かす」グループ

（**clobber** > **rout** > **trounce** > **cream** > **wallop**）the opponent
敵を徹底的に負かす（＝beat）

★ ● 「包括する」グループ

（**comprise** > **encompass** > **embrace**）various fields of science
あらゆる分野の科学を包括する（＝cover）

● 「隠す」グループ

her smile（**concealing** > **disguising** > **belying** > **camouflaging**）her real feelings 彼女の本心とは裏腹な微笑（＝hide）

★ ● 「当惑させる」グループ

be（**confounded** > **baffled** > **mystified**）by his eccentricity
彼の奇行に当惑する（＝confused）

★ ● 「同意する」グループ

（**consent to** > **concur with** > **accede to** > **acquiesce in** > **assent to**）the proposal 彼女の提案に同意する（＝agree to）

★ ● 「競う」グループ

（**contend with** > **emulate** > **vie with**）the rival
ライバルと競う（＝compete with）

★ ● 「招集する」グループ

（**convene** > **summon** > **convoke**）a meeting
会議を招集する（＝call）（**muster**は「兵士を召集する」）

★ ● 「たじろぐ」グループ

（**cringe** > **flinch** > **cower**）at the horrible sight
悲しい光景を見て縮こまる（＝shrink）

第11日 英検1級最重要類語グループ
rank 5 「改善する・直す」

● 部分的に改良したり、良いものをさらに良くする意味の類語を把握しておこう！

語彙水準	「改善する・直す」グループ
1000語水準	**right**
2000語水準	fix, improve, cure, correct
3000語水準	repair, heal
4000語水準	restore, **adjust**, **mend**, **modify**, **better**, **alter**, polish
5000語水準	**amend**, **refine**, **revise**, reconstruct, **enhance**, **enrich**
6000語水準	**remedy**, **rehabilitate**, **augment**, **upgrade**
7000語水準	tune, service, **renovate**, normalize
8000語水準	**revamp**, **rectify**, **refurbish**, **overhaul**
9000語水準	refit, **redress**
10000語水準	**fine-tune**
12000語水準	**recondition**, **ameliorate**
17000語水準	emend

驚異のスーパー語彙力加速的UP例文

In order to **enrich** the quality of citizens' lives, the government needs to **remedy** socioeconomic situations by **revamping** the welfare system, **renovating** public housing, and **redressing** huge income disparity.
（国民の生活の質を**高める**ために、政府は福祉制度の**改革**、公共住宅の**改修**、および非常に大きな所得格差の**是正**を行うことにより社会経済状況を**改善する**必要がある。）

MP3CDトラック100

コロケーションとニュアンスで「発信型」語彙力UP

※ **remedy** the (**situation, problem, deficiencies**)
「状況［状態］・問題・欠損など」を（何らかの対策・方法で）改善する

※ **rehabilitate** his (**body, reputation, image**)
（以前の良い状態へ）「身体・名声・イメージなど」を回復する

※ **renovate** the (**home, building, room**)
「（特に古い）家屋・建物・部屋など」を修繕、改装する

※ **revamp** the (**system, appearance, house**)
「制度など」を刷新する、「外見など」をよりよくする、「家屋など」を改修・改良する

※ **rectify** the (**situation, problem, mistake**)
「事態・問題・間違い［誤り］など」を是正する、直す

※ **refurbish** the (**building, house, kitchen**)
「建物・部屋・台所など」を改装する、装飾し直す

※ **overhaul** the (**system, machine, engine**)
「制度［体系］など」を徹底的に見直す、「機械・エンジンなど」を（分解）点検、整備する

※ **redress** the (**situation, imbalance, injustice**)
「（不当な）状況・不均衡・不正など」を是正する、正す

ライティング＆スピーキング力UP！類語使い分けマスター

＊最もgeneralな語は**fix, mend, improve**であるが、もっと意味を明確にするために、「改善する」は**better**（条件・結果を）、**refine**（理論・方法を）、**reform**（法律・組織を）、［格］**ameliorate**（環境を）、**polish**（磨きをかける）、「高める」は**enhance**（地位・価値を）、**upgrade**（質・性能を）、**enrich**（何かを加えて価値・質を）があり、「治す」は**cure**（病を）、**remedy**（病・怪我を）、**heal**（傷・悲しみを癒す）、**rehabilitate**（社会復帰）、「直す」は**correct**（悪い状態を是正）、［格］**rectify**（間違いを）、［格］**redress**（不正を）、**overhaul**（機械・体系を）、**normalize**（標準に適合）、**set, adjust**

158

(時間など基準に合わせるために調整)、**fine-tune**（きめ細かい調整）、**tune**（調律）、**modify**（何かに合わせて修正）、**amend**（憲法・議案を改正）、**revise**（改訂）、**emend**（校訂）、「**修理する**」は**repair**（修繕）、**renovate**（革新）、［口］**revamp**（修繕・改装）、**service**（機械などを維持・修理）、**refurbish**（磨き直す）、**restore, reconstruct**（復元）、**recondition**（機械を修理する）、**refit**（船などを再装備）、**darn**（ほころびを繕う）、**patch up**（応急修理）などが用いられる。

第11日 英検1級最重要類語グループ

rank 6 「和らげる」

● 「人」をなだめるのか、「事柄」を和らげるかの使い分けに注意しよう！

語彙水準	「和らげる」グループ
1000語水準	break
2000語水準	**reduce, weaken,** soften
3000語水準	**relieve, lessen, lighten**
4000語水準	**ease, diminish,** dull
5000語水準	**soothe,** moderate
6000語水準	**alleviate, appease, blunt**
7000語水準	**mitigate, allay**
8000語水準	**placate**
9000語水準	**temper**
10000語水準	**assuage,** palliate
12000語水準	mollify, attenuate

驚異のスーパー語彙力加速的UP例文

We should **allay** people's anxiety about the future and **placate** the anger of disadvantaged people by **mitigating** damage to the environment and **alleviating** their poverty.（私たちは環境への被害を緩和して貧困を軽減することにより、人々の将来への不安を和らげて恵まれない人々の怒りを鎮めるべきである。）

MP3CDトラック102

コロケーションとニュアンスで「発信型」語彙力UP

※ **soothe** his (**pain, nerves, anger**)
　「痛みなど」を和らげる、「神経・怒りなどの感情」を鎮める

160

※ **alleviate**(the suffering, the problems, poverty)
「苦難［苦境］・問題・貧困など」を緩和する、軽減する
※ **appease**(the people, the gods, his anger, his fears)
「人々・神々など」をなだめる、「怒り・不安などの感情」を鎮める
※ **mitigate** the (effects, impact, risk, damage) of ~
「影響・危機・被害など」を軽減する
※ **allay** his (fears, concerns, anxiety)
「恐怖・心配・不安など」を鎮める
※ **placate**(the public, the masses, his anger)
「（怒る）国民［公衆］・大衆など」をなだめる、懐柔する、「怒りなど」を鎮める
□ **temper** his (words, anger, enthusiasm)
「言葉など」を加減する、「怒り・熱意など」を和らげる
□ **assuage** his (guilt, concerns, fears)
「罪悪感・懸念・恐れなど」を緩和する
□ **mollify** his (anger, wrath, fears)
「人」をなだめる、「怒り・不安・人の感情など」を和らげる

ライティング＆スピーキング力UP！類語使い分けマスター

＊最もgeneralな語は**break**（打撃の「効果・衝撃」を減じる）、**reduce**（「感情・感覚」を軽減する）、**ease, soothe**（「苦痛・不安」を和らげる、「神経」を鎮める、「緊張」を緩和する）であるが、もっと意味を明確にするために、**「減じる」**は**diminish**（減少、低下）、**weaken**（弱める）、**lessen**（軽減）、**blunt**（力・感受性を鈍らせる）などがあり、**「和らげる」**は**relieve**（苦痛・心配を）、**soften**（心・態度を）、**lighten**（雰囲気・負担を）、**alleviate**（痛み・苦労・社会問題などを）、**appease**（苦痛・怒りを）、［文］**assuage**（不快な感情を）、［格］**mitigate**（影響・過酷さを）、［格］**allay**（苦痛・空腹を）、**solace**（苦痛を）、**mollify**（怒り・悲しみを）、［格］**placate**（怒りを）、**blunt**（恐怖を）、［格］**palliate**（病気や痛みを）、**dull**（痛みを）、**quench**（渇きを）、**salve**（良心の呵責を）、［格］**temper**（厳しさ・激しさを）などが用いられる。

語根の力で1級語彙光速マスター！⑩

gnos、gniは「知る」「認識する」

- ※ **prognosis** – pro（あらかじめ）+ gnos（知る）→予知、予後、予測
- ※ **diagnosis** – 診断、判断
- ※ **incognito** – 変名の[で]、匿名の[で]、お忍びの[で]
- □ **prognosticate** – 予知する、予言する

anni、ann(u)、ennは「年」－10年目のanniversary

- ※ **annuity** – 年金（制度） 　□ **annals** – 年代記、年報
- ※ **perennial** – 多年生の 　※ **biennial** – 2年に1度の、2年ごとの

tribは「授ける」「分配する」

- ※ **retribution** – re（戻して）+ trib（払い戻す）→報復、報い、懲罰
- □ **tributary** – 貢物を納める、貢献する、支流の
- ※ **tribute** – 貢物、賛辞

penは「罰」－ペン（pen）で人を罰する

- ※ **penalize** – 罰する、不利にする 　※ **repentant** – 後悔している
- □ **penitentiary** – 刑務所、教誨師 　※ **penitent** – 後悔した、罪を悔いる人

cub、cumbは「寄り掛かる」「横たわる」－ガムかむ（cumb）時横たわる（＝lie）

- ※ **incubation** – in（〜の上に）+ cub（横たわる）→抱卵、孵化、培養
- ※ **incumbent** – in（〜の上に）+ cumb（横たわる）→現職の、義務として課される
- ※ **succumb** – sub（下に）+ cumb（横たわる）→屈服する、負ける、倒れる、死ぬ
- ※ **cumbersome** – 厄介な、扱いにくい

第11日 英検1級最重要類語グループ
rank 7 「引き起こす」

● 引き起こす対象が、ネガティブかポジティブか中立かに注意しよう。

語彙水準	「引き起こす」グループ
1000語水準	bring, make
2000語水準	cause, create
3000語水準	**produce**, inspire
4000語水準	**generate**
5000語水準	**trigger**, prompt
6000語水準	**induce, spark, provoke, arouse**
7000語水準	**evoke, kindle, spawn**
8000語水準	**elicit, foment, engender**
9000語水準	**precipitate**
10000語水準	**beget**, effect
11000語水準	**incite**
12000語水準	**instigate**, occasion, rouse

驚異のスーパー語彙力加速的UP例文

The politician's statement **provoked** a confrontation among the parties, **sparked** a storm of controversy, **evoked** strong criticism for his policy, and even **spawned** demonstrations and **fomented** a riot in many areas.

(その政治家の発言は政党間の対立を**引き起こし**、論争の嵐を**誘発し**、彼の政策に対する激しい批判を**招き**、そしてデモさえも**生み**、多くの地域で暴動**を煽った**。)

コロケーションとニュアンスで「発信型」語彙力UP

※ **induce**（a change, labor, sleep）
「変化など」を誘導する、「分娩・睡眠など」を誘発する

※ **provoke** a（reaction, war, fight）
「反応・戦争・争いなど」を引き起こす、誘発する

※ **spawn**（a movement, the growth, crisis）
（連続的に）「運動・成長・危機など」を生む、引き起こす

※ **elicit**（a response, a reaction, information）
「返事・反応など」を誘い出す、「情報など」を（うまく）引き出す

※ **foment**（a rebellion, a riot, trouble）
「暴動・反乱・問題など」の不和を扇動・促進・助長する

※ **engender** a（debate, suspicion, situation）
「論争・疑惑［感情］・状況など」を引き起こす、発生させる

☐ **precipitate**（a crisis, a war, the need）
（突然に、不意に）「危機・戦争・必要性など」を生じさせる、促進する

※ **incite**（a riot, violence, hatred）
「暴動・暴力・憎しみなど」を扇動する、駆り立てる

※ **instigate**（legal action, an investigation, a riot）
「法律上の手続き・捜査など」を始めさせる、「暴動など」を扇動する

ライティング＆スピーキング力UP！ 類語使い分けマスター

＊最もgeneralな語は**cause**（「病気・事故」など特に悪いことを引き起こす）、**produce**（「効果・結果」などを生じさせる）で、基本動詞を使えば**bring about ～** , **call forth ～** , **make ～** となる。意味を明確にするために、「誘発する」は**induce**（眠気などの身体症状を）、**elicit**（事実・返答を）、**evoke**（記憶・感情を）、**arouse**（感情・関心を）、［文］**foment**（不和・反乱を）、**stir up**（世論・問題をかき立てる）、**prompt**（鼓舞して行動させる）、**kindle**（興味・情熱を焚きつける）、**trigger**（事件・行動の引き金を）、**spark**（発動させる）、「扇動する」は**provoke**（感情・暴動を）、**incite**（暴

動・反乱を鼓舞して)、**instigate**（けしかける)、「**生む**」は **generate**（電気・収益を)、[格] **engender**（感情・状況を)、[格] **beget**（生じさせる)、[格] **precipitate**（特に悪いことを不意にもたらす)、**effect**（努力して結果・解決をもたらす)、**spawn**（大量に生産する) などが用いられる。

第11日 英検1級最重要類語グループ
rank 8「侵害する・破る」

● 主に「何を破る」かの使い分けに注意しよう！

語彙水準	「侵害する・破る」グループ
1000語水準	break
2000語水準	**invade, disturb**
3000語水準	interrupt
4000語水準	**violate**
5000語水準	**defy**
6000語水準	**trespass, intrude**
7000語水準	**infringe**
8000語水準	**breach**
9000語水準	**encroach**
10000語水準	**obtrude, transgress**
12000語水準	**impinge**
13000語水準	**contravene**
15000語水準	flout

驚異のスーパー語彙力加速的UP例文

The criminals **breached** the laws, **trespassed** on the property, **infringed** on the copyright, and **intruded** on the privacy of others.
（犯人たちは法律に**違反**し、その所有地に**侵入**し、著作権を**侵害**し、そして他人のプライバシーを**侵害**した。）

コロケーションとニュアンスで「発信型」語彙力UP

※ **trespass** on the (**right, area, property**)
「権利など」を侵害する、「土地・領域など」に不法侵入する

※ **intrude** into (**his life, the privacy, the territory**)
「生活・私事など」に立ち入る、「領域など」の場所に侵入する

※ **infringe** on the (**rights, laws, rules, property**)
「法律・規則など」を破る、侵す、「所有権・権利など」を侵害する

※ **breach** the (**rules, contract, security**)
「法律・契約・防御など」を破る、違反する、破棄する

※ **encroach** on/upon the (**right, area, life**)
「権利など」を侵害する、「領域・生活など」に侵入する

※ **transgress** the (**rules, bounds, law**)
「規則・法律など」に違反する、「境界など」を越える

□ **impinge** on/ upon the (**right, property, authority**)
「権利・財産・権限など」を侵す、侵害する

□ **contravene** the (**constitution, laws, rules**)
「憲法・法律・規則など」に違反する、侵す

□ **flout** the (**law, rules, conventions**)
（軽視して）「法律・規則・慣習など」を破る、無視する、従わない

ライティング＆スピーキング力UP！ 類語使い分けマスター

＊最もgeneralな語は**invade**（「権利」などを侵害する、「他国」を侵略する）や**break**（「法律・規則・約束」を破る、「話」をさえぎる、無断侵入する [in/into]）があるが、もっと意味を明確にするために「破る」には**breach**（法律・規則・約束を）、**defy**（あからさまに秩序・慣習を）、[格] **contravene**（規則や法律を）、**violate**（規則・取り決め・プライバシーなどを）、[格] **transgress**（道徳的な規範から逸脱）、**flout**（人・規則・慣習を馬鹿にして無視 [従わない]）があり、「侵入する」は**trespass**、**intrude**（不法に所有地に）、**encroach**（徐々に人の領域 [時間・空間] に）、「侵害する」は

167

violate（プライバシー・静寂を）、**disturb**（睡眠などの平安を）、**infringe**（法的権利や規約などを）、**impinge**（権利・財産などを）、[文] **interrupt**（話を遮る）、[格] **obtrude**（意見・考えを押しつける）などが用いられる。

MP3CDトラック107

その他の重要類語グループ　ランク1　②

● 「価値を下げる」グループ
　（**debase** > **degrade** > **vitiate** > **devalue**）the intrinsic value
　本質的な価値を下げる（**deprave** > **debauch**は「人を道徳的に堕落させる」）

★● 「それる」グループ
　（**deflect** > **swerve** > **veer**）from the road
　道路からそれる（＝turn away）（**deviate** > **diverge**は「常軌からそれる」）

● 「悪化する」グループ
　（**degenerate** > **lapse** > **deteriorate**）into a recession
　不況に陥る（＝fall）

● 「抹消する」グループ
　（**delete** > **expunge** > **obliterate** > **efface**）the word from the list
　リストからその語を抹消する（＝remove）

★● 「投獄する」グループ
　（**detain** > **imprison** > **incarcerate**）the criminal
　犯罪者を投獄する（＝jail）

★● 「切断する」グループ
　（**dismember** > **mutilate** > **mangle**）the body
　体をバラバラにする（＝hack up）（**amputate**は「手術で手足などを切断する」）

● 「（事実などを）歪める」グループ
　（**distorted** > **garbled** > **misrepresented**）account of the event
　歪められたことの記述（＝twisted）

● 「運命づける」グループ
　the project（**doomed** > **destined** > **preordained**）to fail
　失敗する運命にある計画（＝bound）

- ●「軽視する」グループ

  (**downplay** > **disregard** > **de-emphasize**) the significance of the event
  事の重大さを軽視する（＝make little of）

- ●「強調する」グループ

  (**emphasize** > **underscore** > **underline** > **accentuate**) the point
  その点を強調する（＝stress）

- ★●「実施する」グループ

  (**enforce** > **implement** > **enact** > **invoke**) the law
  法律を実施する（＝establish）

- ●「巻き込まれる」グループ

  get (**embroiled** > **implicated** > **entangled**) in a scandal
  スキャンダルに巻き込まれる（＝involved）

- ★●「典型となる」グループ

  (**epitomize** > **exemplify** > **typify**) the corruption
  汚職の典型となる（＝illustrate）

- ●「償う」グループ

  (**expiate** > **atone for** > **make amends for**) his atrocious crime
  非情な犯罪の償いをする（＝compensate for）

- ★●「でっち上げる」グループ

  (**fabricate** > **forge** > **concoct**) his alibi
  アリバイをでっち上げる（＝invent）

- ●「誇示する」グループ]

  (**flaunt** > **parade** > **vaunt**) his broad knowledge
  幅広い知識を誇示する（＝show off）

- ★●「予告する」グループ

  (**herald** > **portend** > **presage** > **harbinger** > **prognosticate**) the arrival of cold winter
  寒い冬の到来を告げる（＝signal）

- ●「身体を損ねる」グループ

  (**crippled** > **maimed** > **disabled**) for life in an accident
  事故で一生障害者になる

第12日 英検1級最重要類語グループ
rank 9 「盗む・略奪する」

● 「人」から奪うのか「場所」を略奪するかの違いに注意！

語彙水準	「盗む・略奪する」グループ
1000語水準	take
2000語水準	steal, cheat
3000語水準	lift
4000語水準	rob, **deprive**
5000語水準	strip, **snatch**
6000語水準	shoplift, burgle
7000語水準	rip off, **embezzle**, **raid**
8000語水準	**loot**, **ransack**, **plagiarize**
9000語水準	liberate, **filch**, **plunder**, burglarize
10000語水準	**swipe**, snitch, **misappropriate**, **divest**
13000語水準	**pillage**, dispossess
20000語水準	purloin, despoil

驚異のスーパー語彙力加速的UP例文

Raiding the hideout of the criminal organization which **pillaged** the town, **looted** the bank, and **embezzled** the funds, the police **ransacked** their building to find the evidence of more crimes they had committed.

（警察は、町を**略奪**し、銀行を**荒らし**、そして資金を**横領**した犯罪組織のアジトを**強制捜査**し、犯人が犯した他の犯罪の証拠を見つけるために、犯罪組織のビルを**くまなく捜**した。）

コロケーションとニュアンスで「発信型」語彙力UP

- ※ **embezzle**（**the money, public funds, public money**）
  「公金［資産・財産］など」を横領着服する、使い込む
- □ **raid** the（**system, computer, frontier**）
  「システム・コンピュータなど」に侵入する、「国境など」を強制捜査する
- ※ **loot** the（**city, town, stores, bank**）
  「町・店・銀行など」から略奪して荒らす、不法占有する、不正取得する
- ※ **ransack** the（**house, room, city**）
  「家屋・部屋など」をかきまわして探す、「都市など」を略奪する
- ※ **plagiarize**（**the works, his book, the ideas**）
  「作品・本など」を盗作する、「考えなど」を盗用する
- ※ **plunder**（**the resources, his property, his home**）
  「資源・財産［所有地］・家財など」を略奪する、不法占有する、ぶんどる
- □ **misappropriate**（**personal information, public funds, public money**）
  「個人情報など」を不正流用する、「公金など」を横領着服する、使い込む
- ※ **divest** him of his（**right, power, property**）
  （人から）「権利・権力・財産など」を剥奪する
- ※ **pillage** the（**village, city, town**）
  （戦中に）「村・都市・町など」から略奪する

ライティング＆スピーキング力UP！ 類語使い分けマスター

＊最もgeneralな語は**rob**（［＋人・場所］から盗む、「権利・能力」を奪う）や**steal**（［＋物］をこっそり盗む、「アイデア・作品」を盗用する）であるが、意味を明確にするために「盗む」は**cheat**（だまして巻き上げる）、［口］**rip off**（ぼったくる）、**shoplift**（万引きする）、［口］**lift**（盗用する）、**plagiarize**（盗作する）、**embezzle, misappropriate**（横領する）、**sneak**（価値のないものをこっそり持ち出す）、**filch**（価値のないものを盗む）、［格］**purloin**（盗んだり許可なく拝借する）、［口］**swipe**（かっぱらう）、**snatch**（ひったくる）、［口］**snitch**（価値のないものをこっそり持ち出す）、

（英）burgle/（米）burglarize, break into（建物に押し入る）、hold up（銃などの武器で脅して強奪する）、[俗] liberate（盗む）などがあり、「略奪する」にはplunder（特に戦時中に多くのお金や物を）、loot（主に火事や暴動などの後、店や家から）、raid（急襲）、[文] despoil（破壊して）、ransack（荒らしまわって）、pillage（戦時中に町などを）、divest（財産・権利を剥奪する）、dispossess（不動産の所有権を剥奪する）などが用いられる。

音素の力で1級語彙光速マスター！①

sp- スパーッと飛び出すエネルギー spa（スパー）と温泉わき出る

- ✲ **spasm**（けいれん、発作）スパズム！と発作起こる
- ✲ **spawn**（卵（を産む）、結果）スポーン！と卵を産む
- ✲ **spew**（どっと吐き出す、噴出する）スピューと吐き出す
- ✲ **splurge**（誇示（する）、乱費（する））スプラージ！と金を乱費する
- ✲ **sporadic**（散発的な、点在する）スポラディック！と突如起きる散発的
- ✲ **spurn**（はねつける、拒絶する）スパーン！とはねつける

gl- 光、光る gloryは栄光の光

- □ **gleam**（かすかな光、ひらめき）
- ✲ **glimmer**（ちらちら光る、かすかに光る）
- ✲ **glisten**（ぴかぴか光る）
- ✲ **gloat**（ほくほく（満足）している）うれしそうな人は光っているから
- ✲ **glare**（ぎらぎら光る）
- ✲ **glaze**（うわ薬をかける）とぴかぴか光る

sq- キューと押しつぶすエネルギー！ squeezeと締めつけられて苦しい～！

- □ **squabble**（口論（する）、小競り合い）してお互いを締めつける
- ✲ **squalid**（不潔な、むさ苦しい、下劣な）押しつぶされたむさ苦しい部屋
- ✲ **squander**（浪費する、散財する）浪費して家計が締めつけられる

- ※ **squirm** 締められ（身をよじる、もがく）
- ※ **squash**（押し（踏み）つぶす、押し（詰め）込む）
- □ **squeal**（キーキー（ギャーギャー）という）
- □ **squawk** 締めつけられて（ガーガー鳴き、ブーブーいう）

sn- スヌッと鼻でクンクンsniffぱっと、取るsnap、snatch

- ※ **sneer**（せせら笑う、軽蔑する）
- □ **snicker** 鼻で（くすくす笑う）
- ※ **snide** 鼻でけなして（嫌みな、皮肉な）

第12日 英検1級最重要類語グループ

rank 10「害・傷害を与える」

●「外見」と「体」を損なうの類語を使い分けるようにしよう。

語彙水準	「害・傷害を与える」グループ
2000語水準	damage, harm, hurt
3000語水準	injure, wound, **poison**, threaten
4000語水準	**spoil**, ruin
5000語水準	scar, weaken
6000語水準	**mar**, **deform**, disable, **undermine**
7000語水準	**impair**, **cripple**
8000語水準	**mutilate, sap, debilitate**
9000語水準	**vandalize, disfigure, maim**
10000語水準	**incapacitate**, immobilize
15000語水準	mangle, blight, lacerate
20000語水準	vitiate

驚異のスーパー語彙力加速的UP例文

The employee has been **incapacitated** by the **debilitating** illness that **sapped** his energy, **impaired** his vision, and seriously **undermined** the immune system.
(その従業員は、消耗性疾患のせいで自分の活力を奪われ、視力を害され、そして免疫系を著しく損ない、まともに生活できなくなっている。)

コロケーションとニュアンスで「発信型」語彙力UP

✳ mar the (**beauty, pleasure, landscape**)

「美しさ・喜び・風景など」を破壊する、損なう、台無しにする
- ※ deform (the shape, the structure, his face)
  「形・構造・顔など」を変形する、醜くする、歪める
- ※ impair the (health, efficiency, value)
  「健康・能率・価値など」を減ずる、害する、損なう、悪くする
- ※ cripple the (economy, government, company)
  「経済など」を損なう、「政府・会社など」を無力にする
- □ sap (the strength, his life, his power)
  (徐々に)「体力・勢力・力など」の活力を奪う、弱らせる
- □ debilitate your (body, mind, system)
  「体・心・器官など」を弱らせる、弱体化させる
- ※ vandalize the (property, car, house)
  (蛮行で)「所有物・車・家など」を破損する
- ※ disfigure (his face, the landscape)
  「容貌・景観など」を傷つける、損なう
- □ incapacitated by (illness, injury, accident)
  [受身形で]「病気・怪我・事故など」で無能力になる、無資格になる

ライティング＆スピーキング力UP! 類語使い分けマスター

＊最もgeneralな語は**damage**（[物・名誉]に損害を与える、「人」を傷つける）などであるが、もっと意味を明確にするために、「害を与える」は**harm**（健康・イメージに）、[格] **impair**（能力・機能に）、**poison**（悪影響を与えてダメにする）、「台無しにする」は**spoil**（計画・価値を）、**ruin**（人生・健康を）、[文] **mar**（完全さ・美しさを）、**wreck**（経歴・結婚を）、**blight**（希望・前途をくじく）、「無能・無効にする」は**disable**（機能・資格を）、**cripple** [受身]（活動・機能を）、[格] **vitiate**（品質を台無しにしたり、契約などの法的な力を損なう）、**immobilize**（移動不能）、「傷つける」は**hurt, wound, injure**（感情・名声を）、**undermine**（名声などをひそかに）、**disfigure**（外観・価値を）、**scar**（肉体的・精神的な傷痕を残す）、**lacerate**（鋭利なもので皮膚や身を切る）、**mutilate**（切り裂く）、**mangle**（めった打ちにする）、**maim**（深刻的な毀損）が用いられる。

第12日 英検1級最重要類語グループ

rank 11「軽蔑する」

●このグループには必須語が多いので要注意！

語彙水準	「軽蔑する」グループ
2000語水準	laugh
4000語水準	**insult, dismiss**
5000語水準	despise, **ridicule, abuse**
6000語水準	**mock, scorn**
7000語水準	**deride**, slight
8000語水準	**sneer, taunt**
9000語水準	**scoff, jeer**
10000語水準	derogate, sniff
11000語水準	**disparage, affront**
13000語水準	**denigrate**, jibe（gibe）

驚異のスーパー語彙力加速的UP例文

The idealistic politician was **jeered** by a crowd of protesters who **scoffed** at his view, **derided** his efforts, **denigrated** his character, and **taunted** him about his appearance.
（理想主義の政治家は抗議団体に**野次**られて、見解を**嘲笑**され、努力を**馬鹿**にされ、人格を**中傷**され、外見を**あざけ**られた。）

コロケーションとニュアンスで「発信型」語彙力UP

※ **scorn**（the idea, his views, his decision）

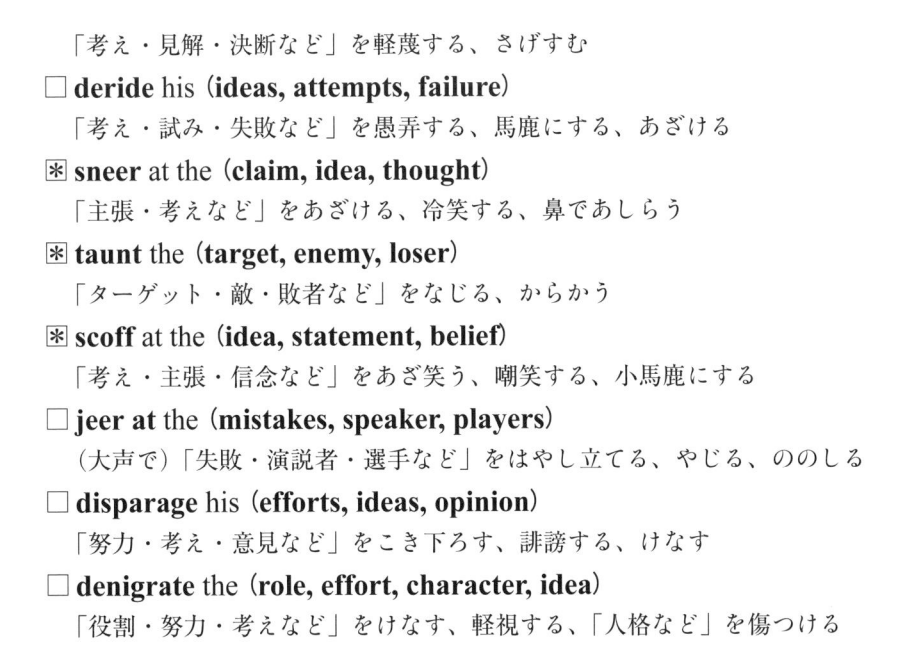

「考え・見解・決断など」を軽蔑する、さげすむ
- □ **deride** his (**ideas, attempts, failure**)
  「考え・試み・失敗など」を愚弄する、馬鹿にする、あざける
- ※ **sneer** at the (**claim, idea, thought**)
  「主張・考えなど」をあざける、冷笑する、鼻であしらう
- ※ **taunt** the (**target, enemy, loser**)
  「ターゲット・敵・敗者など」をなじる、からかう
- ※ **scoff** at the (**idea, statement, belief**)
  「考え・主張・信念など」をあざ笑う、嘲笑する、小馬鹿にする
- □ **jeer** at the (**mistakes, speaker, players**)
  （大声で）「失敗・演説者・選手など」をはやし立てる、やじる、ののしる
- □ **disparage** his (**efforts, ideas, opinion**)
  「努力・考え・意見など」をこき下ろす、誹謗する、けなす
- □ **denigrate** the (**role, effort, character, idea**)
  「役割・努力・考えなど」をけなす、軽視する、「人格など」を傷つける

第1章　最重要類語グループでボキャブラリービルディング　動詞

> **ライティング&スピーキング力UP！類語使い分けマスター**

＊最もgeneralな語は**despise**（人を軽蔑で見下す）や**insult**（侮辱する）で、基本動詞を使えば、**make fun of** ～, **look down on** ～, **make a fool of** ～となる。もっと意味を明確化するために、「軽蔑する」には**scorn**（嘲笑的なさげすみ）、［文］**contemn, despise**（嫌悪して）、［格］**disdain**（優越感で）、**slight**（冷淡に扱う）などがあり、「侮辱する」には**abuse**（ののしる）、［格］**affront**（公然と侮辱して面目を失わせる）、**denigrate**（人格・評判をけなす）、［格］**disparage**（名誉・評判を汚す）、**derogate**（権威・評判を落とす）、**mortify**（死ぬほど辱める）、「馬鹿にする」は**laugh**（大声であざ笑う）、**tease, mock**（からかう）、**ridicule**（笑い者にする）、［格］**deride**（馬鹿にした様子で扱う）、**gibe**（愚弄する）、**sniff**（鼻で笑う）、**sneer**（冷笑する）、**scoff**（計画・提案を見下して小馬鹿にする）、**jeer**（不満や不一致によるののしり）、**taunt**（嘲弄して怒らせる）などが用いられる。

第12日 英検1級最重要類語グループ
rank 12 「褒める」

● 類語の意味の「強さ」と「堅さ」に注意しよう。

語彙水準	「褒める」グループ
2000語水準	praise, honor
3000語水準	admire, flatter, congratulate
4000語水準	celebrate, **recognize**, **decorate**
5000語水準	**glorify**, **compliment**, applaud, **worship**, adore
6000語水準	**commend**, salute, commemorate
7000語水準	**acclaim**, cite, credit
8000語水準	**hail**, laud, **revere**
9000語水準	**extol**, **exalt**, **venerate**
10000語水準	**eulogize**, **deify**, **idolize**

驚異のスーパー語彙力加速的UP例文

Those who highly **acclaimed** him as a great leader and **revered** his accomplishments **eulogized** him at the funeral, **extolling** his great virtue.
(彼を偉大な指導者として**称賛**して彼の業績を**崇敬**した人々は、葬儀で彼の優れた美徳を褒め称えて賛辞を送った。)

コロケーションとニュアンスで「発信型」語彙力UP

※ **acclaimed**（**by critics, as a hero, as a leader**）
「批評家など」に称賛される、「英雄・指導者など」として迎える

※ **hailed** as a（**hero, success, masterpiece**）

「英雄や達成など」を（特別で優れたものとして）歓呼して迎える

※ **revered** as a (**tradition, god, saint**)
「伝統・神・聖人など」として崇敬する

※ **extol** the (**virtues, benefits, merits, advantages**)
「美点・長所など」を激賞する

□ **exalted** as (**the lord, a hero, a God**)
「神・英雄など」のようなものとして称賛する

※ **venerated** as a (**saint, god, hero**)
「聖人・神・英雄など」に深い敬意を払う

※ **eulogize** the (**king, beauty, virtues**)
「君主・美徳など」に賛辞を呈する

※ **deified** as (**the god, a hero, a saint**)
「神・英雄など」にたとえて神格化する

※ **idolize** his (**father, mother, work**)
「父親・母親など」を偶像化する、「作品など」に心酔する

ライティング＆スピーキング力UP！類語使い分けマスター

＊最もgeneralな語は**admire**（「業績・特質」を称賛する）と**praise**（「業績・特質」を褒める）であるが、もっと意味を明確にするために「尊敬」は**respect, honor**（称える・尊重する）、**venerate**（神聖なものや由緒あるものを尊ぶ）、**revere**（崇敬）、**salute**（敬礼などでの表敬）、**adore**（敬愛）、「お世辞」は**flatter**（本心でない）、**compliment**（本心）、「称賛」は**congratulate**（うれしくて祝う）、**celebrate**（儀式などで称える）、**commemorate**（儀式などで称える）、［文］**laud**（称揚する）、［文］**extol**（激賞する）、**hail**（メディアなどで称える）、**acclaim**（絶賛する）、**applaud**（拍手喝采する）、**glorify**（賛美する）、［文］**exalt**（褒めそやす）、**eulogize**（賛辞を呈する）、［格］**commend**（公に称賛する）、「崇拝」は**worship**（宗教的に神を崇拝したり、欠陥が見いだせないくらい崇拝する）、**idolize**（偶像化する）、**deify**（神格化する）、「資質などの評価」は**recognize, cite**（表彰する）、**decorate**（勲章を与える）、**credit**（功績を認める）などが用いられる。

その他の重要類語グループ　ランク1　③

★ ● 「駆り立てる」グループ
　　(**impel** > **spur** > **prod** > **nudge** > **galvanize**) the members into action
　　メンバーを行動へと駆り立てる（＝drive）

★ ● 「(税などを) 課す」グループ
　　(**impose** > **levy** > **inflict**) a heavy tax on him
　　彼に重税を課す（＝put）

★ ● 「分離する」グループ
　　(**insulate** > **quarantine** > **segregate** > **seclude**) the group from the others　その集団を他から隔離する（＝isolate）

● 「合併する」グループ
　　(**integrate** > **coalesce** > **amalgamate**) the different factions in his party　自分の政党の異なる派閥を合併させる

★ ● 「殺到する」グループ
　　be (**inundated** > **swamped** > **deluged**) with applications
　　申し込みが殺到する（＝flooded）

★ ● 「危険に陥れる」グループ
　　(**jeopardize** > **endanger** > **imperil**) the future of Japan
　　日本の将来を危うくする（＝threaten）

● 「干渉する」グループ
　　(**meddle in** > **interpose in** > **nose into**) other people's business　他人事に干渉する（＝interfere in）(**intervene**は「仲裁に入る」、**pry into**は「詮索する」)

★ ● 「熟考する」グループ
　　(**meditate on** > **muse on** > **pore over** > **ruminate on** > **mull over** > **contemplate**) the matter　問題を熟考する（＝think over）

● 「(お金などを) だまし取る」グループ
　　(**milk** > **fleece** > **swindle** > **defraud** > **mulct**) him of all his money
　　彼からお金をだまし取る（＝cheat）

● 「去勢する」グループ
　　(**neuter** > **castrate** > **geld**) the animal

動物を去勢する
- ●「装飾する」グループ

  (**ornament** > **embellish** > **adorn** > **festoon**) a room with flowers
  部屋を花で飾る（＝decorate）
- ★ ●「打倒する」グループ

  (**overthrow** > **topple** > **overturn** > **subvert**) the government
  政府を倒す（＝bring down）（**vanquish** > **overwhelm** > **rout**は「敵を打ち破る」）
- ★ ●「甘やかす」グループ

  (**pamper** > **indulge** > **coddle** > **cosset**) a child
  子供を甘やかす（＝spoil）
- ★ ●「充満する」グループ

  (**permeate** > **pervade** > **saturate**) the room
  部屋に充満する（＝fill）
- ★ ●「急落する」グループ

  (**plummeting** > **nose-diving** > **plunging**) stock prices
  急落する株価（＝sharply decreasing）
- ★ ●「ぶらぶら歩く」グループ

  (**rambling** > **roaming** > **meandering** > **ambling** > **loitering**) traveler
  ぶらぶら歩く旅行者（＝wandering）

第13日 英検1級最重要類語グループ
rank 13「戦う・奮闘する・口論する」

●「口語」と「つまらぬ議論」がどれかを認識しておこう。

語彙水準	「戦う・奮闘する・口論する」グループ
2000語水準	fight, disagree, battle
3000語水準	**quarrel**, struggle, **challenge**
4000語水準	argue
5000語水準	**dispute**, **combat**, confront
6000語水準	tackle, **contend**
7000語水準	bicker, grapple
8000語水準	squabble, haggle, vie
9000語水準	wrangle, brawl, skirmish
10000語水準	hassle
12000語水準	row, spar, **scuffle**
13000語水準	altercate
15000語水準	dicker, tussle

驚異のスーパー語彙力加速的UP例文

The sales reps always **haggle** over the prices, **vie** for more business, but sometimes **hassle** the management.
(営業スタッフはいつも値切り交渉をし、売り上げを伸ばそうと張り合うが、時には経営陣と口論をする。)

コロケーションとニュアンスで「発信型」語彙力UP

※ **bicker** over the (**issue, budget, right**)
「(つまらない) 問題・予算・権利など」で口論する

※ **squabble** over the (**money, bill, issue**)
「(つまらない) 金銭・問題など」で口論や小競り合いをする

※ **haggle** over the (**price, fee, cost**)
「値段・費用など」を値切るために議論する

※ **vie** for (**power, presidency, supremacy**)
主に「権力・勢力など」を得ようと争う、張り合う

※ **wrangle** over the (**issue, future, right**)
「問題・将来・権利など」について (怒って長時間) 口論・論争する

☐ **brawl** with the (**opponent, soldiers, police**)
「対抗者・警察など」と騒々しくけんかする

☐ **skirmish** with the (**army, military, troops**)
「軍など」と (偶発的な) 小競り合いをする

ライティング＆スピーキング力UP！ 類語使い分けマスター

＊最もgeneralな語は**fight**(「敵・困難」と戦う)と**argue**(「問題など」を論議する)であるが、もっと意味を明確にするために「戦闘」は**battle**(大規模な戦闘)、**combat**、「奮闘」は**struggle**、「格闘」は**wrestle**(取っ組み合い)、**brawl**(乱闘)、**scuffle**(短い小競り合い)、**tussle**(短い取っ組み合い)、**skirmish**(小競り合い)、「口論・議論」は**quarrel**(個人的事柄の口論)、**dispute**(団体同士の論争)、**spar**(軽い口論)、**wrangle**(長期の複雑な議論)、**row**(短い激論)、**bicker**(つまらぬ口論)、**squabble**(内輪の些細な口論)、[格]**altercate**(激論)、[口]**hassle**(厄介な議論)、「異議を唱える」は**disagree, challenge**、「利害の衝突」は**conflict**、「競う」は**compete**(他者に勝つために)、[格]**contend**(何かを得るために)、**vie**(戦略的に権力を得ようと)、**contest**(試合で勝つために)、「(問題に)立ち向かう」は**confront**、「決闘」は**duel**などが用いられる。

音素の力で1級語彙光速マスター！②

st-・str- 細長く張った緊張のエネルギー **stress**（ストレス）たまるよ、緊張して

- ✳ **stampede**（集団暴徒、殺到（する））スタンピード！と殺到で緊迫感 pede は「足」
- ✳ **stifle**（窒息する、抑圧（抑制）する）スタイフルと抑圧、窒息する
- ✳ **strenuous**（精力的な、激しい）ストレニュアス！と激しく奮闘緊迫感
- ✳ **stringent**（厳しい、切迫した、金詰まりの）ストリンジャンと厳しい切迫感
- ✳ **stern**（厳しい、いかめしい）スターン！と顔がこわばる
- ✳ **strife**（争い、けんか）ストライフ！と争い緊張高まる
- ✳ **sturdy**（たくましい、丈夫な、不屈の）スターディ！筋肉張ってたくましい
- ✳ **stout**（強い、頑丈な、太った、大胆な）スタウトゥ！筋肉張って頑丈な

scr- ごしごしこすって抵抗のエネルギー！必死で抵抗 **scream**（キャーと叫ぶ）

- ✳ **scrape**（ひっかく、こする、すりむく）
- ✳ **scrawl**（なぐり書き（する）、落書き（する））
- ✳ **scribble**（なぐり書き（する）、落書き（する））
- ✳ **scrimp**（切り詰める、節約する）切り詰めるのは我慢して欲望に抵抗する
- ✳ **scruple**（良心のとがめ、ためらい）良心のとがめが欲望に抵抗
- ✳ **scrutiny**（綿密な調査（検査））こすって綿密な検査する

dr- だらだら、ずるずる、引きずっていく、だらだら、ずるずる **dream** 夢うつつ

- ☐ **drawl** だらだらと（ものうげに話す）
- ✳ **dreary**（わびしい）人生だらだら生きる、（退屈な）仕事だらだらやり続ける）
- ✳ **drowsy** だらだら、ずるずる（うとうと眠いよ）
- ✳ **drudgery**（骨折り仕事、卑しい仕事）ずるずる長引く骨折り仕事
- ✳ **drivel**（よだれ（はな）をたらす）、だらだらと（くだらないことを言う）
- ☐ **drool** だらだらと（よだれをたらす）、だらだらと（馬鹿話をする）

第13日 英検1級最重要類語グループ
rank 14 「避ける」

● 「積極的に」避けると「こそこそと」避けるの類語を区別しよう。

語彙水準	「避ける」グループ
1000語水準	stay away, lose
2000語水準	**shy away**
3000語水準	**avoid**, escape
6000語水準	**evade**, **abstain from**
7000語水準	**dodge**
8000語水準	**duck**, bypass, **shun**
9000語水準	**elude**, skirt, **circumvent**
10000語水準	**sidestep**, hedge
12000語水準	**eschew**, **sidetrack**
15000語水準	fence

驚異のスーパー語彙力加速的UP例文

We should **eschew** overeating, but should not **abstain** from voting, **evade** tax payment, **shun** work, and **elude** other responsibilities as a citizen.
(私たちは過食を**控える**べきだが、投票の**棄権**、**脱税**、労働の**回避**、および国民としてのその他の責任を**逃れる**べきではない。)

コロケーションとニュアンスで「発信型」語彙力UP

※ shun (publicity, danger, vices)
「注目・危険・悪徳など」を避ける

※ elude (the law[danger], one's responsibility[payment])
「法律・危険・責任など」を(策略などで巧みに)避ける

※ circumvent the (law, problem, need, rule)
「法律など」の抜け道を考える、「問題など」をごまかして回避する

※ sidestep the (issue, problem, question, attack)
「問題・質問など」を回避する、はぐらかす、「攻撃など」を横に寄ってかわす

※ eschew (evil, violence, fast food, materials)
(道義・実利的理由で)「悪・暴力など」を避ける、慎む

□ sidetrack the (issue, topic, discussion)
「主題・話題など」からそれる

ライティング＆スピーキング力UP！ 類語使い分けマスター

＊最もgeneralな語はavoid（「不都合」を避ける）とescape（「不都合」から逃げる）であるが、もっと意味を明確にするために、「回避」は[口] duck（ひょいとかがんで逃げる、責任などを回避する）、dodge（ひらりと身をかわす）、shun（嫌悪して意図的に避ける）、[口] shy away（心配・緊張などのせいで避ける）、[口] sidestep（責任などを回避する、質問などはぐらかす、攻撃を横に寄ってかわす）、fence（言い逃れをする）、[格] circumvent（法規などの抜け道を考える、問題などを不正に回避する）、elude（危険などを策略などで巧みに避ける）、hedge（言葉を濁す、賭け・投機で丸損をしないように両賭けする）、evade（法的・道徳的責任を回避する、攻撃・質問などから逃げる）、「慎む」は[格] eschew（道義的・実利的理由で悪・贅沢などを慎む）、abstain from（飲酒・喫煙などを慎む、投票を棄権する）、「離れている」はstay away、「追跡から逃れる」はlose、「迂回」はbypass（バイパスをつける、迂回する）、skirt（問題・困難を回避する）、「脱線」はsidetrack（(他の)問題などで主題から脱線する）などが用いられる。

音素の力で1級語彙光速マスター！③

sl- するする、ずるずる、つるっとslip、のろのろslow、ぺらぺら薄〜いよ！

- ※ **sl**ander（中傷（する）、名誉を毀損する）つるっと口滑って人の悪口言う
- □ **sl**ipshod（だらしない、ずさんな）
- ※ **sl**aughter（虐殺（する）、屠殺する）するっと平気で皆殺し
- □ **sl**eazy（薄っぺらな、安っぽい、だらしのない）
- ※ **sl**eek（なめらかな、しゃれた身なりの、口先のうまい）
- □ **sl**ither（ずるずる滑る（こと）、滑るようにして進む）
- □ **sl**ouch（前かがみ（になる）、だらけた態度）
- ※ **sl**ovenly（だらしない、ずさんな）
- □ **sl**umber（うとうとする、まどろみ）ずるずる〜とうたた寝しちゃう
- ※ **sl**ant（傾斜（する）、偏向、観点）傾斜をずるずる滑り落ちる
- ※ **sl**ur（見逃す、不明瞭に発音する、中傷する）ずるずる発音聞き取りにくい！

gr- ぐりぐりえぐって、苦しいよう！ガリガリきしんで不満だよ！

- ※ **gr**imace（しかめつらをする）
- ※ **gr**ueling ぐりぐり、ガリガリ（厳しい、残酷な）
- ※ **gr**udge ぐりぐり（ねたむ、憎む、恨み）
- ※ **gr**ope（手探りで探す、探し求める、まさぐる）
- ※ **gr**uesome（心えぐる、恐ろしい、ぞっとする）
- ※ **gr**ipe（不平（愚痴）を言う、きりきり痛ませる）
- ※ **gr**ouch（不平（愚痴）を言う）
- ※ **gr**oan 心をえぐって（うめく、きしむ）

fl- ふらふら、ひらひら、ぺらぺら軽いよ軽い！ひらひらflyと飛んで行く

- □ **fl**icker（明滅する）光がちらちら
- ※ **fl**imsy ぺらぺらと（軽い薄い、薄弱な）
- ※ **fl**irt（浮気する）ふらふらっと浮気する

第13日 英検1級最重要類語グループ
rank 15「調べる」

● このグループは「調べ方」や「何」を調べるかに注意しよう！

語彙水準	「調べる」グループ
1000語水準	look into, study, look for
2000語水準	**check**
3000語水準	search, test, review, **research**
4000語水準	**examine**, **analyze**, **survey**, **inquire**, **explore**, spy
5000語水準	**inspect**, **investigate**, monitor
6000語水準	audit, track, **probe**
7000語水準	**scrutinize**, scan
8000語水準	**comb**, **delve**
9000語水準	**ransack**, **pry**, **sift**
10000語水準	**scour**, **pore**, query
12000語水準	**rummage**

驚異のスーパー語彙力加速的UP例文

In order to **delve** into the case, we need to **scrutinize** the evidence, **scour** the area, and **rummage** through the room for more evidence.
（その事件を詳細に調べるために、私たちはその証拠を精査し、その場所を探し回り、そして新たな証拠を求めてその部屋の中をひっかき回して捜した。）

コロケーションとニュアンスで「発信型」語彙力UP

✳ **scrutinize**（his face, the evidence, the information）

「顔など」をじろじろ見る、「情報など」を徹底的に調べる
- ✳ **comb** the（**area, land, scene**）
  （何かを求めて）「場所など」を（集団で）綿密にくまなく探す
- ✳ **delve** into the（**details, issue, matter**）
  （情報を得るため）「詳細・問題など」を掘り下げて調査する
- ✳ **ransack** the（**house, room, town**）
  「家屋・部屋など」を略奪のためにくまなく探す、荒らし回る
- ✳ **pry** into his（**business, affairs, secrets**）
  「事柄・出来事など」を（好奇心から）詮索する
- ☐ **sift** through the（**data, wreckage, evidence**）
  （重要なものを求めて）「資料・証拠など」を精密に調べる、鑑別する
- ✳ **scour** the（**Internet, country, area**）
  「インターネット、場所など」を徹底的に調査する、探し回る
- ✳ **pore** over（**books, maps, charts**）
  「本・地図・表など」をじっくり見る、研究する
- ☐ **rummage** through his（**room, pocket, desk**）
  「部屋・ポケットの中など」をかき回して探す

ライティング＆スピーキング力UP！類語使い分けマスター

＊最もgeneralな語はcheck（質・正誤・審議などを調べる）とstudy（注意深く見る）であるが、もっと意味を明確にするために、「**調査**」はresearch（新情報を発見するための）、**examine**（原因やミスがないかを調べる）、**delve**（掘り下げ）、**review**（状況判断をする）、**test**（検査）、**analyze**（分析）、**audit**（会計監査）、**spy**（こっそり）、**survey**（意識調査）、**explore**（探求したり探査したりする）、**inspect**（点検）、**investigate**（真相を突き止めようと調べたり、リサーチをする）、**monitor**（推移の観察）、**probe**（質問によって真相を）、**scrutinize**（精査）、**pore**（熟読）、**track**（追跡）、**scan**（ざっと）、**pry**（詮索）、**sift**（鑑別）、「**捜す**」はsearch（場所や所持品を）、**comb**（くまなく）、**ransack**（荒らして）、**rummage**（かき回して）、**scour**（場所・文献を）、「**問う**」はinquire, queryなどが用いられる。

第13日 英検1級最重要類語グループ
rank 16「ためらう・尻込みする」

● 「躊躇する」と「恐怖でひるむ」の使い分けに注意！

語彙水準	「ためらう・尻込みする」グループ
1000語水準	draw back
2000語水準	shy away
3000語水準	hesitate
6000語水準	**falter**
8000語水準	**recoil, waver**
9000語水準	**scruple, flinch, balk**
10000語水準	**cringe, stall, wince**
12000語水準	cower, vacillate, temporize, pussyfoot
15000語水準	dither, quail

驚異のスーパー語彙力加速的UP例文

When faced with a crisis, some **recoil** in fear and **balk** at taking action, and some **waver** in decision and **stall** for time.
(危機に直面すると、恐ろしさで**ひるん**で行動を起こすことを**ためらう**者もいれば、決心が**ぐらついて口実をもうけて時間稼ぎする**者もいる。)

コロケーションとニュアンスで「発信型」語彙力UP

□ **falter in his** (resolve, resolution, speech)
　(疑い・自信のなさ・無能・不器用のために)「決意など」が揺らぐ、「スピーチなど」で口ごもる

□ **recoil from the** (idea, touch, gun, thought)

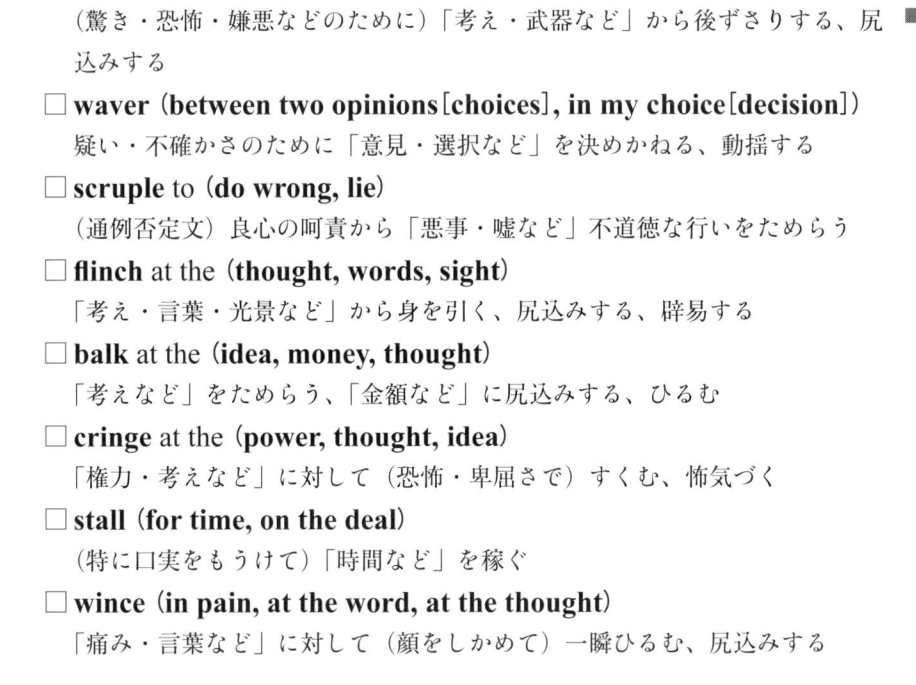

（驚き・恐怖・嫌悪などのために）「考え・武器など」から後ずさりする、尻込みする
- ☐ **waver** (between two opinions[choices], in my choice[decision])
疑い・不確かさのために「意見・選択など」を決めかねる、動揺する
- ☐ **scruple** to (do wrong, lie)
（通例否定文）良心の呵責から「悪事・嘘など」不道徳な行いをためらう
- ☐ **flinch** at the (thought, words, sight)
「考え・言葉・光景など」から身を引く、尻込みする、辟易する
- ☐ **balk** at the (idea, money, thought)
「考えなど」をためらう、「金額など」に尻込みする、ひるむ
- ☐ **cringe** at the (power, thought, idea)
「権力・考えなど」に対して（恐怖・卑屈さで）すくむ、怖気づく
- ☐ **stall** (for time, on the deal)
（特に口実をもうけて）「時間など」を稼ぐ
- ☐ **wince** (in pain, at the word, at the thought)
「痛み・言葉など」に対して（顔をしかめて）一瞬ひるむ、尻込みする

ライティング＆スピーキング力UP！ 類語使い分けマスター

＊最もgeneralな語は **hesitate**（[迷いで行動など] を躊躇する）であるが、もっと意味を明確にするために、「ためらう」は［格］**scruple**（良心の呵責で）、**falter**（決心が揺らいで）、［文］**quail**（怖気づいて）、［格］**balk**（気後れして）、**shy away**（心配・緊張から）、「二の足を踏む」は［格］**vacillate**（逡巡）、**waver**（動揺）、**have second thoughts about**（再考）、**be of two minds about**（決めかねて）、**dither**（優柔不断で）、「ぐずぐずする」は［格］**temporize**（煮え切らない態度を取る）、［口］**pussyfoot**（お茶を濁す）、「まごつく」は**flounder**、「ひるむ」は**wince**（顔をしかめる）、**recoil**（後ずさりする）、**flinch**（辟易する）、［口］**cringe**（怖気づく）、**cower**（畏縮する）、「時間稼ぎ」は［口］**stall**、「撤回・撤退する」は**draw back**などが用いられる。

その他の重要類語グループ　ランク1　④

- 「よろめく」グループ
  (**reeling** > **tottering** > **staggering** > **wobbling**) drunk man
  千鳥足の酔っ払い（**dodder**は「老齢でよろよろする」）
- ★ 「改装する」グループ
  (**remodel** > **renovate** > **refurbish** > **revamp**) the old building
  ビルを改装する（＝redecorate）
- ★ 「描写する」グループ
  (**represent** > **depict** > **portray**) the birth of Venus
  金星の誕生を描く（＝describe）
- ★ 「仲裁する」グループ
  (**resolve** > **mediate** > **arbitrate** > **reconcile**) the dispute
  紛争を調停する（＝settle）
- 「腐食する」グループ
  (**rusted** > **corroded** > **oxidized** > **eroded**) metals
  金属を腐食させる（＝eat away）
- 「懲らしめる」グループ
  (**penalize** > **chastise**) the student for laziness
  その生徒の怠惰さを懲らしめる（＝punish）
- 「殴り書きする」グループ
  (**scrawl** > **scribble** > **scrabble**) a message
  伝言を殴り書きする（＝scratch）
- 「切り裂く」グループ
  (**slash** > **gash** > **lacerate**) her arm
  彼女の腕を切る（＝cut）
- ★ 「窒息させる」グループ
  (**smother** > **suffocate** > **stifle** > **asphyxiate**) him to death
  窒息死させる（＝choke）
- ★ 「吸収する」グループ
  (**soak up** > **assimilate** > **imbibe**) knowledge
  知識を吸収する（＝absorb）

- ●「愛撫する」グループ

  (**stroke** > **caress** > **fondle**) her pet
  ペットを愛撫する（＝pet）
- ★ ●「取って代わる」グループ

  (**supersede** > **supplant** > **displace**) the old system
  古い制度に取って代わる（＝replace）
- ●「監督する」グループ

  (**supervise** > **oversee** > **superintend**) the workers
  労働者を監督する（＝manage）
- ●「変形する」グループ

  (**transform** > **mutate** > **metamorphose**) into a higher creature
  高等生物に変異する（＝turn）(**transmute** > **transfigure**は「変える」)
- ●「震える」グループ

  (**tremble** > **shiver** > **shudder**) with fear
  恐怖で震える（＝shake）
- ★ ●「暴露する」グループ

  (**uncover** > **disclose** > **expose** > **divulge**) the secret
  秘密をばらす（＝reveal）(**debunk**は「人・思想などを暴く」)
- ★ ●「発掘する」グループ

  (**unearth** > **excavate** > **exhume**) a hidden treasure
  隠れた財宝を発掘する（＝dig up）
- ★ ●「解明する」グループ

  (**unravel** > **shed light on** > **elucidate** > **expound** > **illuminate**) the mystery　神秘を解明する
- ★ ●「降伏する」グループ

  (**yield** > **succumb** > **capitulate**) to the enemy
  敵に降伏する（＝surrender）

MP3CDトラック126

第14日 英検1級最重要類語グループ
rank 17「思う・推測する」

● 日本語の「思う」は、英語ではいろいろな語で表せるので要注意！

語彙水準	「思う・推測する」グループ
1000語水準	think, guess, feel, **hold**, believe
2000語水準	**suppose**, imagine, **doubt**, wonder
3000語水準	**estimate**, sense, expect, predict
4000語水準	**project**, **suspect**, anticipate, **assume**
5000語水準	**infer**, **speculate**, **presume**, **figure**
6000語水準	gather, **hypothesize**, foresee
7000語水準	**reckon**, **envision**, **visualize**, conceive
8000語水準	**conjecture**, fancy, theorize
9000語水準	**deduce**, **surmise**, divine
10000語水準	extrapolate, envisage
13000語水準	postulate

驚異のスーパー語彙力加速的UP例文

Business leaders need to **reckon** every cost, **extrapolate** general trends, **postulate** a theory of successful business, and **envision** the future of the industry.

(ビジネスリーダーは、あらゆる費用を**勘定に入れ**、一般的な傾向を**推定**し、事業成功の理論を**仮定**し、業界の将来を**想像する**必要がある。)

MP3CDトラック127

コロケーションとニュアンスで「発信型」語彙力UP

☐ envision (the future, a day when 〜, a time when 〜)

「将来の特定の時期など」を想像・空想する
- **visualize** the (**data, future, scene**)
「将来・状況など」を思い描く、「データ」を視覚化する
- **conjecture** the conclusion from the (**fact, results, preface**)
「事実・結果・序文など」をもとに結論などを憶測する
- **deduce** the conclusion from the (**results, fact, data**)
「結果・事実・データなど」から結論などを推定・演繹する
- **surmise** from the (**results, information, data**) that
「結果・情報・データ」からthat節を憶測・推測する
- **extrapolate** the figures from the (**results, data, fact**)
「(既知の) 結果・データ・事実など」から (未知の) 数値を推定・推論する
- **envisaged** (**the possibility, the future, that節**)
「可能性・将来など」を心に描く、予想する
- **postulate** the (**existence, necessity, presence**)
「存在・必要性など」を仮定する、自明のこととみなす

ライティング＆スピーキング力UP！類語使い分けマスター

＊最もgeneralな語は**think**（考える）と**guess**（推測する）であるが、もっと意味を明確にするために、**feel**（感じる）、**suspect**（疑う）、[口] **figure**（状況判断する）、[口] **believe**（信じる）、**doubt**（不審に思う）、**conjecture**（憶測）、[格] **surmise**（証拠に基づいて）、[口] **reckon**（計算・判断）、**estimate**（見積もる）、**speculate**（因果を憶測する）、**presume**（指定する）、**anticipate**（予期）、**assume**（思い込む、想定する）、**suppose**（本当であると思う）、[格] **postulate**（前提とする）、[格] **deduce**（演繹）、**project**（結果推定）、**gather**（推量する）、**infer**（推論する）、**theorize**（理論化）、**hypothesize**（仮説）、**foresee**（予見）、**predict**（予言）、[格] **conceive**（着想）、**divine**（察知）、**imagine**（想像）、**fantasize**（夢想）、**envision**（将来起こると想像する）などが用いられる。

第14日 英検1級最重要類語グループ
rank 18「求める・望む」

● 句動詞から堅い書き言葉までたくさんある類語を使い分けられるように！

語彙水準	「求める・望む」グループ
1000語水準	want, ask, hope, look for, go after, call for
2000語水準	expect, **claim**, wish, care for, need
3000語水準	seek, **demand**, **request**, **require**, desire, search for
4000語水準	beg, aspire, fancy, **appeal**
5000語水準	long for, **yearn for**, **plead**, petition
6000語水準	thirst for, sue for, **implore**
7000語水準	**lust for**, **clamor**, grope, itch
8000語水準	crave, solicit, enlist
9000語水準	woo, court, **covet**, pester
10000語水準	pine for, hanker for, imposture
15000語水準	beseech, entreat

驚異のスーパー語彙力加速的UP例文

The politician **lusting** for power is trying to **woo** the voters, **enlist** their support, and **solicit** contributions.
（権力を**欲する**その政治家は、有権者に**懇願しながら**、**支持を得て**、寄付を**懇請する**。）

コロケーションとニュアンスで「発信型」語彙力UP

❋ **lust** for (**life, power, revenge**)
　「生命・権力・報復など」を切望・渇望する、世俗的な欲望を持つ

- ⊠ **clamor** for (**attention, the reform, a say**)
  (群衆が)「配慮・改革など」を(怒って)騒がしく要求する
- ⊠ **grope** (**for words, keys, an answer**)
  「言葉・鍵・答えなど」を手探りで探す、模索する
- ⊠ **crave** for (**love, mercy, affection**)
  (人が)「愛情・慈悲など」を切望・懇願する
- ⊠ **solicit** (**your support, help, funds, thoughts**)
  「援助・資金など」を懇願・嘆願・請願する
- ☐ **enlist** the (**help, aid, services, support**)
  「援助・協力など」を求める
- ☐ **woo** (**voters, customers, support**)
  「客・有権者など」に熱心に「協力」を求める
- ☐ **covet** the (**chance, property, prize**)
  「機会・財産・賞」をむやみに欲しがる
- ☐ **pester** me (**to help, for money**)
  「援助・お金など」を求めて悩ませる、せがむ

ライティング&スピーキング力UP! 類語使い分けマスター

＊最もgeneralな語は**ask**(求める)と**want**(欲する)であるが、もっと意味を明確にするために、「求める」は**claim**(所有権を)、**demand**(当然の権利として)、**require, request**(丁寧に正式に)、**clamor**(騒がしく要求)、**petition**(請願)、**appeal, beg, plead**(嘆願する)、[文]**implore**、[格]**entreat**、[文]**beseech**(嘆願する)、[格]**solicit**(お金・援助・情報などを求める)、**enlist**(協力要請)、**woo**(指示・票などを)、[格]**court**(何かを得ようと媚びる)、**pester**、[格]**importune**(うるさくせがむ)、「望む」は**aspire**(目指す)、[口]**fancy**(好む)、[文]**yearn**(憧れて)、[口]**itch**(うずうずと)、[格]**desire, wish**(願望)、**crave/lust/thirst/**[口]**hanker for**(渇望)、[格]**covet**(人の物をやたら欲しがる)、**long for, pine for**(切望)、[格]**seek, grope**(模索)などが用いられる。

第14日　英検1級最重要類語グループ

rank 19「減少する・削減する」

●「自動詞」だけと「自・他動詞」両方の用法があるものに注意しよう。

語彙水準	「減少する・削減する」グループ
1000語水準	fall, drop, cut
2000語水準	decrease, sink
3000語水準	**decline**, reduce
4000語水準	lessen, **lower**, slim down, **shrink**, dive, **trim**
5000語水準	**diminish**, **plunge**, slump, slide, crash, **restrict**
6000語水準	**subside**, **recede**, **fade**, **dip**, contract
7000語水準	**dwindle**, **abate**, **curtail**, **deplete**, economize, prune, tumble, **slash**
8000語水準	ebb, pare, **depreciate**
9000語水準	**retrench**, **plummet**, **wane**
10000語水準	**nosedive**

驚異のスーパー語彙力加速的UP例文

Considering **dwindling** natural resources and the **depleting** ozone layer, we need to **slash** energy consumption and **curtail** the cost for power generation. （**減少する**天然資源と**激減する**オゾン層を考慮すると、私たちはエネルギー消費を**削減**して発電の費用を**縮小する**必要がある。）

コロケーションとニュアンスで「発信型」語彙力UP

※ **dwindling**（price, population, number）
　次第に減少する「価値・人口など」

※ the (storm, wind, rain) abated
「嵐・風・雨などの勢い・激しさなど」が和らぐ、収まる
※ curtail (the power, his speech, the number)
「権限・数など」を削減する
※ deplete (the ozone layer, natural resources)
「オゾン層・天然資源など」を枯渇させる
※ slash the (prices, budget, costs)
「値段・予算・費用など」を大幅に削減する
※ retrench the (workers, costs)
(費用削減などのために)「人員・コストなど」を削減する
※ the (birth rate, prices, temperature) plummeted
「数値・金額など」が急落・暴落する
□ waning (moon, power, summer)
「月」が欠ける、「勢力など」が衰える、徐々に弱まる
□ the (rates, economy, sales) nosedived
「相場など」が急落・暴落する、「経済など」が急に失速する、「売り上げなど」が急に減る

ライティング＆スピーキング力UP！類語使い分けマスター

＊最もgeneralな語はfall（落ちる）とcut（切る）であるが、もっと意味を明確にするために「低下」はdrop（落下）、dive（急降下）、plummet, plunge（急落する）、crash、[口] nosedive（暴落する）、depreciate（価値が下がる）、slump, tumble（転落）、lower（降下）、sink（沈下する）、subside（沈下する、治まる）、dip（一時低下）、slide（滑落）、deteriorate（悪化する）、recede（後退する）、fade（衰弱）、ebb, wane（衰退する）、decline（傾く）、[格] abate（和らぐ）、「減少」はreduce, decrease, slim down（縮小・減少）、lessen（減少）、contract, shrink（縮小）、dwindle（徐々に弱くなっていく）、diminish（小さく・弱くなる）、deplete（激減する）、restrict（制限する）、「削減する」はtrim、[格] curtail（数・量を削減する）、[格] retrench, economize（節減する）、prune（不要部を削る）、slash（大幅にカットする）などが用いられる。

第14日 英検1級最重要類語グループ
rank 20「吹き出す・放つ」

● 他動詞だけと「他・自動詞」両方の用法があるものに注意しよう。

語彙水準	「吹き出す・放つ」グループ
1000語水準	give off(out, send out(forth), let out
2000語水準	pour out
3000語水準	release
4000語水準	discharge, expel
5000語水準	eject
6000語水準	emit, spit
7000語水準	**radiate**, **vomit**
8000語水準	**spout**, **spew**, **emanate**, **vent**, **secrete**
9000語水準	**gush**, ooze
10000語水準	**belch**, **exude**
15000語水準	disgorge, excrete

驚異のスーパー語彙力加速的UP例文

Enthusiasm **emanates** from the young woman who **radiates** hope, **exudes** confidence, and **gushes** her love of her country.
(熱意は、希望を発し、自信にあふれていて、愛国心をほとばしらせるその若い女性から発している。)

コロケーションとニュアンスで「発信型」語彙力UP

✳ **radiate** (energy, heat, light)

「エネルギー・熱・光など」を放射する
- ※ **vomit (blood, one's food, one's dinner)**
  「血・食べた物など」を吐く、
- □ **spout (water, lava, smoke)**
  「水・溶岩・煙など」をふき出す
- □ **spew out (water vapor, blood, smoke)**
  「水蒸気・血・煙など」をふき出す
- ※ **the (light, sound, heat, smell) emanates**
  「光・音・熱・香りなど」が発散する
- ※ **vent one's (anger, disappointment, frustrations)**
  「怒り・落胆・不満など」を発散する
- ※ **secrete (hormones, enzymes, milk)**
  「ホルモン・酵素など」を分泌する
- ※ **(water, words, blood) gushes out**
  「水・言葉・血など」がほとばしる
- ※ **(blood, sweat, fluid) oozes from ～**
  「血・汗・液体など」が滲み出る

ライティング&スピーキング力UP! 類語使い分けマスター

＊最もgeneralな語は**let[give] out, give off**（出す）であるが、もっと意味を明確にするために「発散」は**give off/out, radiate**、[格]**emanate**（光・熱など）、**vent**（感情など）、「放出」は**emit**（熱、光、音、香気）、**discharge**（液体、気体、弾丸、電気）、[格]**excrete**（排泄、排出）、**secrete**（分泌）、**release**（解放）、**send out/forth**（送出）、[口]**burp**（げっぷ）、**ooze**（血・魅力などがにじみ出る）、[格]**exude**（自信・エネルギーなどがにじみ出る）、**pour out**（溢れ出る）、「噴出」は**spout, gush, belch, eruct**、「吐く」は**vomit, disgorge**、[口]**throw up**（嘔吐）、**spew**（どっと吐く）、**spit**（唾など）、**expectorate**（咳をして痰・血などを）、**eject**（突然勢いよく押し出す）、**force out, expel**（容器や自分の体から押し出す）などが用いられる。

MP3CDトラック134

その他の重要類語グループ　ランク2　①

★ ● 「延期する」グループ
(**adjourn** > **defer**) the meeting　会議を延期する（＝postpone）
● 「蓄積する」グループ
(**amass** > **accumulate**) a fortune　財を築く（＝make）(**hoard**は「財宝などを貯める」)
★ ● 「評価する」グループ
(**assess** > **appraise** > **gauge**) the value of land　土地の値打ちを評価する（＝rate）
● 「撤回する」グループ
(**backtrack** > **backpedal**) on his promise　約束を撤回する（＝withdraw）
● 「禁止する」グループ
(**ban** > **prohibit** > **proscribe**) smoking in public places　公での喫煙を禁じる
● 「名づける」グループ
(**baptize** > **christen**) her Mary　彼女にメアリーという洗礼名をつける（＝name）
★ ● 「包囲する」グループ
(**besieged** > **beleaguered**) Arab territory　包囲されたアラブの領土（＝surrounded）
★ ● 「予言する」グループ
(**bode** > **augur**) well for his chance of winning　勝利の良い前兆である
★ ● 「支える」グループ
arguments (**bolstered** > **buttressed**) by solid facts　事実に裏付けられた主張（＝supported）
● 「へまをする」グループ
(**bungle** > **mishandle**) the important job　重要な仕事をしくじる（＝mess up）
● 「始める」グループ
(**commence** > **inaugurate**) the ceremony　儀式を始める（＝begin）
★ ● 「強いる」グループ
(**compel** > **constrain**) the defendant to make a confession　被告に告白

するよう強いる（=force）（他にcoerce 人 into ～ ingがある）
- ★ ● 「呼び起こす」グループ
  (**conjure up** > **evoke**) memories of the war　戦争の思い出を呼び起こす（=call up）
- ★ ● 「健康を回復する」グループ
  (**recuperating** > **convalescing**) patient　回復中の患者（=recovering）（=downgraded）
- ★ ● 「崩壊する」グループ
  (**crumbling** > **disintegrating**) organization　崩れていく組織（=collapsing）
- ● 「選ぶ」グループ
  (**cull** > **winnow**) the best examples from poems　詩の中からベストの例を選ぶ（=choose）
- ★ ● 「緩和する」グループ
  (**defuse** > **neutralize**) the tension　緊張を緩和する（=ease）
- ● 「乾燥させる」グループ
  (**dehydrate** > **desiccate**) the food　食物を乾燥させる（=dry up）
- ● 「委任する」グループ
  (**delegate** > **entrust**) a task to the employee　社員に仕事を任せる（=assign）
- ★ ● 「配備する」グループ
  (**deploy** > **station**) a missile　ミサイルを配備する
- ● 「推測する」グループ
  (**extrapolate** > **infer**) future energy demands　将来のエネルギー需要を推測する（=guess）
- ● 「悪化する」グループ
  (**deteriorating** > **failing**) health　悪化する健康（=worsening）
- ★ ● 「分解する」グループ
  (**disassemble** > **dismantle**) an engine　エンジンを分解する（=take apart）
- ● 「解剖する」グループ
  (**dissect** > **anatomize**) the corpse　死体を解剖する（=cut apart）
- ★ ● 「解散する」グループ
  (**dissolve** > **disband**) the organization　組織を解散する（=break up）

203

第15日 英検1級最重要類語グループ

rank 21「広める」

● 類語は何を広めるかで変わるので使い分けられるようにしよう。

語彙水準	「広める」グループ
2000語水準	spread
3000語水準	scatter
4000語水準	distribute
5000語水準	broadcast
6000語水準	circulate
7000語水準	disseminate, diffuse
8000語水準	disperse, proliferate
9000語水準	propagate
10000語水準	promulgate

驚異のスーパー語彙力加速的UP例文

Proliferating numbers of demonstrators were **dispersed** by the leaders who **propagated** their ideology and **disseminated** their views.

(激増するデモ参加者たちは、自分たちのイデオロギーを広め、考え方を普及させている指導者たちによって追い払われた。)

コロケーションとニュアンスで「発信型」語彙力UP

- ※ **disseminate** the (**information, knowledge, news**)
 「情報・知識など」を広める
- ※ **propagate** the (**idea, knowledge, information**)
 「考え・情報など」を広める
- ※ **diffuse** the (**light, heat, knowledge**)
 「光・熱など」を散らす、「知識など」を広める
- ※ **disperse** the (**crowd, demonstrators, group**)
 「群衆など」を追い散らす
- ※ The (**technology[Internet], market, trend**) is **proliferating**.
 「科学技術・市場・流行など」が広まる
- ※ **promulgate** the (**rule, law, idea**)
 「法律・規則など」を公布する、「アイデアなど」を広める

ライティング&スピーキング力UP！類語使い分けマスター

＊最もgeneralな語が**spread**（「情報・知識・信条・噂」を広める、「光・音」を発散する、「病気」を広める［蔓延させる］）であるが、もっと意味を明確にするために、「情報・知識」は**spread**＞**disseminate**＞**distribute**（多くの人に配る）＞**broadcast**（多くの人に言いふらす）＞**circulate**＞**propagate**（できるだけ多くの人に広める）＞**diffuse**（広範囲に広める）、「アイデア」は**spread**＞**propagate**の順に用いられる。そして、「群衆」は**disperse**（追い散らす）、「法律・規則」は**promulgate**（新しい法律を多くの人に知らせる）、「ニュース」は**spread**＞**broadcast**、「光」は**spread**（光を放散させる）＞**diffuse**＞**scatter**＞**distribute**＞**disperse**。**proliferate**は主に「細胞」が増殖する［を増殖させる］などの意味で使われるが、「科学技術・市場・流行」といった単語を主語にして用いられる傾向も高い。

MP3CDトラック137

第15日 英検1級最重要類語グループ
rank 22 「抑制する」

●英語の発信力UPに重要な語彙が多いので覚えておこう！

語彙水準	「抑制する」グループ
1000語水準	hold back, fight back
2000語水準	**control**, brake, bite back, limit
3000語水準	choke back
4000語水準	**contain**
5000語水準	**restrain**, rein in, **restrict**
6000語水準	**suppress, retard**
7000語水準	**stifle, curb, subdue** check
8000語水準	**constrain, repress, inhibit**
9000語水準	bridle, **quell**, stunt, **arrest**

驚異のスーパー語彙力加速的UP例文

The authoritarian government **subdued** a riot, **suppressed** freedom of speech, and **stifled** public debate, while **restraining** international trade.
（独裁政権は、国際貿易を規制しながら、暴動を鎮めて言論の自由を抑制し、国民の議論を抑え込んでいた。）

MP3CDトラック138

コロケーションとニュアンスで「発信型」語彙力UP

※ **check**（one's **desire**[**fear**]), the **power**[**growth**]）
　「感情・力・成長など」を抑える

※ **curb** the (**spread, power, growth**)
「広がり・力・成長など」を抑える
※ **stifle** (one's **feelings**[**anger, desire**], a **laugh**[**yawn**])
「感情(特に怒り・願望)など」を抑える、「笑い・あくびなど」をこらえる
※ **suppress** the (**development**, one's **anger**[**smile**])
「発達・感情(特に怒り・笑み)など」を抑える
※ **inhibit** the (**growth, development, spread, process**)
「成長・発達・広がり・過程など」を抑制する
※ **subdue** one's (**feelings, desire, fear, smile**)
「感情(特に願望・恐れ・笑みなど)」を抑える
※ **retard** the (**growth, progress, development, process**)
「成長・進行・発展・過程など」を妨げる
※ **repress** one's (**desire, anger, smile, fear**)
「感情(特に願望・怒り・笑み・恐れなど)」を抑える
☐ **arrest** the (**progress, growth, spread, desire**[**anger**])
「進行・成長・広がり・感情(特に願望・怒り)など」を抑える
※ **quell** (one's **feelings**[**anger**], the **violence**[**rebellion**])
「感情(特に怒り)など]を抑える、「暴動など」を鎮圧する

ライティング&スピーキング力UP！類語使い分けマスター

＊最もgeneralな語は**control**であるが、もっと意味を明確にするために、**check**(増大や悪化や感情を抑える)、**limit**(制限する)、**contain**(感情や有害なことを抑える)、**restrain**(大きくなるのを食い止める)、**curb**(有害な影響を食い止める)、**inhibit**(抑圧したり遅らせたりする)、**retard**(発育を遅らせたり、予想以上に遅らせる)、**suppress**(感情や出版を抑圧する)、**arrest**(遅らせるか止めてしまう)、**quell**(暴動や恐怖心などを抑える)などが用いられる。

紛らわしい語をマスター！①

- ※ **collaborate**（協力する）／**corroborate**（裏付ける）
- ※ **condole**（お悔やみを言う）／**condone**（大目に見る）／**console**（慰める）
- ※ **elicit**（引き出す）／**illicit**（不法な、不正の）
- □ **exalt**（讃美する、昇進させる）／**exult**（歓喜する）
- □ **straggle**（だらだらと連なる、落伍する）／**strangle**（絞め殺す）
- ※ **crumble**（粉々にする）／**crumple**（しわくちゃにする）
- □ **defer**（延期する）／**deter**（阻止する）
- □ **denounce**（非難する）／**renounce**（放棄する）
- ※ **persecute**（迫害する）／**prosecute**（起訴する）
- ※ **ravage**（荒廃する）／**ravish**（うっとりさせる）
- ※ **reiterate**（繰り返して言う）／**retaliate**（報復する）
- □ **elude**（うまくかわす）／**allude**（それとなく言う）
- □ **drudge**（あくせく働く）／**grudge**（惜しむ、ねたむ）／**trudge**（とぼとぼ歩く）
- ※ **dwindle**（だんだん減る）／**swindle**（だましとる）
- ※ **hamper**（阻止する）／**pamper**（甘やかす）
- □ **impair**（損ねる）／**impart**（伝える、授ける）
- □ **meddle**（干渉する）／**muddle**（ごちゃごちゃになる）
- ※ **censor**（検閲する）／**censure**（非難する）
- □ **obtrude**（無理強いする、割り込む）／**protrude**（つき出す）
- □ **pervade**（浸透する）／**pervert**（墜落させる、曲解する）
- ※ **flunk**（落第させる、しくじる）／**flank**（側面に配置する）
- ※ **aesthetic**（美的な、感覚的な）／**ascetic**（禁欲主義の、苦行の）
- ※ **ardent**（燃えるような）／**arduous**（骨の折れる）
- □ **covert**（秘密の）／**overt**（明白な）
- ※ **emaciate**（やせ衰えさせる）／**emancipate**（解放する）
- ※ **flagrant**（はなはだしい）／**fragrant**（香りのよい）
- □ **luscious**（香りがよい）／**lustrous**（光沢のある）
- ※ **official**（公式の、形式ばった）／**officious**（おせっかいな）

第15日 英検1級最重要類語グループ
rank 23「殺す」

● 時事英語によく使われる語彙なので違いをマスターしよう！

語彙水準	「殺す」グループ
1000語水準	kill
3000語水準	murder
6000語水準	**execute, eliminate**
7000語水準	terminate, extinguish
8000語水準	**slaughter, butcher, annihilate, assassinate, slay**
9000語水準	exterminate, **massacre**
10000語水準	dispatch
12000語水準	**decimate**

驚異のスーパー語彙力加速的UP例文

The terrorist group **assassinated** the government leaders, **massacred** millions of innocent civilians, and **slaughtered** hundreds of villagers, while attempting to make a nuclear attack to **annihilate** human kind.
（テロリストグループは政府の指導者たちを**暗殺**し、無数の罪のない市民を**殺りくし**、何百人もの村人を**大量虐殺**し、人類を**絶滅させる**ために核攻撃を試みた。）

MP3CDトラック140

| コロケーションとニュアンスで「発信型」語彙力UP |

※ **slaughter**（the animals, innocent people, innocent civilians）
「（家畜用の）動物など」を屠殺する、「罪のない一般市民など」を大量虐殺する

※ **assassinate** the（president, leader, enemy）
「要人・指導者・敵など」を暗殺する

※ **annihilate** the（human race, race, armed forces）
「人類・民族・軍隊など」を全滅させる

※ **slay**（the enemy, king, innocent people）
「敵・国王・罪のない一般市民など」を殺す

□ **butcher**（the animals, innocent people, the enemy）
「（家畜用の）動物など」を屠殺する、「罪のない一般市民・敵など」を大量に殺す

※ **massacre**（innocent civilians, innocent people, the enemy）
「罪のない一般市民・敵など」を大量虐殺する

※ **decimate** the（enemy, population, human race）
「敵・（種などの）特定集団など」を大量に殺す

| ライティング&スピーキング力UP! 類語使い分けマスター |

＊最もgeneralな語が**kill**（「人・動物」を殺す、「植物」を枯らす）であるが、もっと意味を明確にするために、「（家畜用の）動物」は**slaughter**＞**butcher**、「要人」は**kill**＞**assassinate**、「罪のない一般市民（を殺す）」は**kill**＞**murder**＞**slay**、「罪のない一般市民（を大量に殺す）」は**slaughter**＞**butcher**（残虐かつ殺す必要もないのに殺し、恐怖におののかせる）＞**massacre**（無抵抗の人々を大虐殺する）、「人類・民族」は**eliminate**（敵を抹殺する）＞**annihilate**、「（種の）特定集団」は**decimate**（ある場所にいる多くの人を殺す）＞**exterminate**、「害虫」は**exterminate**（駆除する）＞**eliminate**の順に用いられる。また、「罪人」は**execute**（処刑する）がよく用いられ、その「処刑する」という言葉の婉曲表現として1万語の**dispatch**が用いられる。

第15日 英検1級最重要類語グループ
rank 24 「驚かす」

● 「いい意味」か「悪い意味」の驚きかの違いに注意しよう。

語彙水準	「驚かす」グループ
2000語水準	shock, surprise
3000語水準	**amaze**
5000語水準	**astonish**
6000語水準	**startle, stagger**
7000語水準	**astound, confound, stun**
8000語水準	**appall**, scandalize
10000語水準	**flabbergast, dumbfound**
11000語水準	floor, stupefy, **faze**
12000語水準	blindside, daze

驚異のスーパー語彙力加速的UP例文

When the disaster occurred, people were not **fazed** by the news, but were **appalled** by the damage, **dumbfounded** by the delayed rescue, and **confounded** by the government actions.
（災害が発生した時、人々はその知らせには**慌て**なかったが、被害には**愕然と**なり、救助の遅れに**呆然とし**、政府の行動に**困惑した**。）

コロケーションとニュアンスで「発信型」語彙力UP

※ be **startled** by the (**action, outcome, move**)
「行動・結果・動きなど」に突然［はっと］驚かせられる

※ be **staggered** by the (**result, answer, effect**)
「結果・反応・影響など」に決心・自信・信念がぐらつく

※ be **astounded** by the (**event, answer, possibility**)
「出来事・反応・可能性など」にびっくり仰天する

※ be **confounded** by the (**result, answer, story**)
予想外の「結果・反応・話など」に困惑させられる

※ be **stunned** by the (**event, trouble, fact, behavior**)
「出来事・困難・事実・振る舞いなど」に対処できず呆然となる

※ be **appalled** by the (**answer, result, view**)
「反応・結果・光景など」にショック・恐怖・嫌悪感を覚える

※ be **flabbergasted** by the (**story, sound, answer**)
「話・音・反応など」にぶったまげる［極めて驚く］

※ be **dumbfounded** by the (**problem, result**)
驚き・ショックで「問題・結果など」に唖然とする

☐ not **fazed** by the (**scene, result, event**)
（通例否定文で）困惑・ショックで「場面・結果・出来事など」に慌てふためかない

ライティング＆スピーキング力UP！類語使い分けマスター

＊最も generalな語が**surprised**（「事実・話・アイデア・問題」に驚く）、**shocked**（「困難・事実・真実・ニュース」にショックを受ける）であるが、もっと意味を明確にするために、「事実」は**be surprised**（予想外・意外なために）＞**shocked**（動揺する）＞**amazed**（いい意味で非常に驚く）＞**stunned**＞**appalled**（あまりのショックで動揺する）＞**startled**（突然の驚きでびくっとする）、「反応」は**appalled**＞**surprised**＞**astonished**（非常にびっくりして恥ずかしくなる）＞**astounded**（びっくり仰天する）。
「美しさ」は**surprised**＞**amazed**＞**stunned**＞**startled**＞**appalled**の順に用いられる。

第15日 英検1級最重要類語グループ
rank 25「与える」

●書き言葉では何を与えるかによって様々な動詞が使われるのでぜひマスターしよう。

語彙水準	「与える」グループ
1000語水準	give, make, do
2000語水準	**offer**, lend, cause
3000語水準	**provide**, **present**, **supply**, contribute
4000語水準	**award**, **extend**, surrender, **assign**, deal
5000語水準	**grant**, **furnish**, **donate**, **administer**, **yield**
6000語水準	**endow**, **dispense**, afford
7000語水準	**confer**, **render**, **impart**
8000語水準	**accord**, **bestow**
10000語水準	cede
12000語水準	bequeath

驚異のスーパー語彙力加速的UP例文

The son was **bequeathed** an estate, while the daughter was **conferred** the award, **accorded** special treatment, and **bestowed** the honor of Distinguished Alumnus.

(息子には遺産が**遺言で残され**、一方の娘は賞を**授けられて**特別待遇を**与えられ**、卒業生賞が**贈られた**。)

コロケーションとニュアンスで「発信型」語彙力UP

- □ **endow** someone with (**money, a talent, a quality**)
  （人）に「お金・才能・資質など」を与える、授ける
- □ **dispense** (**justice, medication, advice**) to someone
  （人）に「裁き・薬・助言など」を与える、施す
- ※ **confer** the (**right, degree, power, award, honor**) to someone
  業績を評価し、報奨として（人）に「権利・学位・賞・名誉など」を公式に与える
- ※ **render** a(an) (**decision, opinion, judgment, service**)
  義務感から・人の期待を受けて「決断・意見など」を下す、「サービスなど」を施す
- ※ **impart** (**knowledge, information, wisdom**) to someone
  （人）に「情報・知識・知恵など」を伝える、与える
- ※ **accord** the (**right, status, treatment**) to someone
  （人）に敬意を表し、「権利・地位・待遇など」を与える
- ※ **bestow** the (**gift, honor, award, right**) to someone
  （人）に「贈り物・名誉・賞・権利など」を与える
- ※ **cede** one's (**right, power, land, territory**) to a country
  嫌々ながら「権利・権力など」を譲る、譲渡する
- ※ **bequeath** one's (**fortune, money, property, collection**) to someone
  （人）に「財産・お金・コレクションなど」を遺贈する

ライティング＆スピーキング力UP！ 類語使い分けマスター

＊最もgeneralな語が**give**（「権利・地位・名誉」・「情報・知識」・「好機・許可」・「任務・役割」・「薬」）である。**donate**は「お金・臓器」、[格]**administer**は「薬・裁き」、**extend**は「援助・おもてなし」、**grant**は「お金・許可・権利」、**assign**は「仕事・役割」、**furnish**は「必需品・好例・好情報」、**accord**は「待遇」などの名詞と結びつきやすい。また、不承不承与える意味を持つ**yield**と**surrender**は「地位・所有・権利・立場」などの名詞と結びつきやすい。

214

その他の重要類語グループ　ランク2　②

- 「改ざんする」グループ
  (**doctor** > **falsify**) the accounts　帳簿をごまかす（＝fake）
- ★ 「没頭させる」グループ
  be completely (**engrossed** > **immersed**) in his work　仕事に浸りきる（＝absorbed）
- ★ 「伴う」グループ
  (**entail** > **necessitate**) hard labor　重労働を伴う（＝involve）
- ★ 「早める」グループ
  (**expedite** > **prompt**) the arrangement for the marriage　結婚の準備を早める（**precipitate**は「悪いことを早める」）
- ★ 「低迷する」グループ
  (**floundering** > **foundering**) economy　苦境の経済
- ★ 「悩む」グループ
  (**fret** > **brood**) about the problem　その問題に悩む（＝worry）
- ★ 「失敗する」グループ
  the plan (**foundered** > **aborted** > **miscarried**)　計画が失敗した（＝failed）
- 「測る」グループ
  (**gauge** > **calibrate**) the height of the tunnel　トンネルの高さを測る（＝measure）
- ★ 「根づかせる」グループ
  deeply (**ingrained** > **entrenched**) custom　深く根づいた慣習（＝rooted）
- 「投げ捨てる」グループ
  (**jettison** > **discard**) the cargo　積荷を投げ捨てる（＝throw away）
- ★ 「利用する」グループ
  (**harness** > **exploit**) solar power　太陽エネルギーを利用する（＝utilize）
- ★ 「誘拐する」グループ
  (**kidnap** > **abduct**) a woman　女性を誘拐する（＝carry off）
- 「集まる」グループ
  (**merging** > **converging**) traffic　合流する交通

★ ● 「物まねをする」グループ

  (**mimic** > **impersonate**) the TV personality　テレビタレントの物まねをする（＝imitate）

● 「出し抜く」グループ

  (**outsmart** > **outwit** > **outthink**) the opponent　敵を出し抜く

● 「覆す」グループ

  (**overrule** > **override**) the decision　決定を覆す（＝overturn）

★ ● 「かき立てる」グループ

  (**pique** > **arouse**) the boy's interest　少年の興味をかき立てる（＝stimulate）

● 「誓う」グループ

  (**pledge** > **vow**) allegiance to my country　本国に忠誠を誓う（＝swear）

★ ● 「長引かせる」グループ

  (**procrastinate about** > **dawdle in**) doing his homework　宿題をするのをぐずぐず延ばす（＝be slow in）

● 「長引く」グループ

  (**protracted** > **lingering**) recession　長引く不況（＝prolonged）

★ ● 「降格させる」グループ

  be (**relegated** > **demoted**) to a lower position　格下げされる

● 「味わう」グループ

  (**relish** > **savor**) the dinner　夕食を味わう（＝taste）

★ ● 「返礼する」グループ

  (**repay** > **reciprocate**) his hospitality　彼のもてなしにお返しする

★ （＝return）

● 「発動する」グループ

  (**resort to** > **invoke**) a veto　拒否権を発動する（＝call into use）

第16日 英検1級最重要類語グループ
rank 26「教える」

● どのように教えるかで変わる類語を幅広く使えるようにしよう。

語彙水準	「教える」グループ
1000語水準	teach, show, tell
2000語水準	guide, explain
3000語水準	inform, lecture, **train**, inspire
4000語水準	direct, **instruct**, demonstrate, **guide**
5000語水準	**enlighten, educate, coach, tutor**
6000語水準	**brief, drill, initiate, ground**
7000語水準	**impart, illuminate, school**
8000語水準	**mentor**, prime
10000語水準	**inculcate, indoctrinate**
12000語水準	**edify**, expound

驚異のスーパー語彙力加速的UP例文

After **initiating** them into the religion, the organization leader tried to **inculcate** them with its values and **indoctrinate** them with its beliefs, **expounding** its religious doctrine.
(組織の指導者は彼らに宗教**原理**を**授けた**後で、宗教教義を**解説**しながら、その価値観を説き**教え込んで**その信仰に**洗脳**しようとした。)

コロケーションとニュアンスで「発信型」語彙力UP

※ **brief** someone on (about) the (**situation, role, project**)

（人）に「状況・役割・事業計画など」をよく知らせる、教示する
※ **drill** the (**skills, fundamentals, rules**) into the students
　　（人）に「技術・基礎・規則など」を叩き込む
※ **initiate** someone into the (**Church, business, art**)
　　（人）に「教義・商売・芸術など」を手ほどきする
□ **ground** someone in the (**reality, basics, truth**)
　　（人）に「現実・基礎・真実など」を教える
※ **illuminate** the (**issue, point, theory**)
　　「問題・要点・理論など」を分かりやすく説明する
□ **school** someone in (**the three R's, cultural practices, English**)
　　（人）に「読み・書き・算術、文化の慣例、英語など」を教え込む
※ **inculcate** the (**value, virtue, doctrine**) in someone
　　（人）に「価値・美徳・教義など」を教え込む
※ **indoctrinate** someone with (into) a (an) (**idea, unethical value, principle**)
　　（人）に「思想・非倫理的価値観・原理など」を教える、吹き込む
※ **expound** the (**law, idea, theory**)
　　「戒律・考え・理論など」を詳しく説明する

ライティング＆スピーキング力UP！類語使い分けマスター

＊最もgeneralな語が**teach, show, tell**であるが、**guide**を使うと、「指導によって、思想や行動に影響を与える」というニュアンスが加わる。**explain**が、「口頭でわかりやすく説明する」の意味であるのに対し、**demonstrate**には「実地教授する」や「例証する」の意味がある。「組織的に教える」時には、**instruct**を使い、「特定の技術を教える」時は**train**を、「個別指導する」には**tutor**を用いる。「繰り返し指導する」という意味なら**drill**、「初歩や原理を教える」という意味なら、**initiate**や**ground**を使い分ける。また、「教義を教える」では、**inculcate**（繰り返し説いて教義などを頭に叩き込む）、**indoctrinate**（イデオロギーを無理に教え込み、他の考え方を排斥する）などが用いられる。

第16日 英検1級最重要類語グループ
rank 27 「追放する」

●時事英語で頻出の語なので類語の違いを認識しておこう。

語彙水準	「追放する」グループ
1000語水準	kick out
3000語水準	remove
4000語水準	expel
5000語水準	**banish**
6000語水準	eject, **exile**
7000語水準	**displace**
8000語水準	**oust**, **evict**
9000語水準	**deport**,
10000語水準	**repatriate**
12000語水準	**depose**, expatriate
15000語水準	dislodge

驚異のスーパー語彙力加速的UP例文

The foreign worker was **ousted** from his position, **evicted** from his house, and **deported** from his country.
(その外国人労働者は職を**追われて**、家を**追い出されて**自国から**追放された**。)

MP3CDトラック149

コロケーションとニュアンスで「発信型」語彙力UP

☐ be **displaced** from the (**post, home, house**)
「役職・故郷・家など」から追い出される

※ **oust** someone from[of] the (**group, job, party**)
（人）を「グループ・仕事・政党など」から追放する
※ **evict** someone from the (**land, property, premises**)
（人）を「所有地・地所・敷地など」から追い出す
※ **deport** (**aliens, immigrants, illegal workers**)
「外国人・移民・不法労働者など」を強制退去する
※ **repatriate** (**prisoners of war, refugees, foreign workers**)
「戦争捕虜・難民・外国人労働者など」を本国に送還する
※ **depose** the (**king, president, dictator**)
「王・大統領・独裁者など」を辞任（退位）させる

ライティング＆スピーキング力UP！類語使い分けマスター

＊最もgeneralな語は**kick out**や**remove**であるが、より意味を明確にするために、特に、「学校や組織を追い出す」場合には**expel**、「罰として永久に国外に追放する」場合には**banish**を用いる。**eject**には、「ある場所から追い出す」という意味の他に、「人を突然降格させる」という意味がある。「政治的な要因で、国外に追放する」と言いたい時には、**exile**を使う。**displace**は通常受動態で用いられ、「戦争や災害によって、元々いた場所から追い出される」という意味で使われる。**oust**や**evict**は、「土地や家屋から追い出す」という意味がある。「不法在留外国人を本国に退去させる」時には**deport**を、「捕虜や亡命者などの外国人を本国に送還する」時は、**repatriate**が使われる。**depose**は「免職・退位」に関連する語で、「役職から引きずり下ろす」という意味で使う。

紛らわしい語をマスター！②

※ **rustic**（田舎の）／**rusty**（さびた）
※ **tenacious**（固執した、粘り強い）／**tenuous**（希薄な、弱々しい）
※ **wishful**（切望して）／**wistful**（もの欲しそうな）
□ **complacent**（自己満足の）／**compliant**（迎合的な）

- ※ **congenial**（快適な、気心の合う）／**congenital**（先天的な）
- ※ **venerable**（立派な、尊い）／**vulnerable**（もろい）
- ※ **plaintiff**（原告）／**plaintive**（悲しげな）
- ※ **sensory**（感覚に関する）／**sensual**（官能的な）／**sensuous**（感性の鋭い）**sensitive**（敏感な）／**sensible**（分別のある）
- □ **temperamental**（むら気な）／**temperate**（節度のある、温和な）
- ※ **momentary**（瞬間的な、束の間の）／**momentous**（重大な）
- ※ **imminent**（差し迫った）／**eminent**（著名な）
- ※ **exhaustive**（徹底的な）／**exhausting**（骨の折れる）
- ※ **futile**（無益な、無能な）／**fertile**（肥沃な、多産の）
- □ **illustrious**（著名な）／**illustrative**（証しとなる）
- ※ **imaginative**（想像力に富む）／**imaginary**（想像上の）／**imaginable**（想像できる）
- □ **intelligible**（わかりやすい）／**intellectual**（理知的な）
- ※ **listless**（元気のない）／**restless**（落ち着きがない）／**restful**（安らぎを与える）／**restive**（落ち着きのない）
- ※ **literal**（文字どおりの）／**literary**（文学の）／**literate**（読み書きができる）
- ※ **morale**（士気）／**moral**（道徳的な）
- □ **negligent**（怠慢な）／**negligible**（取るに足らない）
- ※ **respective**（それぞれの）／**respectful**（敬意を表する）／**respectable**（立派な）
- □ **shabby**（みすぼらしい）／**shoddy**（安物の）
- □ **touching**（感動した）／**touchy**（怒りっぽい、厄介な）
- ※ **transient**（一時的の）／**transitional**（過渡期の）
- ※ **authoritarian**（独裁主義）／**authoritative**（権威ある）

第16日 英検1級最重要類語グループ

rank 28「だます」

●軽いだまし方からひどいものまで様々で、口語も多い。

語彙水準	「だます」グループ
1000語水準	cheat
2000語水準	trick, lead on
3000語水準	fool
4000語水準	**deceive**
5000語水準	**betray**
6000語水準	**mislead**, **kid**
7000語水準	**beguile**
8000語水準	**delude, defraud, swindle**
9000語水準	**outwit, double-cross**
10000語水準	sucker, **con**, **hoax**, **dupe**,
15000語水準	**hoodwink**
20000語水準	inveigle, bamboozle

驚異のスーパー語彙力加速的UP例文

The imposter tried to **con** a woman into buying fake jewelry to **swindle** her out of her money by **deluding** her into believing that it was valuable, but she managed to **outwit** the man and avoided being **defrauded** by the scam.

（詐欺師は、宝石が貴重なものであると**だまして**信じ込ませ、金を**巻き上げる**ために女性を**おだてて**偽の宝石を買わせようとしたが、彼女はどうにかして詐欺師の**裏をかい**て、ペテンに掛かって**だまし取られ**ずに済んだ。）

コロケーションとニュアンスで「発信型」語彙力UP

- ※ **delude** someone[oneself] into (**believing, thinking, buying**) ~
  （人）の心を惑わせて・（自ら）勘違いして「行動・思考」させる
- ※ **defraud** someone of (**money, investment, his assets[property, right]**)
  （人・会社）から「金・所有物・権利など」をだまし取る
- ※ **swindle** someone out of his (**money, fortune, assets, savings**)
  （人・会社）から「金・財産など」をだまし取る
- ※ **outwit** a(an) (**enemy, opponent, rival**)
  賢明さ・巧妙さなどで「敵・ライバルなど」の裏をかく
- ※ **double-cross** a (**partner, fellow, gang**)
  「パートナー・仲間・組織など」を裏切る
- ※ **con** someone (**into buying[investing]** ~ , **out of his money**)
  おだてて「行動（購入・投資）など」させる、だまして「お金」を巻き上げる
- □ **hoax** someone (**into believing[buying]** ~ , **out of his money**)
  だまして「行動（思考・購入など）」させる、「お金など」をだまし取る
- ※ **dupe** someone into (**doing** ~ , **buying** ~)
  だまして「違法行為など」をさせる

ライティング&スピーキング力UP！類語使い分けマスター

＊最もgeneralな語は**trick, cheat**であるが、意味を明確するために、「欺く」は、**kid**（冗談でからかって）、**deceive**（自分の得になるように欺く）、**mislead**（嘘をついたり、勘違いさせたりして、間違った行動・判断に導く）、**beguile**（誘惑やおとりで）、[口] **dupe**（世間知らずを利用してだます）、**hoodwink**（巧みにだまして利益を得る）、[口] **bamboozle**（混乱させて一杯食わせる）、[格] **inveigle**（甘言・虚言で誘い込んで）などが、「裏切る」は、**betray**（国、組織、自分を信じていた友人を）、**double-cross**（犯罪などで仲間を）が、「お金をだまし取る」では、**swindle**（お金をだまし取る）、**defraud**（人・組織から金品をだまし取る）、[口] **con**（だまして金を取ったり、何かをさせる）などがある。

223

第16日 英検1級最重要類語グループ
rank 29「支持する・強化する」

● 何を支えるかによって類語が変わることに要注意！

語彙水準	「支持する・強化する」グループ
1000語水準	bear, carry, hold, keep up
2000語水準	**support**, promote
3000語水準	maintain, encourage, defend
4000語水準	**reinforce**, **advocate**, **advance**
5000語水準	**prop up**, back up, **boost**, enhance
6000語水準	**fortify**, **strengthen**, toughen, stiffen
7000語水準	**endorse**, **cement**, **consolidate**
8000語水準	**uphold**, **champion**
9000語水準	**bolster**, brace
10000語水準	**espouse**, shore up
13000語水準	underpin, **buttress**

驚異のスーパー語彙力加速的UP例文

The governor **endorsed** a new economic plan to **bolster** consumer confidence and **espoused** a new welfare policy, **upholding** the rights of minority people and **championing** the cause of gay rights.
（政府は消費意欲を**強める**ために新経済案を**承認して**新福祉政策を**支持し**、マイノリティーの権利を**守り**、同性愛者の権利の主義主張を**擁護した**。）

コロケーションとニュアンスで「発信型」語彙力UP

- ※ **fortify** (a town[place], foods, the theory)
  「場所・食品など」を強化する、「理論など」を固める
- ※ **endorse** a (bill, plan, proposal, policy)
  「法案・計画・提案など」を承認する、認めてはっきりと支援する
- ※ **cement** (the relationship, a bond, relations)
  「関係・絆など」を強める
- □ **consolidate** one's (power, position, leadership)
  「権力・立場など」を強める
- ※ **uphold** (the law, the decision, one's honor)
  「法律・決定・名誉など」を支持する
- ※ **champion** the (cause, interests, belief, principle)
  「主義主張・利益・信条など」を支持する
- ※ **bolster** one's (career, position, support, confidence)
  「経歴・地位など」を強化する
- ※ **espouse** a (doctrine, belief, concept, principle)
  「主義・方針など」を支持する

ライティング&スピーキング力UP！ 類語使い分けマスター

＊最もgeneralな語が**support**であるが、もっと意味を明確にするために**maintain**は（主張・立場・生命などを支持する）、**reinforce**（建物・主張などを強化する）、**advocate**（主義・改革・政策などを公に支持する）、**boost**（士気などを高める）、**advance**（成功するように助ける）、**prop up**（経済・政治などを支える）、**brace**（建物・体の一部を支える）、**underpin**（建物などの（土台部分）や議論の根拠をサポートする）、**buttress**（［システム・計画・議論］などを公に強化する）、**endorse**（公に支持を示す）、**champion**（主義を守るために戦う）、**uphold**（法律や主義を支持し守る）、**espouse**（主義や信条を信奉する）などが用いられる。

第16日 英検1級最重要類語グループ
rank 30 「同意する・承諾する」

● これも時事英語必須語彙が多いのでぜひ覚えておこう！

語彙水準	「同意する・承諾する」グループ
1000語水準	OK
2000語水準	agree, support
3000語水準	accept
4000語水準	approve, back
5000語水準	consent, license
6000語水準	endorse, authorize
7000語水準	ratify
8000語水準	assent, accredit
9000語水準	concur
10000語水準	acquiesce, sanction

驚異のスーパー語彙力加速的UP例文

Most members in the Senate **consented** to the proposal **ratified** by the lower house, though some members **acquiesced** in it and some members did not **concur** with it.
（上院議員の中にはしぶしぶ従ったり、同意しなかったものがいたけれども、多くのメンバーが下院で承認された提案を承諾した。）

コロケーションとニュアンスで「発信型」語彙力UP

※ **consent** to the (**request, proposal, treatment, marriage**)

「要望・提案・治療・結婚など」に同意・承諾する
- □ assent to the (**terms, suggestion, request**)
「条件・提案・要望など」に同意・承諾する
- ※ endorse the (**product, plan, statement**)
「商品・計画・意見など」を支持・推薦する
- ※ authorize the (**use, payment, project**)
「使用・支払い・計画など」を認可する
- ※ ratify the (**treaty, constitution, agreement**)
「条約・憲法・協定など」を批准・承認する
- ※ accredited (**member, school, course**)
「会員・学校・講座など」を認可する
- ※ concur with the (**decision, idea, statement**)
「決定・意見・主張など」に同意する、同感する
- ※ acquiesce to the (**proposal, demands, decision**)
「提案・要求・決定など」にしぶしぶ従う
- ※ sanction the (**use, measure, law**)
「使用・方策・法律など」を承認する

ライティング&スピーキング力UP！類語使い分けマスター

＊generalな語は**agree**（同意する）、**accept**（応じる）、**support**（支持する）などがあるが、口語では**be for, OK, say yes**で表現できる。もっと意味を明確にするために、**back**（[受身] 支援する）、**approve**（賛同する、認可する）、**consent**（同意・承諾する）、**endorse**（公的に支持・賛同する）、**accredit**（公的に認定する）、**license**（免許を与える・認可する）、**ratify**（正式に文書に署名して協定を承認する）、**authorize**（権限を与えて認可する）、[格] **assent**（十分に考慮したうえで同意する）、[格] **acquiesce**（嫌であるが議論はせずに応じる）、[格] **sanction**（法的に正式な権威筋からの認可）がある。

第1章　最重要類語グループでボキャブラリービルディング　動詞

その他の重要類語グループ　ランク2　③

★ ●「撤回する」グループ
（**retract** > **recant**）his earlier statement　前言を撤回する（＝withdraw）

★ ●「(名誉などを) 回復する」グループ
（**retrieve** > **redeem**）one's honor　名誉を挽回する（＝recover）

★ ●「復活させる」グループ
（**revitalize** > **resurrect**）the old system　古い制度を復活させる（＝revive）

●「棚上げする」グループ
（**shelve** > **pigeonhole**）a project　計画を棚上げする（＝lay aside）

★ ●「覆い隠す」グループ
the affair（**shrouded** > **cloaked**）in mystery　謎に包まれたこと

●「急騰する」グループ
（**soaring** > **skyrocketing**）prices　急騰する価格（＝rising）

●「規定する」グループ
（**specify** > **stipulate**）the working conditions　労働条件を規定する（＝set）

●「発芽する」グループ
（**sprouting** > **germinating**）vegetable seeds　発芽している野菜の種
（＝growing）

★ ●「浪費する」グループ
（**squander** > **lavish**）money on gambling　ギャンブルにお金を浪費する
（＝waste）（splurgeは「散財する」）

●「抑える」グループ
（**stem** > **staunch**）the influx of immigrants　移民の流入を抑える（＝stop）

●「補助金を与える」グループ
（**subsidize** > **spoon-feed**）the farming industry　農業に補助金を与える

●「しおれる」グループ
flowers（**wilted** > **withered**）by the beating sun　強い日差しに当たって
しおれた花（＝dried up）

★ ●「もぎ取る」グループ
（**wrest** > **wrench**）the gun from his hands　彼の手から銃をもぎ取る
（＝pull）

第17日 英検1級最重要類語グループ
rank 31「無効にする」

● 何を撤回するかによってよく使われる類語の使い分けが変わってくるので覚えておこう!

語彙水準	「無効にする」グループ
2000語水準	cancel
4000語水準	abolish
6000語水準	terminate
7000語水準	repeal, revoke
8000語水準	retract, quash
9000語水準	invalidate
10000語水準	nullify
11000語水準	rescind, recant
12000語水準	annul, **abrogate**
15000-17000語水準	countermand

驚異のスーパー語彙力加速的UP例文

The company president **retracted** her decision to **revoke** the license and **rescind** the contract and **repeal** the new policy.
(その会社社長は、ライセンスを**取り消して**契約を**無効にし**、新政策を**無効にする**決定を**撤回した**。)

コロケーションとニュアンスで「発信型」語彙力UP

※ **repeal** the (law, bill, tax)
政府などが公式に「法律・法案など」を廃止する

※ **revoke** the (license, decision, contract)
「免許・決定など」を取り消す、無効にする

※ **rescind** the (contract, agreement, decision)
公式に「契約・協定など」を無効にする

※ **retract** one's (statement, promise, remarks)
「発言・約束など」を撤回する、取り消す

※ **invalidate** the (contract, result, argument)
「契約・結果・議論など」を無効にする

□ **nullify** the (decision, contract, law)
「決定・契約・法律など」を無効にする

※ **recant** one's (belief, remarks, statement)
「信条・発言など」を撤回する、取り消す

□ **abrogate** the (law, treaty, custom)
権力者などが公式に「法律・協定など」を無効にする

ライティング＆スピーキング力UP！類語使い分けマスター

＊最もgeneralな語が**cancel**（「行事」を中止する、「契約・約束」を取り消す、「文書」を無効にする）であるが、もっと意味を明確にするために、「長期の慣行・制度」は**abolish**（公に撤廃）、「法律」は**repeal**、「免許」は**revoke**、「契約・協定」は**rescind**＞**revoke**＞**annul**（公に法的に無効とする）＞**nullify**、「婚姻」は**annul**、「決定」は**overturn**（法律などを誤りとし無効に）＞**quash**（判決を無効）＞**revoke**＞**override**（権限で無効に）＞**nullify**、「発言を撤回する」は**back down on**＞**withdraw**＞**retract**＞**recant**の順によく用いられる。ちなみに、「(契約を) 終わらせる」などに用いられる**terminate**は、terminate the (contract, agreement, right) といった名詞と結びつく。

第17日 英検1級最重要類語グループ
rank 32 「放棄する・棄てる」

● 何を捨てるかによって類語の使い分けが必要。

語彙水準	「放棄する・棄てる」グループ
1000語水準	give up, leave
4000語水準	**abandon**, **surrender**
5000語水準	yield, desert
6000語水準	**forsake**
7000語水準	**renounce**
8000語水準	**relinquish**, **waive**
9000語水準	**forgo**
11000語水準	**cede**, **jettison**
15000-17000語水準	**abdicate**, abnegate

驚異のスーパー語彙力加速的UP例文

The King of the defeated country **abdicated** his throne and **waived** his property right, **relinquishing** his control of the land and **renouncing** all his privileges.
(敗北した国の王は王位を**退いて**財産権を**放棄**し、国の支配を**手放して**自分のあらゆる特権を**放棄した**。)

MP3CDトラック160

コロケーションとニュアンスで「発信型」語彙力UP

※ **renounce** one's (**power, position, right, principle**)
　公式に「権力・地位・信条など」を放棄する
※ **relinquish** one's (**position, control, right, power, hope**)
　嫌々ながら「地位・権利・権力など」を放棄する
※ **waive** one's (**right, claim, demand**)
　公式に「権利・主張など」を放棄する
□ **forgo** one's (**career, position, right**)
　好ましい「経歴・地位など」を放棄する
□ **cede** one's (**right, power, land, territory**) to a country
　嫌々ながら「権利・権力・土地など」を譲る
□ **abdicate** his (**position, responsibility**)
　王が「地位・義務など」を放棄する
※ **jettison** the (**cargo, fuel, idea**)
　「貨物・考えなど」を捨てる

ライティング＆スピーキング力UP！類語使い分けマスター

＊最もgeneralな語が**leave**と句動詞の**give up**（「活動」を途中であきらめる、「信条」を断念する、「飲酒・喫煙」を断つ、「職」をやめる、「試み」を放棄する）であるが、もっと意味を明確にするために、**abandon**（人を見捨てたり、場所・物・企てなどを放棄する）や**desert**（人を置き去りにする）の他に、「権利」は、**waive**（法的権利があるのにそれを放棄する）>**relinquish**（いやいや他人に権利・権力を譲る）>**renounce**（公に特権や信条などを放棄する）>**abdicate**（王位を放棄したり責任を取らないと言う）、「地位」は**relinquish**>**renounce**>**forgo**（楽しいことをなしですます）>**abdicate**が用いられる。ちなみに、「主義」は**renounce, forsake**（今までしてきたことや友人などを）、「試合」は**drop out of**>**cancel**>**throw**、「大事なもの」は**part with, forsake**、「希望」は**surrender**（無理やり放棄させられる）>**forsake**>**relinquish**。他にjettisonは「不要なものとして捨てる」、cast asideは「ネガティブな気持ちを捨てる」。

232

紛らわしい語をマスター！③

- □ **deceitful**（ぺてんの）／**deceptive**（当てにならない）
- ※ **eligible**（資格のある）／**illegible**（読みにくい）
- ※ **explicit**（明白な）／**implicit**（暗黙の）
- □ **honorable**（名誉ある）／**honorary**（名誉職の）
- ※ **ingenious**（独創的、巧妙な）／**ingenuous**（正直な、純真な）
- ※ **judicial**（司法の、公正な）／**judicious**（賢明な）
- ※ **luxuriant**（繁茂した、豊富な）／**luxurious**（贅沢な）
- □ **numerical**（数の）／**numerous**（多くの）
- ※ **permissible**（許される）／**permissive**（甘い）
- ※ **thorough**（完璧な）／**through**（直通の、通しの）
- ※ **wary**（用心深い）／**weary**（疲れた）
- ※ **catching**（うつりやすい）／**catchy**（覚えやすい）
- □ **indolent**（怠惰な）／**insolent**（横柄な、無礼な）
- □ **oblique**（斜めの、遠回しの）／**oblong**（横長の）
- ※ **amnesia**（記憶喪失症）／**anemia**（貧血、貧弱）
- ※ **constellation**（星座）／**consternation**（ひどい驚き）
- ※ **enigma**（なぞ（の人））／**stigma**（汚名）
- □ **hearsay**（うわさ）／**heresy**（異端）
- ※ **allegation**（（証拠のない）申し立て）／**allegiance**（忠誠）
- □ **coherence**（筋が通っていること）／**cohesion**（凝集）
- □ **outbreak**（発生、突発）／**outburst**（爆発、噴出）
- ※ **rabble**（野次馬、暴徒）／**rubble**（がれき）
- ※ **adversary**（敵対者）／**adversity**（逆境）
- □ **antidote**（解毒剤）／**anecdote**（逸話）
- ※ **clash**（対立）／**crash**（衝突）／**crush**（押しつぶすこと）
- □ **envoy**（外交使節）／**convoy**（護衛（隊））
- ※ **diversion**（転換、気晴らし）／**diversity**（多様性）
- ※ **gloss**（光沢、見せかけ）／**gross**（統計の、ひどい、粗野な）

第17日 英検1級最重要類語グループ
rank 33「拒絶する」

● 類語の使い分けによる拒否の「強さ」を認識しよう。

語彙水準	「拒絶する」グループ
1000語水準	turn down
2000語水準	**refuse**
3000語水準	**deny**
4000語水準	**reject**
5000語水準	**dismiss**
6000語水準	**decline**
7000語水準	**repel**
8000語水準	**spurn**
9000語水準	**rebuff**
12000語水準	**snub**, repulse
15000語水準	**repudiate**

驚異のスーパー語彙力加速的UP例文

After **repudiating** the report of her corruption by saying that she **spurned** a bribe, the leader **rebuffed** the proposal and **repelled** the opposition to her policy.

(その指導者は、自分は賄賂を**きっぱり拒絶**したと言って汚職報道を**否定**してから、その提案を**はねつけ**、自分の政策への反対勢力を**退けた**。)

コロケーションとニュアンスで「発信型」語彙力UP

- ※ **decline** a(an) (**invitation, offer, request**)
  「誘い・申し出・要求など」を断る
- ※ **repel** (**an invasion, water, an attack**)
  「侵略・攻撃など」を撃退する、「水など」をはじく
- □ **spurn** the (**offer, gift, advice, invitation**)
  「申し出・アドバイス・招待など」をはねつける
- ※ **rebuff** sb's (**attack, attempt, offer**)
  「試み・提案など」をはねつける、「攻撃など」を撃退する
- □ **repulse** (**an attack, the enemy**)
  「攻撃など」を撃退する
- ※ **repudiate** the (**contract, debt, treaty**)
  「契約・義務・協定など」を拒否する

ライティング＆スピーキング力UP！ 類語使い分けマスター

＊最もgeneralな語は**deny**（「主張」を否定する）と**refuse**（「要求」を断る）、**say no, turn down**（オファー・要請・招待などを断る）であるが、もっと意味を明確にするために、「侵略・攻撃をはね返す」系は［格］**repel**（撃退する）、**repulse**、「誘いを断る」系は［格］**decline**（丁重に断る）、［口］**pass up**（見送る）、［格］**rebuff**（はねつける）、「否定する」系が**dismiss**（人の考えなどが無価値なものとして拒否する）、［格］**repudiate**（正当性を否定する）、［文］**spurn**（プライドが高いために一蹴する）がある。この他、**brush off**（すげなく断る）、**turn one's back on**（かかわりを拒否して見捨てる）などがある。

第17日 英検1級最重要類語グループ
rank 34「示す・証明する」

● ライティングでは様々な「示す」の類語を使い分けよう。

語彙水準	「示す・証明する」グループ
1000語水準	show, give, read, set, mean
3000語水準	prove, suggest, **indicate**, express
4000語水準	**reveal, display, demonstrate**, confirm
5000語水準	**exhibit, verify, manifest, signal, illustrate**, designate, establish, **mark**
6000語水準	**typify, betray, testify, exemplify**
7000語水準	**herald, signify**
8000語水準	**substantiate, certify**
9000語水準	**showcase**
12000語水準	attest
13000語水準	**corroborate**
17000語水準	**bespeak, evince**

驚異のスーパー語彙力加速的UP例文

The company **showcased** a new product that **heralds** a new age of energy in order to **substantiate** the new theory of physics and **corroborate** the new findings.
（企業は、物理学の新しい理論を実証して新しい発見を**裏付ける**ために、エネルギーの新時代の到来を**告げる**新製品を**発表した**。）

コロケーションとニュアンスで「発信型」語彙力UP

※ **verify** the (**information, accuracy, identity, effects**)
「情報・正確性など」を証明する

※ **exemplify** the (**ideals, importance, style**)
「理想」を体現する、「重要性・スタイルなど」を例証する

※ **herald** the (**end, arrival, beginning, start**) of the space age
「結末・始まりなど」を告げる、「到来など」を歓迎する

※ **substantiate** the (**claim, fact, allegation, theory**)
「主張・証言・理論など」を立証する

※ **showcase** the (**best, work, talent, potential**)
「最高部分・作品・才能など」を示す

□ **attest** the (**truth, signature, will, certificate**)
「事実・署名など」を証明する

□ **corroborate** the (**story, information, evidence, statement**)
「情報・証拠など」を裏付ける

ライティング&スピーキング力UP！類語使い分けマスター

＊最もgeneralな語は**show**（「物」を見せる）と**mean**（「ことば・事物」が意味する）であるが、もっと意味を明確にするため、「説明する」系が**illustrate**（例を挙げて明らかにする）、**demonstrate**（事実や物事を明確に示して証明する）、「感情・兆候」が**indicate**（6割-7割の精度で正しさを示す）、[格] **manifest**（はっきりとわかりやすく示す）、[格] **evince**（はっきりと示す）、「証明する」系が**prove**（事実・情報・論点・証拠を出して証明する）、**establish**（確証する）、[格] **substantiate**（情報・証拠を提示する）、[格] **corroborate**（証拠を挙げて裏付ける）、**bear out**（事実が仮説を裏付ける）、**authenticate**（本物であることを証明する）、**attest**（法的に有効にする）、[格] **certify**（正式に文書で証明する）、[格] **testify**（はっきりした証拠で示す）などが用いられる。

第17日 英検1級最重要類語グループ
rank 35「没収する・横領する」

●これも時事英語必須表現が多いので覚えておこう。

語彙水準	「没収する・横領する」グループ
1000語水準	take away
4000語水準	seize
8000語水準	**confiscate**
9000語水準	**usurp**
10000語水準	**impound**
12000語水準	**commandeer**
15000語水準	requisition, sequestrate, **sequester**
17000語水準	expropriate

驚異のスーパー語彙力加速的UP例文

After the government **impounded** their vehicles and **confiscated** some of their land, the rebels **commandeered** ships and airplanes and **usurped** power in a military coup.

（政府が自動車を押収し、土地の一部を差し押さえたため、反逆者たちは船と飛行機を乗っ取り、軍事クーデターで権力を奪い取った。）

238

コロケーションとニュアンスで「発信型」語彙力UP

- ※ **seize**（power, a building, drugs, weapons）
  「権力など」を奪い取る、「建物など」を占拠する、「薬物・武器など」を押収する
- ※ **confiscate** the（drugs, arms）
  「薬物・武器など」を押収する
- ※ **usurp** the（power, position, right）
  「権力・地位など」を不当に奪う
- ※ **impound**（his property, documents, the drug）
  「財産・書類・薬物など」を押収する
- ※ **commandeer a**(an)（vehicle, ship, airplane, building）
  「乗り物・建物など」を奪い取る
- □ **sequester** the（property, asset）
  「財産など」を差し押さえる

ライティング＆スピーキング力UP！類語使い分けマスター

＊最もgeneralな語は**seize**（「違法なもの」を押収する）であるが、もっと意味を明確にするために、「知的財産・称号」系が［格］**appropriate**（不法に入手する）、［格］**arrogate**（権利などを不法にわがものにする、称号などを詐称する）、「権力・立場」が**deprive**（奪って使わせない）、［格］**divest**（人から剥奪する）、「財産・金銭」系が［格］**dispossess**（明け渡し請求をする）、［格］**expropriate**（当局が私有財産を没収する）、**sequester**（国際法で敵の財産を没収する）、**sequestrate**（仮差し押さえする）、「車両・家」系が**commandeer**（乗物や建物を乗っ取る）、**confiscate**（「私有財産」を没収する）、**impound**（警察や裁判所が押収する）、**requisition**（軍隊などが徴用する）などが用いられる。

その他の重要コロケーション　ランク3

- ★ ● their intentions (**backfired**) 彼らの意図は裏目に出た（＝failed）
- ● (**brace**) oneself for fierce opposition 激しい反対に備える（＝prepare）
- ● refuse to (**budge**) on the matter その問題について意見を変えたがらない（＝compromise）
- ★ ● (**burgeoning**) computer industry 急発展するコンピュータ業界（＝rapidly growing）
- ★ ● (**condone**) tax evasion 脱税を容認する（＝overlook）
- ★ ● (**construe**) his smile as agreement 彼の微笑を同意と解釈する（＝interpret）
- ★ ● a series of minor clashes (**culminating**) in full-scale war 全面戦争に高まった一連の小競り合い（＝climaxing）
- ● spirits (**dampened**) by the heat 暑さでそがれた気力（＝weaken）
- ● (**dehumanize**) our society 社会を非人間的にする
- ★ ● (**dilute**) a bottle of whiskey ウイスキーを薄める（＝water down）
- ● (**dub**) her "the Queen of the Society" 彼女を「社交界の女王」と呼ぶ（＝nickname）
- ● (**extradite**) the terrorist to the country テロリストをその国へ引き渡す（＝deliver）
- ● (**field**) difficult questions 難しい質問をうまくさばく（＝deal with）
- ★ ● (**foreclose**) the mortgage 抵当を差し押さえる
- ★ ● (**forfeit**) one's property 財産を没収される（＝lose）
- ★ ● (**garner**) votes 票を獲得する（＝obtain）
- ● movie (**grossing**) $10 million 1千万ドルの総利益を上げる映画
- ★ ● (**incur**) a huge debt 莫大な負債を負う（＝suffer）
- ★ ● (**intercept**) UV light 紫外線をさえぎる（＝block）
- ● (**mobilize**) the riot police 機動隊を動員する（＝put in operation）
- ● (**negotiate**) the steep hill 険しい丘を越える（＝get over）
- ★ ● (**perpetrate**) a crime 罪を犯す（＝commit）
- ● (**pinpoint**) the enemy's position 敵の位置を示す（＝locate）
- ★ ● (**plagiarize**) other people's theories 他人の説を盗む（＝steal）
- ● (**polarize**) opinions into two extremes 意見を二極分化する（＝divide）

- (**promulgate**) the law 法律を発布する（＝announce publicly）
- ★ (**recapitulate**) the main points 主な点を要約する（＝summarize）
- ★ (**recount**) her adventures 冒険談を語る（＝relate in detail）
- ★ (**reinstate**) her as president of the company 彼女を会社の社長として復帰させる
- ★ (**reiterate**) their demand for wage hike 賃金引き上げの要求を何度も言う（＝repeat）
- ★ (**replenish**) their supplies 生活必需品を補充する（＝refill）
- ★ (**resuscitate**) a drowned person 溺れた人を蘇生させる（＝revive）
- ★ (**scavenge**) for food in kitchen waste 食べ物を求めて台所のゴミをあさる
- ★ (**spearhead**) the campaign キャンペーンの先頭に立つ（＝lead）
- ★ (**streamline**) the business operations 経営を合理化する
- vigorously (**stumping**) politician 精力的に遊説する政治家（＝campaigning）
- (**sublimate**) his sexual desire into artistic works 彼の性的欲望を芸術作品に転化する（＝purify）
- ★ widely (**touted**) show 宣伝用に称賛されたショー（＝publicized）
- (**unleash**) sexual energy 性エネルギーを発散させる（＝release）
- ★ (**wage**) a campaign キャンペーンする（＝conduct）
- (**weather**) the crisis 危機を乗り越える（＝overcome）
- (**weld**) the metal objects 金属を溶接する（＝join）（**solder**は「はんだ付けする」）
- ★ (**whet**) my appetite 食欲をかき立てる（＝stimulate）

第18日 英検1級最重要類語グループ

rank 36「割り当てる」

● 何を割り当てるかによって類語を使い分けられるようにしよう！

語彙水準	「割り当てる」グループ
1000語水準	give out, hand out, set aside
2000語水準	divide, **deal out**, dish out
3000語水準	**assign**
4000語水準	**distribute**
5000語水準	portion out
6000語水準	**allot**
7000語水準	**allocate, ration**
8000語水準	**earmark**
10000語水準	**apportion, dole out**
13000語水準	**divvy up, mete out, parcel out**

驚異のスーパー語彙力加速的UP例文

We need to **earmark** the money and **allocate** the time for the operation, and then **allot** the jobs and **ration** the food to the personnel.
(我々は軍事作戦に資金を**割り当てて**、時間を**配分する**必要があり、そして隊員に仕事を**割り振り**、食料を**配給する**必要がある。)

コロケーションとニュアンスで「発信型」語彙力UP

- ☐ **portion out** the (**food, money, land**)
  「食事・お金・土地など」を配るために分割する
- ※ **allot** the (**time, money, job**) to someone
  「時間・お金・仕事など」を割り振る
- ※ **allocate** (**resources, funds, money, time**) for the project
  「資源・資金・時間など」を割り当てる
- ※ **ration** (**food, water, the fuel, resources**)
  「食糧・飲料・燃料など」の一定量を分配する
- ※ **earmark** the (**money, funds, revenues**) for the project
  「資金・予算など」を割り当てる
- ※ **apportion** (**power, blame, money**)
  「権限・責任・お金など」を分け合う
- ☐ **divvy up** the (**proceeds, assets, shares**)
  「利益・財産・分け前など」を分配する

ライティング＆スピーキング力UP！類語使い分けマスター

＊最も general な語は **assign**（「仕事・責任・人材など」を割り当てる）と **divide** であるが、もっと意味を明確にするために、「時間・お金」系が、**allot**（使用目的に合わせて割り与える）、**allocate**（定額を特別の目的のために）、**allow**（ある目的に十分な資金を割り当てる）、[格] **apportion**（基準にそって公平に割り当てる）、[格] **appropriate**（金を特定の人・目的に当てる）、**budget**（予算に計上する）、**portion out**（土地・財産を分与する）、「分配」系が **distribute**（特定の地域や領域に分配する）、[口] **dole out**（お金・食物などを与える）、**deal out**（多くの人や組織・利益などをシェアする、トランプでカードを配る）、**ration**（乏しい食料を割り与える）、**parcel out**（分配する）などが用いられる。

第18日 英検1級最重要類語グループ

rank 37「不平を言う」

● このグループはスラングも多いが、complainだけでなく幅広く類語を使い分けられるようになろう！

語彙水準	「不平を言う」グループ
3000語水準	complain
4000語水準	protest
6000語水準	**grumble**
8000語水準	**whine**
9000語水準	**gripe**, **beef**
10000語水準	**grouch**, bitch, quibble
12000語水準	bleat, grouse, squawk
15000語水準	carp
20000語水準	cavil

驚異のスーパー語彙力加速的UP例文

He is a constant **grumbler**; He is always **whining** about his work, **griping** about the pay, and **quibbling** over trivial matters.
(彼は絶えず**不平を口にする人**である。彼はいつも仕事のことで**愚痴を言い**、給与のことで**絶えず不平を言い**、また些細なことで**けちをつける**。)

コロケーションとニュアンスで「発信型」語彙力UP

- ※ **grumble** about (**price, job, food**)
 「値段・仕事・食べ物など」について不平を言う
- ※ **whine** about the (**job, system**)
 「仕事・システムなど」に不満を訴える
- ※ **gripe** about the (**service, job**)
 「サービス・仕事など」について不平を言う
- ※ **quibble** about (**minor details, trivial matters**)
 「些細なことなど」に難癖をつける
- □ **bitch** about one's (**boss, colleagues, members**)
 「関係者など」の悪口を言う
- □ **beef** about the (**price, quality, decision**)
 「値段・質・決定など」のことでぶつぶつ言う

ライティング&スピーキング力UP！類語使い分けマスター

*最もgeneralな語が**complain**（「物事・人」に不平を言う）と、**protest**（「計画・法案」に抗議する）であるが、もっと意味を明確にするために、「嘆く」系は**whine about**（めそめそと愚痴を言う）、**whimper**（泣き言を言う）、**wail**（うめき声を上げる）、「難癖をつける」系は**carp about**（口やかましくとがめだてをする）、[格] **cavil at**（難癖をつける）、[口] **nit-pick**（重箱の隅をつつく）、**quibble over**（あら探しをする）、「ぶつぶつ文句を言う」系は [口] **bellyache**（些細なことでくどくど文句を言う）、[口] **grouse about**（ぶつぶつ不平を言う）、**mutter**（ぼそぼそと文句を言う）、**nag**（人の態度にしつこく文句を言う）などが用いられる。

MP3CDトラック172

第18日 英検1級最重要類語グループ

rank 38「言う・話す」

● ライティングでは様々な「言う」の類語を使いこなせるように！

語彙水準	「言う・話す」グループ
1000語水準	say, talk, tell, speak, give, put
2000語水準	**name**, **add**, **mention**, **mean**, **report**, **discuss**, **repeat**
3000語水準	**suggest**, **insist**, **pronounce**, **claim**, **refer to**, reveal, whisper, **describe**, **announce**, **argue**, **state**, remark, convey, rumor, **declare**, **express**, swear, lecture
4000語水準	**imply**, **maintain**, **assert**, relate, recite, deliver, **communicate**, **broadcast**, leak, address, profess
5000語水準	affirm, **voice**, disclose, **utter**, **mumble**, **contend**, **proclaim**
6000語水準	**allege**, murmur, **mutter**
7000語水準	sound, verbalize, allude, **testify**
8000語水準	enunciate, articulate, insinuate
9000語水準	**mouth**, **sermonize**, vocalize, **spout**
10000語水準	harangue, intimate
13000語水準	**pontificate**, expatiate, attest

驚異のスーパー語彙力加速的UP例文

Articulating his liberal positions, the politician **harangued** the party members about failures in economic policies, **pontificated** about administrative reform, and **insinuated** that the current policies will not be effective.

(リベラルな見解を**明確に述べて**、政治家は党員に経済政策の失敗点について**長々と語り**、行政改革について**尊大に語り**、現在の政策が効果的でなくなることを**ほのめかした**。)

コロケーションとニュアンスで「発信型」語彙力UP

- ※ **allege** the (**crime, fraud, reason**)
 「犯罪など」が事実であると主張する、「理由など」を主張する
- ※ **allude** to the (**trouble, failure, problem**)
 「不都合な事実など」をほのめかす
- ※ **enunciate** her (**words, idea, vision**)
 「言葉など」を明瞭に発音する、「考えなど」を明確に述べる
- ※ **articulate** your (**vision, words, idea, view**)
 「考え・言葉など」をはっきりと話す
- ※ **insinuate** the (**possibility, fact, existence**)
 「可能性・事実など」を遠回しに言う
- ※ **spout** his (**opinion, views, notions**)
 「意見・考えなど」をまくし立てる
- ※ **harangue** the (**audience, public, mob**)
 「聴衆など」に長々と熱弁を振るう
- □ **intimate** a(an) (**decision, wish, intention**)
 「決定・意図など」を暗に知らせる
- □ **pontificate** on the (**issue, matter, topic**)
 「ある話題など」に関して尊大に話す

ライティング＆スピーキング力UP！ 類語使い分けマスター

＊最もgeneralな語が**say**（「意見・決意」を述べる）と、**speak**（「言語」を話す）、そして**tell**（「情報」を人に伝える）であるが、もっと意味を明確にするために、「主張する・意見を伝える」系が［格］**allege**（証拠を示さずに悪事や違法行為を伝える）、**argue**（明確な理由を述べて、考えや意見を述べる）、**assert**（確信し、力強く断固として事実や信念を言う）、**claim**（証拠があるわけではないが、一方的に正当性を主張する）、**communicate**（考えや感情を、はっきり相手がわかるように伝える）、［格］**contend**（強く主張する）、［格］**hold**（特定の意見を主張する）、**express**（言葉や動作などで、

247

考えや感情などを表す)、**insist**（力説する）、**maintain**（強く自分の意見を主張する)、「**表明する**」系が**indicate**（希望や意図を表明する）、**mouth**（よくわかっていないことや思ってもいないことを口に出して言う）、［格］**pronounce**（公式に公表する）、**refer to**（ある特定の事柄について、書面や口頭ではっきり述べる)、**remark**（気づいたことについて意見を述べる)、［口］**spout**（特によく考えないで人を退屈させるような話し方でたくさん話す）、［格］**vocalize**（声を上げて主張する）、**voice**（ある事柄に関する感想や感情を述べる)、「**発音する**」系が［格］**articulate**（言葉をはっきりと発音する）、［格］**enunciate**（明瞭に発音する）、［格］**utter**（考えや感情を伝えようと音や言葉を発する)、「**陳述・宣言する**」系が**address**（直接多くの人に話しかける、演説する）、［格］**affirm**（確信を持って、公にはっきりと伝える)、**announce**（公式に計画、物事の決定や状況を発表する）、［格］**attest**（真実性を断言する）、**declare**（正式にかつ公式に発表する）、［格］**proclaim**（正式に宣告する)、**state**（意見・情報などを公式に、書面あるいは口頭ではっきりと伝える）、**swear**（誓って言う）、**testify**（厳かに宣言する)、「**暗示する**」系が**hint**（遠回しに言う）、**imply**（考えや感情を、婉曲的に、持って回った言い方で伝える)、**insinuate**（不愉快なことをほのめかす)、［格］**intimate**（暗に知らせる）、**suggest**（人に考えてもらうために計画や考えを提案する)、「**ささやく**」系が**mumble**（他人が理解できないような、静かではっきりしない話し方で話す)、**murmur**（小声で言う)、**mutter**（不明瞭な声で言う)、**talk under one's breath**（小声で話す)、**whisper**（耳打ちする）などが用いられる。

第18日 英検1級最重要類語グループ
rank 39 「越える・負かす」

● 何を「超える」かによって変わる類語を使い分けられるようになろう！

語彙水準	「越える・負かす」グループ
1000語水準	beat
2000語水準	win
3000語水準	**defeat**
4000語水準	**top**, **exceed**, **overcome**, **conquer**
5000語水準	**transcend**, **surpass**, better, excel, triumph over, crush
6000語水準	overshadow
7000語水準	**outdo**, **overpower**, subdue
8000語水準	**outstrip**, **outperform**, **vanquish**
9000語水準	**outshine**, **cap**
10000語水準	**eclipse**, outclass, trounce, **rout**
13000語水準	**upstage**, **overstep**, trump, clobber, wallop, **lick**, thrash

驚異のスーパー語彙力加速的UP例文

The leading actor, who was supposed to **outperform** the other actors, was **upstaged** and **eclipsed** by the supporting actor who far **outshined** the other performers.

(他の俳優よりも**優れている**とされた主演男優が、他の出演者をはるかに**凌ぐ**助演男優に**人気を奪われて失墜させられた**。)

MP3CDトラック175

コロケーションとニュアンスで「発信型」語彙力UP

- ※ **outdo** the (competitor, rival, performance of 〜)
  「競争相手など」を凌ぐ
- ※ **outstrip** (supply, ability, demand)
  「供給・能力・需要など」を上回る
- □ **vanquish** the (enemy, opponent, fear)
  戦闘・競争などで「敵」を打ち負かす
- ※ **outshine** (the rival, the other guys, other students)
  「ライバル・他者など」より優れている
- ※ **eclipse** the (previous record, scale, ability)
  「過去の記録・規模など」を上回る
- ※ **rout** the (enemy, opponent, team)
  「敵など」に圧勝する
- ※ **upstage** the (actors, boss, main characters)
  「主役など」の人気をさらう

ライティング＆スピーキング力UP！類語使い分けマスター

＊最もgeneralな語が**beat**(「相手・敵」を負かす)と、**win**(「試合・戦い」に勝つ)であるが、もっと意味を明確にするために、「征服・打倒する」系は[口] **clobber**(打ちのめす)、**conquer**(武力で征服する)、**overpower**(より強い力で打ち勝つ)、**overturn**(打倒する)、**rout**(圧勝する)、[格] **subdue**(敵や国を征服する)、[格] **thrash**(徹底的に打ち負かす)、[格] **trounce**(完全に負かす)、[文] **vanquish**(完全に征服する)、[口] **wallop**(打ちのめす)、「超える・勝る」系が**cap**(上手を行く)、[格] **exceed**(程度や限度を超える)、**outclass**(はるかに勝る)、**outperform**(性能や機能がより優れている)、**outplay**(技で人に勝る)、**outweigh**(重要度や価値が勝る)、[格] **surpass**(質において勝る)、[格] **transcend**(経験・理解力を超える)などが用いられる。

第18日 英検1級最重要類語グループ
rank 40 「汚す・汚染する」

● 何を「汚す」かによって変わる類語を使い分けられるようにしよう！

語彙水準	「汚す・汚染する」グループ
2000語水準	dirty
3000語水準	mark
4000語水準	**pollute**
5000語水準	**corrupt**, degrade
6000語水準	**stain**, **contaminate**
7000語水準	**blemish**, blot
8000語水準	**smear**, **taint**, **discolor**
9000語水準	**tarnish**, muddy, **stigmatize**
10000語水準	**deface**, **debase**, **adulterate**, **defile**
15000語水準	smudge, spatter, splatter, sully
17000語水準	besmirch, blotch

驚異のスーパー語彙力加速的UP例文

The politician was **stigmatized** by the scandal over the corruption-**tainted** election and **smear** campaigns which severely **tarnished** his reputation.

（政治家は、買収**疑惑のある**選挙の醜聞と、彼の名声を著しく**損ねた中傷**合戦で**汚名を着せられた**。）

MP3CDトラック177

コロケーションとニュアンスで「発信型」語彙力UP

※ **smear** the (reputation, name, face)
「名声・名前など」などを汚す、「顔・表面など」を汚す

※ **tainted** (food, blood, water)
汚染された「食べ物・血液・水など」

※ **tarnish** the (image, reputation, credibility)
「イメージ・評判など」を汚す

※ **adulterate** the (product, food, wine with water)
「製品・食品・飲料など」に不純物を混ぜて質を落とす

☐ **defile** the (holy place, body, image)
「聖地・イメージなど」を汚す

☐ **smudged** (face, papers, signature) 染みで汚れた「顔・書類・署名など」

☐ **sully** one's (reputation, integrity, purity)
「名声・高潔など」を傷つける

ライティング＆スピーキング力UP！類語使い分けマスター

＊最もgeneralな語が**dirty**（「評判」を汚す）と、**pollute**（永続的にはっきり目に見えるほど汚染する）であるが、もっと意味を明確にするために、「環境を汚染する」系は**contaminate**（徐々に普通では気がつかない程度に汚染する）、**taint**（環境を悪化させる）、「名誉を傷つける」系は［文］**besmirch**（名声を汚す）、［格］**debase**（品位や評価などを落とす）、**degrade**（身分や価値を下げる）、［格］**blemish**（経歴などを汚す）、［格］**denigrate**（人の性格や評判を中傷する）、**disgrace**（人の顔に泥を塗る）、［格］**stigmatize**（人に汚名を着せる）、［文］**sully**（品性や功績を汚す）、**tarnish**（名声や評判を傷つける）、「不純物で汚す」系は**adulterate**（食品に有害物質や低級材料を混ぜて不純にする）、**smear**（油や塗料で汚す）、「冒涜する」系は**blaspheme**（不敬なことを言う）、［格］**defile**（神聖な場所を冒涜する）、**desecrate**（神聖なものを俗物に供する）、［格］**profane**（神聖なものを汚す）などがある。

紛らわしい語をマスター！④

- ※ **hassle**（激論、苦闘）／**hustle**（雑踏、大急ぎ）
- ※ **maxim**（金言）／**maximum**（最大限）
- ※ **perspective**（展望、大局観）／**prospective**（将来の見込みがある）
- ※ **physicist**（物理学者）／**physician**（内科医）
- □ **procedure**（手順）／**procession**（行列）
- ※ **proprietor**（オーナー）／**propriety**（礼儀正しさ）
- □ **ratio**（比率）／**ration**（配給量）
- □ **relic**（遺物、名残）／**relish**（風味、趣）
- ※ **statute**（法令）／**stature**（身長、能力）／**statue**（像）
- □ **disposal**（処理）／**disposition**（気質、傾向、配置）
- □ **faction**（派閥）／**fraction**（断片、少量）
- ※ **installation**（就任、取り付け）／**installment**（分割払い、1冊）
- □ **prestige**（威信）／**privilege**（特権）
- □ **poll**（投票）／**toll**（料金、犠牲）
- □ **treachery**（裏切り）／**treason**（（国家への）反逆）
- □ **tribute**（貢物、賛辞）／**attribute**（属性）
- ※ **observance**（遵守、儀式）／**observation**（観察、意見）
- ※ **epidemic**（伝染病）／**endemic**（風土病）

第19日 英検1級最重要類語グループ
rank 1「反抗・政変」

● このグループは時事英語必須で、語彙問題だけでなくリスニング・読解でも頻出なので、しっかり覚えて欲しい。

語彙水準	「反抗・政変」グループ
4000語水準	revolution
5000語水準	**rebellion, riot**
6000語水準	**revolt**, takeover
7000語水準	**uprising**
8000語水準	**mutiny, overthrow, unrest**
10000語水準	**coup**, coup d'etat
12000語水準	insurgency
13000語水準	insurrection
15000語水準	putsch

コロケーションとニュアンスで「発信型」語彙力UP

- ※ **(student, peasants', rural) uprising**
  「小集団・地域など」での蜂起
- ※ **mutiny against (the government, commander)**
  「政府・上官など」に対する反抗、反乱
- □ **overthrow of (the monarchy, capitalism)**
  「体制・制度など」の転覆、廃止
- ※ **(civil, social, political) unrest**
  「社会・政治など」の不安、動揺
- ※ **(military, army, communist) coup**
  「軍部・集団など」による政変、クーデター

254

- ✳ (communist, armed, bloody) **insurgency**
  政府を倒そうとする「集団の・武力的な」反乱
- ✳ **insurrection** against (the government, British Rule, the royal authority)
  「政府・権力など」に対する反抗、反逆

ライティング&スピーキング力UP！ 類語使い分けマスター

＊最もgeneralな語は、**rebellion**（失敗に終わった「権力・支配・習慣・親」などあらゆるものに対する反抗、謀反）や**revolution**（成功した「社会全体」の変革、大改革）であるが、もっと意味を明確にするために、「路上などでの集団による暴力沙汰」は**riot**（騒動、暴動）、「権威や規則などに反感を持つ、背く、裏切ること」は**revolt**（反逆、謀反、一揆）、「非合法的手段によって政権を奪う」は**coup d'etat**、「会社や事業などの支配権の奪取」などは**takeover**（乗っ取り、企業買収）、「突然起こった小規模の政府転覆の企て」は**putsch**（小反乱、小暴動）などが用いられる。

第19日 英検1級最重要類語グループ
rank 2「失敗・過失」

● 特にリスニング問題で必須のグループなので、聞き取れるようにしておこう！

語彙水準	「失敗・過失」グループ
2000語水準	mistake
3000語水準	error, failure, fault
6000語水準	**slip**(-**up**)
7000語水準	**blunder**
8000語水準	**fiasco**, impropriety
9000語水準	**oversight**
10000語水準	fallacy
11000語水準	debacle
12000語水準	**faux pas**, goof, flop
13000語水準	**gaffe**, boo-boo, blooper, botch
15000語水準	solecism, boner, howler

コロケーションとニュアンスで「発信型」語彙力UP

☐ made a **slip-up** in (**security, paperwork**)
　「安全・事務仕事など」のちょっとした見落とし、手違い

※ commit a (**diplomatic, tactical**) **blunder**
　「外交・戦術など」の大失態

※ (**financial, political**) **fiasco**
　「経済・政治など」の大失敗、失策

※ **oversight** in the (**project, plan, management**)
　「計画・運営など」の見落とし、手落ち

- ※ **(logical, popular, verbal) fallacy**
  「論理・言葉など」の誤り、虚偽、錯誤
- □ **(fiscal, electoral, military) debacle**
  「財政・選挙・軍など」の大失敗、総崩れ、崩壊
- ※ **faux pas at the (wedding, ceremony)**
  「礼儀作法・社交など」の失策、非礼、失言
- □ **gaffe in the (article, speech)**
  「記事・スピーチなど」での失敗、失言

ライティング＆スピーキング力UP! 類語使い分けマスター

＊最もgeneralな語が、**mistake**（大小の間違いや勘違い）、**failure**（計画や事業などの失敗）であるが、「手落ち、誤差」は**error**（エラー）、「不注意による軽い誤り」は**slip-up**（ちょっとした間違い）、「非難の対象となるほどではない過失」は**fault**（欠点、短所）、「エチケットに反する不品行」は**faux pas**（社交上の失敗、失言）、［格］**impropriety**（非礼で不適切な行為）、「公的な場での失言・失策」は、**gaffe**（失言）、［口］**blooper**（特に放送上の間違い）、「不手際な仕事、ぶざまな細工」は**botch**（不手際、へま）、「文法・語法の間違いや言い違い」は［格］**solecism**（文法違反、破格）、「馬鹿げた明白な誤り」は［口］**howler**（しくじり、馬鹿げたへま）や、俗語で**goof, boner, boo-boo**（まぬけ、どじ、馬鹿げた失敗）などが用いられる。

その他の重要類語グループ　ランク1

- ●「共犯者」グループ
 (**accomplice** > conspirator > accessory > confederate > abettor) in the murder　殺人の共犯
- ★ ●「嫌悪」グループ
 (**antipathy** > revulsion > **animosity** > **aversion**(to) > **enmity**) toward gay people　ゲイに対する嫌悪（＝hatred）
- ★ ●「落ち着き」グループ
 lose his (**composure** > **equilibrium** > **poise** > equanimity)　落ち着きを失う
- ★ ●「詐欺師」グループ
 notorious (**con man** > **impostor** > **charlatan** > trickster > mountebank)　悪名高いいかさま師
- ★ ●「始まり」グループ
 the (**dawn** > **advent** > **onset** > **inception**) of a new age　新時代の始まり（＝beginning）
- ●「態度」グループ
 gentle (**demeanor** > **mien** > **bearing** > deportment)　穏やかな物腰（＝manner）
- ★ ●「崩壊」グループ
 the (**disintegration** > **downfall** > **demise** > **debacle**) of the military regime　軍事政権の崩壊（＝collapse）
- ★ ●「差」グループ
 (**disparity** > gulf > **chasm** > **rift** > **discrepancy** > **schism**) between rich and poor　貧富の差（＝gap）
- ★ ●「先駆者」グループ
 (**forerunners** > **precursors** > **trailblazers** > **pathfinders**) of genetic engineering　遺伝子工学の草分け
- ★ ●「金言」グループ
 the (**maxim** > **adage** > **aphorism** > apothegm) of the writer's invention　作家の作った金言（epigramは機知を含む警句）

- ★ ● 「厚かましさ」グループ
  have the (**nerve** > **audacity** > **gall** > temerity > effrontery > boldness) to talk back 大胆にも口答えする
- ★ ● 「素人」グループ
  (**novice** > **tyro** > neophyte) at skating スケートの素人（＝beginner）
- ★ ● 「類似」グループ
  (**parallel** > **analogy** > **affinity**) between the human brain and computers 人間の脳とコンピュータとの類似（＝similarity）
- ● 「幽霊」グループ
  (**phantom** > **apparition** > **specter** > **spook**) hovering above the cemetery 墓地をさまよう幽霊（＝ghost）
- ● 「後悔」グループ
  (**remorse** > **compunction** > **pang of conscience**) for his wrongdoings 悪行への自責の念
- ● 「乱闘」グループ
  (**brawl** > **skirmish** > **melee** > **scuffle** > fracas > tussle > fray) at the bar 酒場での乱闘（skirmishは「小競り合い」）
- ● 「論文」グループ
  write a (**thesis** > **dissertation** > treatise > monograph) on juvenile crime 青少年の犯罪に関する論文を書く（＝paper）

第19日 英検1級最重要類語グループ
rank 3「不安・迷い・恐れ」

● このグループは「不安」の種類を使い分けられるようになろう！

語彙水準	「不安・迷い・恐れ」グループ
2000語水準	worry
3000語水準	fear, **concern**, stress
4000語水準	nervousness, **anxiety**, tension, **hesitation**
5000語水準	restlessness, alarm
6000語水準	**apprehension**, unease
7000語水準	**distress**, fretfulness
8000語水準	**misgiving**, **qualm**, agitation
9000語水準	**scruple**
10000語水準	**foreboding**, edginess
13000語水準	disquiet, **trepidation**, angst
15000語水準	perturbation

コロケーションとニュアンスで「発信型」語彙力UP

※ relieve (**mental, financial, physical**) distress
　「心身・財政など」の悩み、苦しみ、災難

※ have **misgivings** about the (**future, health**)
　「将来・健康など」に対する不安、心もとなさ、疑い

※ have no **qualms** about (**lying, cheating**)
　「嘘・不正行為など」に対する懸念、良心の呵責

□ have (**religious, moral**) scruples
　「宗教的・道徳的」な疑念、ためらい、良心のとがめ

- □ have **forebodings** about (**one's safety, the future**)
「安全・将来など」に対する予感、前兆、虫の知らせ
- ※ **trepidation** about (**a dentist visit, future intervention**)
「嫌なもの・怖いものなど」に対する恐怖、不安、おののき
- □ have (**adolescent, middle-aged**) **angst**
「世代など」の苦悩、不安、罪悪感

ライティング＆スピーキング力UP！ 類語使い分けマスター

＊最もgeneralな語は**worry**（心配、不安）であるが、もっと意味を明確にするために、「気がかりなことや懸念」は、**concern**（心配事）、**anxiety**（不安に期待が混じった気持ち）、［格］**apprehension**（将来の災いや逆境に対する不安）、［格］**misgiving**（すべきことかどうかに対する疑念）、「ためらいや尻込み、良心の呵責」は**hesitation**（躊躇）、**scruple**（遠慮、うしろめたさ）、**qualm**（良心の呵責）、「いらいらや気分が落ち着かない感じ」は**nervousness**（神経過敏）、**unease**（精神的不快）、**restlessness**（落ち着きなさ）、**fretfulness**（いら立ち）、**agitation**（動揺、興奮）、**foreboding**（不吉な予感）、「恐怖に震える感じ」は**fear**（恐れ）、**alarm**（驚愕）、［格］**trepidation**（将来行うことに対する不安）などが用いられる。

第19日 英検1級最重要類語グループ
rank 4「影響・結果」

● 最重要グループで、いろいろな「影響」の類語を使い分けられるようにしておこう！

語彙水準	「影響・結果」グループ
2000語水準	**fruit**, product
3000語水準	**effect, result, impact, influence**
5000語水準	**consequence**, by-product
6000語水準	**outcome**
7000語水準	after-effect, **implication**
8000語水準	**repercussion, aftermath**, sequel
9000語水準	**ramification**
10000語水準	**upshot**
12000語水準	**corollary**

コロケーションとニュアンスで「発信型」語彙力UP

※ **repercussion** of the (**crisis, accident**)
「危機・特に好ましくない事件など」の間接的な影響、反響

※ in the **aftermath** of the (**war, earthquake, recession**)
「戦争・災害・景気後退など」の余波、結果

□ social **implications** of the (**development, proposal, system**)
「発展・提案・制度など」の将来への影響

※ the social **ramification** of the (**decision, plan, event**)
「決定・計画・出来事など」から派生して起こる予想外の波紋、波及効果

※ the final **upshot** of the (**action, discussion, meeting**)
「行動・言動など」から生じる最終的な結末、結論

□ the natural **corollary** of the (**determination, settlement, discovery**)
「決定・解決・発見など」の必然的な結果、自然に引き出せる結論

ライティング＆スピーキング力UP！ 類語使い分けマスター

＊最もgeneralな語は、**effect**（ある原因に対して生じる結果）や**influence**（人や物事に対する作用、感化）であるが、もっと意味を明確にするために、「強い影響力や効果」は**impact**（衝撃）、「物事の成り行きや結末」は**result**（結果）、**outcome**（成り行き）、**upshot**（結末、結論）、「物事の好ましい成果」は**implication**（将来への影響）、**fruit**（成果、報酬）、**product**（所産、産出物）、「あることに続いて起こる必然的な結果」は、**consequence**（帰結）、**sequel**（後続の出来事）、[格] **corollary**（必然的結果）、「思いがけない副次的結果」は**by-product**（副産物）、「ある出来事の後の間接的、派生的に起こる結果や影響」は**after-effect**（悪い余波、後遺症）、**repercussion**（しばらくしてから起こり、しばらく続く悪影響）、**aftermath**（余波）、[格] **ramification**（複雑でわかりにくくて予想外の結果）などが用いられる。

第19日 英検1級最重要類語グループ

rank 5「規則」

● 「規則」にもいろいろあるので、その違いを知っておこう！

語彙水準	「規則」グループ
2000語水準	law, rule
3000語水準	order, bill
4000語水準	**regulation**
5000語水準	**guideline**, constitution, **legislation**
6000語水準	**act**, decree, **code**
7000語水準	statute, mandate
8000語水準	ordinance
10000語水準	canon
12000語水準	edict, injunction
13000語水準	by-law
15000語水準	fiat

コロケーションとニュアンスで「発信型」語彙力UP

※ the **statutes** of (**limitations, a company, a school**)
「出訴期限・組織・集団など」の規則

※ the (**government's, royal**) **mandate**
「政府・統治者など」による命令、指令

※ enact a (**local, municipal**) **ordinance**
「地方・地方自治体など」による法令

☐ the **canons** of the (**art, church**)
「芸術・宗教など」の規範、標準

- □ (Imperial, Royal) edict
  「統治者など」の発布する布告、勅令
- ※ injunction against (publication, the newspaper)
  政府・裁判所などによる「出版・新聞など」の差し止め命令、禁止命令

> ### ライティング&スピーキング力UP! 類語使い分けマスター

＊最もgeneralな語は**rule**（規則、決まり事）であるが、「法律や、法律と同じ効力を持つ法令、法規」は、**law**（法）、**bill**（議案、法案）、**act**（法令）、**statute**（法令、法規）、**legislation**（制定法）、**constitution**（憲法）、**decree**（行政命令）、**code**（道徳や行動の規範）、「権力者、支配者などからの命令指令」は、**order**（指令）、［格］**mandate**（任務を果たすように公的命令、権限を与えること）、［格］**edict**（勅令）、［格］**fiat**（厳命）、「ある集団内での取り決め」は［格］**canon**（教会法）、［格］**ordinance**（地方公共団体の条例）、**by-law**（会社などの定款、内規）、「取り締まりや禁止命令」は、**regulation**（規制）、［格］**injunction**（差し止め命令）などが用いられる。

MP3CDトラック184

その他の重要類語グループ　ランク2

★ ● 「禁酒」グループ
　practice (**abstinence** > **temperance** > **sobriety**)　禁酒を実践する
★ ● 「同盟」グループ
　(**alliance** > **union** > **confederation** > **coalition**) for mutual support
　相互援助のための同盟
● 「才能」グループ
　(**aptitude** > **faculty** > **flair**) for mathematics　数学の才能
● 「災難」グループ
　environmental (**catastrophe** > **calamity**)　環境災害
★ ● 「亀裂」グループ
　(**cleft** > **crevice** > **rift** > **fissure** > **chasm**) in the rock　岩の亀裂

- 「言い返し」グループ

    his quick (**comeback** > rejoinder > repartee > riposte) 彼のすばやい言い返し
- ★ ● 「信条」グループ

    the (**creed** > **doctrine** > **tenet** > **dogma**) of his religion 彼の宗教の信条（＝ principle）
- ★ ● 「不足」グループ

    a (**dearth** > **paucity**) of skilled workers 熟練労働者の不足（＝ scarcity）
- ★ ● 「相違」グループ

    (**discrepancy** > **incongruence**) between the two reports 2つの報告の食い違い（＝ difference）
- ● 「浮き沈み」グループ

    the (**ebb and flow** > **vicissitude**) of his life 人生の栄枯盛衰（＝ rise and fall）
- ● 「忍耐」グループ

    person of (**fortitude** > **perseverance**) 忍耐力のある人
- ★ ● 「反目」グループ

    (**feud** > **rift** > **strife**) between the two families 両家の間の反目（＝ conflict）
- ● 「わずか［かすか］」グループ

    a (**glimmer** > touch > **ray**) of hope いちるの希望
- ★ ● 「行き詰まり」グループ

    reach the (**impasse** > **deadlock** > **stalemate**) 行き詰まる
- ★ ● 「当てこすり」グループ

    his (**implications** > **insinuation** > **innuendo**) about her dishonesty 彼女の不正直に対する当てこすり
- ● 「高潔」グループ

    person of (**integrity** > **probity** > uprightness) 高潔な人（＝ sincerity）
- ★ ● 「子孫」グループ

    the (**offspring** > **scion** > **progeny**) of the distinguished family 名家の子孫（＝ descendent）
- ● 「もじり」グループ

(**parody** > **travesty** > spoof > burlesque) of a famous poem　有名な詩のもじり
★ ● 「絶頂」グループ
the (**pinnacle** > **zenith**) of his career　成功の絶好調
● 「祖先」グループ
the (**progenitors** > **forefathers** > **forebears**) of humankind　人類の祖先（＝ancestor）
● 「報い」グループ
(**retribution** > comeuppance) for the atrocities　残酷行為の報い
★ ● 「騒動」グループ
raise a (ruckus > **racket** > **commotion**)　騒動を起こす
★ ● 「要約」グループ
the (**synopsis** > **abstract** > compendium) of the thesis　論文の要約（＝summary）
● 「欠点」グループ
the (**shortcomings** > **defect** > **drawback**) of the plan　計画の欠点
★ ● 「賛辞」グループ
pay (**tribute** > **homage**) to the war hero　戦争の英雄への賛辞
★ ● 「混乱」グループ
political (**upheaval** > **turmoil** > **disruption** > **dislocation**)　政治動乱
★ ● 「浮浪者」グループ
penniless (**vagabond** > **vagrant** > **hobo** > tramp)　無一文の浮浪者

第20日 英検1級最重要類語グループ
rank 6「傾向・性向」

● tendencyだけではワンパターンなのでボキャビルしよう！

語彙水準	「傾向・性向」グループ
3000語水準	tendency
5000語水準	inclination
6000語水準	liability
7000語水準	aptness, leaning
8000語水準	bent
9000語水準	propensity
10000語水準	penchant, predisposition
12000語水準	proclivity, predilection

コロケーションとニュアンスで「発信型」語彙力UP

☐ person with (**political, right-wing**) **leanings**
「政治思想・主義など」の傾向、性癖

☐ person of (**political, philosophical, entrepreneurial**) **bent**
「政治・哲学など」の好み、傾向、「企業家など」の適性

※ **propensity** for (**drink, gambling, cancer**)
「悪習・病気など」の良くないことへと向かう生まれつきの傾向、性質

※ have a **penchant** for (**sports, cats**)
「趣味・関心など」に関する好み、嗜好

※ have a **predisposition** to (**obesity, alcoholism, violence**)
「病気・悪習・暴力など」の悪いことを生じやすい傾向、性向、素因

※ have (**sexual, criminal**) **proclivities**
「慣習・行動など」が悪いものへと向かう生来のまたは慣習的な傾向、性向、

気質
- [ ] have a **predilection** for (**spicy food, addiction, mathematics**)
「趣味・関心・興味など」におけるえり好み、偏愛、ひいき

ライティング＆スピーキング力UP！ 類語使い分けマスター

＊最もgeneralな語は、**tendency**（ある方向や目的へ向かう傾向や趨勢）であるが、もっと意味を明確にするために、「**ある一定の好みや嗜好**」は、**inclination**（〜したい気持ち、意向）、**leaning**（好み、性癖）、[格] **penchant**（強い好み、嗜好）、[格] **predilection**（えり好み、偏愛）、「**悪い方向に向かう傾向**」は、[格] **liability**（悪いことに陥りやすいこと、病気などにかかりやすいこと）、[格] **propensity**（何らかの行動（悪い場合が多い）を取る、生まれつきの傾向）、[格] **proclivity**（生来の悪い性向）、「**ある事柄をなすための適性や素質**」は、**aptness**（適性、素質）、**bent**（適性、好み）などが用いられる。

MP3CDトラック186

その他の重要コロケーション　ランク3

★ ● in the (**abyss**) of despair　絶望のどん底で
★ ● business (**acumen**)　商才
● act with (**alacrity** > **promptness**)　即座に行動する
★ ● her long-running (**antagonist** > **adversary**)　彼女の長年のライバル
● under the (**auspices** > **aegis**) of the organization　その組織の後援で
● the historical (**backdrop** > **canvas**)　歴史的背景（= background）
★ ● (**bastion** > **citadel**) of conservatism　保守主義の砦
★ ● (**beachhead**) in the market　市場における足がかり
★ ● (**blaze** > **conflagration**) in the town　町での大火事
★ ● (**boon**) to high-tech industries　ハイテク産業への恩恵（= blessing）
★ ● the (**brainchild**) of the renowned scholar　有名な学者の新案
★ ● serve as a (**catalyst**) for social changes　社会の変化を促進する

269

- ★ ● the (**cornerstone**) of the policy 政策の礎
  - ● the (**culprit** > **perpetrator**) apprehended by the police 警察に逮捕された犯人
- ★ ● sleep (**deprivation** > **deficit**) 睡眠不足（＝shortage）
  - ● words spoken in (**delirium**) うわ言
- ★ ● (**deluge** > **avalanche**) of applications 申し込み殺到（＝flood）
  - ● (**dialect** > **vernacular**) of Latin ラテン語の方言
  - ● the (**drudgery** > **grind**) of the assembly line 流れ作業の骨折り仕事
- ★ ● (**excerpts**) from the book 本からの抜粋
  - ● shopping (**excursion** > **jaunt**) 買物旅行
- ★ ● (**figment**) of our imagination 我々の想像の産物
  - ● the (**genesis**) of civilization 文明の起源
- ★ ● the (**hallmark**) of modern medicine 現代医学の特徴
  - ● burned at the stake for (**heresy**) 異教のため火あぶりになる
- ★ ● cultural (**heritage** > **legacy**) 文化遺産
  - ● six-year (**hiatus**) 6年間の中断
  - ● the (**juxtaposition**) of contrasting elements 対照的な内容の並列
  - ● (**kudos**) for his scholastic works 学術的研究への栄誉
- ★ ● (**layman**)'s way of thinking 素人考え
  - ● hour's (**leeway**) to catch the train 電車に間に合うための時間の余裕
- ★ ● the (**memento** > **keepsake**) of my old friend 旧友の思い出の品
- ★ ● gather (**momentum** > **impetus**) 勢いを増す
  - ● the (**nadir**) of her career 経歴のどん底
  - ● fall into (**oblivion** > **limbo**) 忘れ去られる
  - ● (**premonition** > **presentiment**) of danger 危険の予感
- ★ ● the (**prerequisite** > **precondition**) for the job その仕事の必要条件
  - ● the president's (**prerogative** > **privilege**) 会長の特権
  - ● under the (**pretext**) of illness 病気を口実に
- ★ ● the (**proprietor**) of a bar バーのオーナー
- ★ ● (**proximity**) to the station 駅に近いこと
- ★ ● Nobel prize (**recipients** > **laureates**) ノーベル賞受賞者（＝winners）
  - ● the life of a (**recluse** > **hermit**) 隠遁生活

- ★ ● have (**recourse** > **resort**) to violence 暴力に訴える
  - ● light (**repast**) of bread and cheese パンとチーズの軽い食事（= meal）
  - ● temporary (**respite**) from the violence 暴力からの一時的小康状態
- ★ ● God-given (**revelation**) 神の啓示
  - ● political (**savvy** > **know-how**) 政治的知識
- ★ ● the (**scourge**) of war 戦争の災禍
  - ● (**semblance**) of peace 見せかけの平和
  - ● fateful (**showdown**) 宿命の対決
  - ● speak a (**smattering**) of French 片言のフランス語を話す
- ★ ● (**stampede**) to buy gold 金買いへの殺到
- ★ ● the (**stench** > **stink**) of rotten meat 腐った肉の悪臭
  - ● monthly (**stipend**) 毎月の俸給
- ★ ● perform a (**stunt** > **feat**) on horseback 馬乗り曲芸をする
  - ● (**subterfuge** > **deception**) to avoid hard work きつい仕事をしないための逃げ口上
  - ● his (**tirade**) against the new policies 新政策に対する長い弾劾演説
  - ● the philosophical (**underpinnings**) of educational methods 教育法の哲学的基盤
- ★ ● the (**yardstick** > **criteria**) for success 成功の基準

第20日 英検1級最重要類語グループ
rank 7「道具・設備」

● 目的・用途によって異なる様々な「道具」の類語を使い分けるように！

語彙水準	「道具・設備」グループ
2000語水準	machine
3000語水準	**equipment**, tool
4000語水準	device, **instrument**, **appliance**, hardware
5000語水準	**utensil**, **apparatus**, unit, convenience
6000語水準	implement, installation
7000語水準	**gear**, **gadget**
8000語水準	fixture, **contrivance**
10000語水準	**contraption**, gizmo
15000語水準	widget, paraphernalia

コロケーションとニュアンスで「発信型」語彙力UP

※ **(sports, camping) gear**
「スポーツ・レジャー・趣味など」のための道具、用具一式、服装

※ **(electronic, kitchen, household) gadget** for opening cans
「日常生活・家庭など」で使う装置、仕掛け、気の利いた小物

※ **(mechanical, homemade) contrivance**
発明・考案によって特別に工夫を凝らして人工的に創り出した「機械・自家製など」の装置、道具

※ **weird contraption** for (**slicing cucumbers, automatically buttering toast**)
「複雑なこと・非日常的なことなど」のための特別な仕掛け、珍妙な考案物

- **gizmo** for (**opening a can, holding a coffee cup**)
「ちょっとしたこと・単純作業など」のための仕掛け、呼び名のわからない小道具
- (**computer, baby, bathroom**) **paraphernalia**
「身の回りの作業・日常の行動など」のために必要な装具、道具類一式

ライティング＆スピーキング力UP！ 類語使い分けマスター

＊最もgeneralな語は、**tool**（人が手に持って使用する単純な道具）、**machine**（部品で組み立てられた機械）であるが、もっと意味を明確にするために、「小型のもの」は**equipment**（備品）、**gadget**（小さな凝った仕掛け）、俗語で**gizmo**（ちょっとした仕掛け）、［口］**widget**（小さな仕掛け）、「金物類やコンピュータの機械装置」は**hardware**（金属製品、ハードウェア）、「家庭用品や台所用品」は**utensil**、「精密機械や楽器類」は**instrument**、「家庭用電気製品や装置」は**appliance**、「ある特定の目的のための道具一式」は**unit**（一揃いの装置）、**apparatus**（医療や科学技術用の装置）、**gear**（用具一式）、［格］**implement**（用具、家具一式）、**paraphernalia**（何らかの活動や身の回りの諸道具）、「工夫を凝らした巧妙な装置や仕掛け」は**device**（装置、からくり）、［格］**contrivance**（考案品）、［口］**contraption**（奇妙な仕掛け）、「据え付けの備品」は、**installation**（取り付けられた装置）、**fixture**（固定具、取り付け備品）などが用いられる。

MP3CDトラック188

第20日 英検1級最重要類語グループ
rank 8「困難・苦境」

● トラブルだけではワンパターン！ハイレベルの類語は違いが微妙！

語彙水準	「困難・苦境」グループ
2000語水準	trouble
3000語水準	difficulty, **suffering**
4000語水準	**hardship**, misfortune, dilemma
5000語水準	**adversity, misery, pinch**
6000語水準	**bind, fix**
7000語水準	**ordeal, setback**
8000語水準	**plight, quandary**
9000語水準	**predicament, quagmire**
10000語水準	**tribulation**

コロケーションとニュアンスで「発信型」語彙力UP

※ **ordeal** of the (**trial, examination**)
 「試練・試験など」による苦難、苦しみ
※ **setback** in the (**battle, job, peace process**)
 「戦闘・仕事・和平プロセスなど」の妨げ、挫折、ぶり返し
※ the **plight** of the (**poor, refugees**)
 「貧者・難民など」が追い込まれた苦境、窮状
※ in a (**moral, legal, mental**) **quandary**
 「道徳・精神など」の面でどうすべきか決定を下すのが難しい困惑した状態、板挟み状態
※ (**financial, nuclear, energy**) **predicament**
 「財政・政策・情勢など」の面で解決策が見つからない状態、苦境、窮地

※ fall into a **quagmire** of (**the war, debt**)
「戦争・借金など」から抜け出せない苦境、窮地
※ **tribulation** of (**everyday life, married life**)
「人生・生活など」から生じる悲しみ、苦しみ、苦難

ライティング＆スピーキング力UP！類語使い分けマスター

＊最もgeneralな語は、**trouble**（困ったこと、面倒なこと）であるが、「不幸な状態や惨めな状態」は**misfortune**（不運）、**misery**（悲惨さ）、「逆境、苦難や試練」は**adversity**（逆境）、**hardship**（苦難）、**ordeal**（厳しい試練）、「危機や非常事態」は**pinch**、「難事や障害」は**difficulty**（難事）、**setback**（障害、挫折）、「苦境」は**dilemma**（板挟み、ジレンマ）、**quandary**（選択に困るような苦境）、[格] **predicament**（窮地）、「どうしたらいいかわからない、なかなか抜け出せない苦境」はbind（束縛）、[口] **fix**（動きのとれない苦境）、**plight**（窮状）、**quagmire**（なかなか抜け出せない複雑で困難で危険な状況）、「苦しみや損害を受けること」は**suffering**（受難、被害）、[格] **tribulation**（苦難、災難）などが用いられる。

第20日 英検1級最重要類語グループ
rank 9 「典型」

●これもexampleだけではワンパターンなので、特にライティングでは様々な類語を使い分けられるようにしよう！

語彙水準	「典型」グループ
1000語水準	picture
2000語水準	example
3000語水準	soul, **model**, **image**, type
5000語水準	representation
6000語水準	**paradigm**
7000語水準	**embodiment**
8000語水準	**epitome**, **personification**
9000語水準	**paragon**
10000語水準	**archetype**, **exemplar**
12000語水準	**quintessence**

コロケーションとニュアンスで「発信型」語彙力UP

※ **paradigm** of (**humanity, science**)
「考え方や認識の枠組など」の典型、模範、範例

※ **embodiment** of the (**principle, theory, idea**)
「概念・理論など」が具体化された化身、権化、体現、具体的表現

※ the **epitome** of (**the life, beauty, honesty**)
「人生・理想など」の縮図、典型例、権化

※ the **personification** of (**the sun, evil, youth**)
「性格・性質など」を具現化した典型、化身、擬人的表現

276

- ※ **paragon** of (**virtue, animals, chivalry**)
  「理想・概念・人物など」の手本となるべき非常に優秀な模範、鑑
- □ the **archetype** of (**a politician, a hero, mass-produced automobiles**)
  「人物・製品など」の手本、模範、原型
- □ **exemplar** of (**the technology, liberty, loyalty**)
  「技術・思想・制度など」の見本、手本、模範
- ※ the **quintessence** of the (**idea, art, culture**)
  「思想・芸術・文化など」の中心となる最も純粋で重要な神髄、本質

> **ライティング＆スピーキング力UP！ 類語使い分けマスター**
>
> ＊最もgeneralな語は、**type**（代表的な型、種類）や**example**（真似るべき、あるいは避けるべき手本、模範）であるが、もっと意味を明確にするために、**「好ましい理想的な典型例」**は、**model**（ひな型）、[格] **epitome**（最も典型的な例）、**paragon**（模範となるもの）、[格] **exemplar**（手本）、**「概念的なものが具現化されたもの」**は **picture**（生き写し）、**image**（象徴、像）、**soul**（化身）、**representation**（代表的な例）、[格] **embodiment**（具体化）、[格] **personification**（擬人化）、[格] **paradigm**（典型的な例）、**「物事の中心となる神髄や本質」**は [格] **quintessence**（神髄）などが用いられる。

第20日 英検1級最重要類語グループ
rank 10「名残・面影・残り物」

● リスニング問題でも使われる必須類語グループ！

語彙水準	「名残・面影・残り物」グループ
2000語水準	mark, sign
3000語水準	trace, rest
5000語水準	remainder
6000語水準	leftover, **remains**
7000語水準	**relic, legacy**
8000語水準	remnant
9000語水準	residue
10000語水準	vestige

コロケーションとニュアンスで「発信型」語彙力UP

☐ the **remains** of (**the custom, the old wall, a dinosaur**)
　「風習・建造物・生物など」の一部が消滅した後の残り物、遺跡、遺物
✳ **relic** of the (**past, war, town**)
　「過去・出来事・建造物など」の名残、遺物、遺跡
✳ **legacy** of (**the past, hatred, imperialism**)
　「過去・思想・制度など」から受け継いだ精神的・物質的遺産、遺物
✳ the **remnants** of (**the building, the old days, a meal**)
　「建造物・出来事・食事など」のわずかばかりの少量の残り、余り、面影
✳ (**chemical, toxic, radiation**) **residues** in milk
　「物質・物体など」のある（化学的）プロセスの後に残された少量の残り物、残留物、かす

※ the vestige of (the past, a tail, the old castle)
「過去・建造物など」の痕跡、形跡、名残

ライティング＆スピーキング力UP！ 類語使い分けマスター

＊最もgeneralな語は、**remainder**（残りのものや人、残部）であるが、もっと意味を明確にするために、「あるもの以外の、その他のもの」は**rest**、「残された印や跡」は**mark**（印）、**sign**（形跡）、**trace**（足跡）、[格]**vestige**（痕跡）、「歴史上残された遺跡や遺産」は**remains**（遺物）、**relic**（遺跡）、**legacy**（遺産）、「特に食べ残し」は**leftover**（残飯、時代錯誤の遺物）、「ある（化学的）プロセスの後に残されたもの」は、**residue**（残留物）などが用いられる。

さて、皆さんいかがでしたか。以上で類語アプローチによる一般語彙のボキャブラリービルディングはすべて終了です。それでは第21日は、「句動詞・口語」トレーニングにまいりましょう。

第2章

最重要句動詞・イディオムグループでリスニング・リーディング力UP

第21日 英検1級句動詞問題&
リスニング・読解問題スコアUP

最重要句動詞&イディオムマスター！ Part 1

句動詞&リスニング・読解問題スコアUP　必須句動詞グループ徹底マスター！ ①

　第21日から25日は、重要句動詞・口語表現を勉強していきます。英語の語彙は、一般の辞書で収録されている8万語のうち、2万語ぐらい覚えればだいたいOKであるのに対して、イディオムは何十万とあるので、どれを覚えたらいいかわからないという人は多いわけです。そこで、このセクションでは、英検1級に合格するのに必須の句動詞・イディオムをご紹介しましょう。音声をシャドーイングしながらマスターしましょう。

　（以下のリストのうち、★がついているものは、特に重要なグループです。また、各句動詞は頻度順に＞で示しています。sbは人（somebody）、sthは物（something）を表します。)

★ ●「支払う」グループ part with [shell out, fork over, lay out, cough up] *money*
(**part with**（残しておきたいのに）＞ **shell out**（多額の金をしぶしぶ）＞ **fork over**（しぶしぶ）＞ **fork out [up]**（必要性のために多額の金をしぶしぶ）＞ **lay out**（費やす）＞ **cough up**（fork outと同じ）＞ **ante up**（割り当て金をしぶしぶ）＞ **pony up**（必要な金をしぶしぶ））*money*「支払う」
【語源】shell（貝殻）を開けてout（出す）ことから「しぶしぶ（仕方なく）払う」を表す。anteはポーカーゲームでプレーの前に出す掛け金の意味がある。
(**chip in** ＞ **kick in**（お金か援助を与える）＞ **pitch in**（イベントなど活動を支援するために）some money for the gift「その贈り物にみんなでいくらかカンパする」

● 「奮い起こす」グループ get [work, pluck, muster, summon] up *the courage*

(**get up**（最も一般的）> **work up**（徐々に増す）> **pluck up**（恐ろしいことをするのに十分な勇気を）> **muster up**（何かをするために十分な勇気・自信・支えを得る）> **summon up**（必要性から非常に熱心にトライする）> **screw up**（心配なことをするのに十分な勇気を））*the courage*「勇気を奮い起こす」
musterには「(軍隊を) 召集する・かき集める」の意味がある。この他には**work up** my appetite「食欲をそそる」も重要。

MP3CDトラック193

★ ● 「防ぐ・食い止める」グループ **head [ward, fend, stave] off** *the danger*（**head off**（特に悪いことが起こるのを）> **ward off**（病気・棄権・攻撃など悪いことから身を守る）> **fend off**（困難な質問・競争・状況などから身を守る）> **stave off**（一時的に不快なことが起こるのを遅らせる））*the danger*「危険を防ぐ」
【語源】stave（かんぬき）でoff（遮断する）ことから「防ぐ、食い止める」を表す。**fend off** cold「風邪を防ぐ」も重要。

MP3CDトラック194

★ ● 「根絶する」グループ **root [wipe, stamp, weed, snuff] out** *terrorism*（**root out**（断固として）> **wipe out**（完全に）> **stamp out**（悪いものを）> **weed out**（役立たず・不要なものを）> **snuff out**）*terrorism*「テロを撲滅する」
【語源】root（根）をout（断ち切る）ところから「根絶する、消し去る」を表す。**mow down** innocent civilians「罪もない一般市民を撃ち殺す」も重要。

MP3CDトラック195

● 「次第である」グループ **depend [rest, draw, hinge] on** *the results*（**depend on**（最も一般的な表現）> **rest on**［正式］（考え・事実に）> **draw on**（情報・経験・知識に）> **hinge on**（完全に））*the results of scientific research*「科学調査の結果次第である」
【語源】hinge（中心点、要所）にon（基盤を置く）ことから「～で決まる、～次第である」を表す。
(**bank on** > **count on** > **fall back on**) *parents*「両親に頼る」も重要。
pivot on the idea「その考え次第である」も重要。【語源】pivotにも「中心・枢軸」の意味がある。

MP3CDトラック196

● 「ごまかす・隠す」グループ **cover up [gloss over, paper over]** *the details*

(**cover up**（ミスや犯罪などの真実を）＞ **gloss over**（不快な・恥ずかしいことの詳細を）＞ **paper over**（問題や不一致を一時的に）) *the details*「詳細を隠す」
【語源】gloss（グロス）をつけてギラギラと光らせ、over（覆って）うわべを飾るところから「ごまかす・隠す」を表す。
gloss over the failure「失敗をごまかす」も重要。

MP3CDトラック197

● 「突き止める」グループ **ferret out [dig up, nose out, track down]** *the truth*
(**ferret out**（徹底調査により探し難い情報を）＞ **dig up**（入念に調べ、隠れた・忘れられた情報・事実を）＞ **nose out**（知られたくない情報を徹底調査により）＞ **track down**（困難な長いリサーチの末）＞ **pin down**（正確に理解・描写できる）) *the truth*「真実を突き止める」
【語源】ferret（イタチ科の動物）を out（見つけ出す）から「探し出す、事態を明るみに出す」を表す。

MP3CDトラック198

★ ● 「打ち出す・成立させる」グループ **work [hammer, thrash] out** *a solution*
(**work out**（入念に考え、何とか）＞ **hammer out**（徹底議論の末、合意を）＞ **thrash out**（問題・争いについて徹底討論の末、計画・合意を）＞ **hash out**（徹底・入念な議論の末，合意を)) a solution「解決策を打ち出す」
【語源】hammer（ハンマー）でドンドン叩いて out（外に）出すことから「打ち出す、成立させる」となる。
hammer out an agreement「合意を成立させる」、**work out** the details「詳細を詰める」も重要。ちなみに、「解決する」は（**work out**（困難なことを解決し終わらせる）＞ **sort out**（問題解決に必要なことをする）＞ **smooth out**（関係者と話し合うことで問題・困難を解決する）＞ **straighten out**（混乱状態を収める）＞ **iron out**（問題・困難の解決法を見いだす)) problems「問題を解決する」
【語源】iron（アイロン）をかけてしわを out（広げて）なくすことから「解決する」を意味する。

MP3CDトラック199

★ ● 「いじくる・もてあそぶ」グループ **monkey [tamper, fiddle] with** *the computer*
(**monkey with**（許可なしに触る）＞ **tamper with**（許可なしに故意に［特に

ダメージを与えようと］）＞ **fiddle with**（よく知らないのに修繕しようと）＞ **tinker with**（多くの細かな調整でいいものにしようと）） *the computer*「パソコンをいじる」

fiddle with the audio settings「音響設定をいじくる」、**tinker with** genes「遺伝子を操作する」も重要。

MP3CDトラック200

★ ●「切り抜ける」グループ **come through**［**ride out, get over, get through, pull through**］*difficulties*

(**come through**（困難・危険を切り抜け、回復する）＞ **get through**（困難・不快な時期・経験を）＞ **pull through**（非常に困難なことを）＞ **get over**（不幸な経験・病気・問題・困難などを）＞ **ride out**（大きな痛手を負わずに嵐・危機を）） *difficulties*「困難を乗り越える」

borrow money to **tide** me **over**「困難を乗り切るためにお金を借りる」も重要。

MP3CDトラック201

★ ●「活気づける・強化する」グループ **liven**［**spice, jazz, ginger**］**up** *the party*

(**liven up**（より面白く・陽気に）＞ **perk up** ＞ **spice up**（興奮・躍動感を与え）＞ **jazz up**（より面白く・カラフルに・刺激的にして）＞ **ginger up**（より面白く・刺激的に）） *the party*「パーティーを活気づける」

ちなみに、(**beef up**（法律・組織などを）＞ **build up** ＞ **step up**) the security は「警備を強化する」。

【語源】beef（牛肉）を食べてup（体力増強する）ことから「強化する、高める」を表す。

(**prop up**（テコ入れする）＞ **shore up**（テコ入れする）＞ **rev up**（活性化させる）) *the economy*「景気を良くする」

【語源】shoreは動詞で「支柱で支える」の意味がある。rev（エンジンなどの回転速度を急激に速める）ところからrev upは「活性化させる」の意味になる。

shore up support「援助を増やす」、**rev up** sales「売り上げを伸ばす（活性化させる）」は重要。ちなみにput teeth intoは「法律・規則などを強化する」。「元気づける」では**cheer up** ＞ **buck up** ＞ **pep up**の順に用いられる。

MP3CDトラック202

● 「得ようとする」グループ **aim**［**be gunning, be angling, jockey**］**for** *the position* (**aim for** > **be gunning for**（傷つけたり問題を引き起こすよう断固として求める）> **be angling for**（直接頼まず、望みのものを得ようとする）> **jockey for**（自分の地位を高めるため他の人と競争する））*the position*「その地位を得ようとする」**fish for**は「（情報・称賛を間接的に）得ようとする」で、**fish for** compliments「褒めてもらおうとする」はぜひ覚えておこう。【語源】**jockey**（騎手）が for（向かって求める）ので「得ようとする、操作する」となる。

MP3CDトラック203

その他の重要句動詞徹底マスター！ ①

※印の句動詞は特に重要なものです。

- ※ **bail out** the bank　その銀行を救済する
- ※ be not **cut out for** the job　その職業に向いてない
- □ **border on** the ridiculous　馬鹿げている
- □ **break into** the house　その家に押し入る
- ※ **brush aside** questions　質問を退ける
- □ **brush off** criticism　批判をはねのける
- ※ **buckle [knuckle] down** to work　仕事に本腰を入れる
- □ **carry** the holiday **over to** the following year　休みを次の年に持ち越す
- ※ **carve out** my career　キャリアを開拓する
- ※ **cater to** customers' needs　客の要望に応じる
- ※ **chip[kick, pitch] in** a few dollars　2〜3ドルカンパする
- □ **clam up** at the meeting　会議で黙り込む
- ※ **clamp [crack] down on** drugs　麻薬を取り締まる
- □ **comb through** the rubble　がれきの中をくまなく探す
- □ **come around to** his opinion　結局は彼の意見に同調する
- □ **conjure up** the image　そのイメージを湧かせる
- □ **Count** me **in**!　私を仲間に（数の1人に）入れてください！
- ※ **delve into** the matter　問題を掘り下げる
- ※ **dole [dish] out** food　食べ物を切り分ける
- □ **Don't take it out** on me!　私に八つ当たりしないでよ！
- ※ **draw on** my experience　経験を活用する

- ※ **drum up** support　サポートを集める
- ※ **dwell on** the past　過去のことばかりくよくよと考える
- ※ **eat into** my savings　蓄えを徐々に減らす
- ※ **even [iron, smooth] out** differences　相違点をなくす
- □ **factor in** the decision　その決定を考慮する
- ※ **fall for** the trick　そのトリックにだまされる
- ※ **fall out** with my wife　妻と言い合いして仲が悪くなる
- ※ **flirt [toy] with** the idea　あれこれ考えを巡らす
- ※ **frown on** the behavior　その振る舞いに眉をひそめる
- ※ **gear** myself **up** for the exam　テストに気合を入れる
- □ **go down** in history　歴史に残る
- □ **go for** 500 dollars　500ドルで売れる
- □ **gobble up** my savings　蓄えを食いつぶす
- ※ **harp on** about the same thing　同じことをくどくど話す
- □ Her voice was **drowned out**.　彼女の声はかき消された。
- □ His attitude **turned** me **off**.　彼の態度に私はうんざりした。
- □ **horse[monkey, clown] around** at the party　パーティーで馬鹿騒ぎする（ふざけ回る）
- ※ could **do with** a little snack　スナックが欲しい
- ※ **pull off** the trick　芸当をやってのける
- ※ **let** him **down**　彼を失望させる
- ※ **jot down** ideas　考えをメモに書き留める
- □ **Keep at it!**　引き続き頑張って！
- □ Let's pick up where we **left off**.　この前の続きから始めましょう。
- ※ **level with** my father　自分の父に正直に話す
- ※ **live down** the scandal　スキャンダルを切り抜ける
- ※ **live with** the bitter memory　その苦い思い出を受け入れる
- □ **move up** the schedule　スケジュールを繰り上げる
- ※ **nail down** a deal　取り決めを確定させる
- □ **narrow [pin] down** the cause　原因を突き止める
- □ **not feel up to** going out　外出する気がしない
- ※ **own up to** breaking the window　窓を壊したことを認める

リスニング・読解問題スコアUP　必須口語表現グループ徹底マスター！《動詞》①

★「利用する」のイディオムグループ

make the most of[**get the most out of**]〜（機会・能力などを最大限に活用する）＞ **get the best of** 〜は（他のものより活用する）＞ **cash in on** 〜（〜に乗じて儲ける）＞ **play on**（つけ込む）＞ **walk over**（〜を尻に敷いてこき使う）＞ **impose on**（つけ込むの固い表現）＞ **presume on** 〜（人の親切などにつけ込む非常に硬い表現）

★「わかる」のイディオムグループ

take in 〜（新情報を理解して覚える）＞ **see through** 〜（〜を見抜く）＞ **get it through**[**into**] *sb*'s **head**（人にわからせる）＞ **see the light**（正しい道筋がわかる）＞ **get the hang of** 〜（〜のこつがわかる）＞ **get the picture**（全貌がわかる）＞ **catch on** 〜（わかり始める）＞ **get** *sb*'s **number**は（人の本心、弱点を知る）＞ **make sense out of** 〜 ＞ **dig** 〜 ＞ **have a handle on**は（把握する）＞ **get the drift**は（様子をつかむ）＞ **get one's bearings**は（自分の立場がわかる）＞ **stay on top of things**は（状況［事態］を把握している）

★「成功する」のイディオムグループ

get aheadは（出世する）＞ **make good**は（一旗揚げる）＞ **go places**は（どんどん成功（発展）する）＞ **get somewhere**（進歩する）＞ **set the world on fire**は（大成功を収める、有名になる）＞ **pan out**は（鍋で砂金をより分ける→結果としてうまくいく）＞ **make a go of** 〜（〜を成功させる）＞ **make great strides**は（大進歩を遂げる）

★「危険を冒す」のイディオムグループ

take the plungeは（清水の舞台から飛び降りる→踏み切る）＞ **go out on a limb**は（木の枝へと行く→（自ら進んで）危うい立場に立つ）＞ **go for broke**

（思い切って勝負に出る）＞ **take the bull by the horns**は（恐れず問題に取り組む）＞ **stick one's neck out**は（窓から首を突き出すイメージ）＞ **walk [skate] on thin ice**は（薄氷を踏むイメージ）＞ **walk a tight rope**（綱渡りは危ない！）

★ 「失敗する」のイディオムグループ　　　　　MP3CDトラック208

blow upは（計画が台無しになる）＞ **go under**は（会社・事業などが失敗する）＞ **go on the rocks**は（暗礁に乗り上げる→破綻する）＞ **fall through**は（完全に失敗に終わる）＞ **fall flat on one's face**は（完全に失敗して恥をかく）＞ **go up in smoke**（完全に失敗する）＞ **come to nothing**は（水泡に帰す）＞ **make a mess of ～** ＞ **screw up ～**は（～を台無しにする）＞ **go down the drain**は（無駄になる）＞ **fizzle out**は（掛け声倒れに終わる）＞ **miss the mark**は（的を外す）＞ **make a spectacle of** oneself（(人前で) 失態を演じる）＞ **go down [over] like a lead balloon**（受けない）＞ **not get to first base**は（全然うまくいかない）＞ **cook one's goose**は（計画を台無しにする）

★ 「怒る」のイディオムグループ　　　　　MP3CDトラック209

get mad ＞ **be pissed off**（下品な表現）＞ **get one's back up**は（猫が怒りで背中を立てるイメージ）＞ **go through the roof** ＞ **lose one's temper[head, cool, calm]** ＞ **fly off the handle**は（(斧の頭が) 柄からはずれて飛び出す→自制できないほど怒る）＞ **hit the roof [ceiling]**（怒りで飛び上がって天井に頭がぶつかるイメージ）＞ **blow one's top**（屋根を怒りで吹っ飛ばすイメージ）＞ **fly into a rage** ＞ **drive** *sb* **up the wall**（(人)を激怒させる）＞ **stick in** *sb*'**s craw**は（(人)をいらつかせる）

★ 「叱る」のイディオムグループ　　　　　MP3CDトラック210

tell *sb* **off**は（対等もしくは目上に叱りつける）＞ **call** *sb* **down**は（ひどく叱る）＞ **come down on** *sb*（厳しく非難する）＞ **call** *sb* **on the carpet**は（カーペット敷きの部屋へ呼んで油を絞る）＞ **give** *sb* **a piece of one's mind**は（文

句を言って叱る）＞ **jump down** *sb*'s **throat**は（やり込める）＞ **throw the book at ～**（厳罰に処す）＞ **chew** *sb* **out**は（かみ砕くほどがみがみ叱る）＞ **jump (all) over**は（とがめる）＞ **give** *sb* **a (good) talking to**は（説教する）＞ **rake** *sb* **over the coals**は（石炭のおき火の上で熊手で引っ掻き回す拷問→油を絞る）＞ **bawl** *sb* **out**は（大声でわめいて叱る）＞ **give** *sb* **a dressing-down**は（お目玉）＞ **lower the boom on ～**（厳しく叱って規則に従わせる）

「頑張る」のイディオムグループ　　　　　　　MP3CDトラック211

stick with it（最後まで頑張る・ついて行く）＞ **go the extra mile**（もうひと頑張りする）＞ **keep at it**（困難で時間のかかることを頑張り続ける）＞ **hang in there**（へこたれず頑張る）＞ **never say die** ＞ **stick to it**（やり遂げる）＞ **hold one's own**（屈せず持ちこたえる）＞ **put one's shoulder to the wheel**（懸命に努力する［取り組む］）＞ **keep a stiff upper lip**（気を落とさずに頑張る）＞ **stick to** *sb*'s **gun**（一歩も譲らない）＞ **keep one's spirit up**（気合を入れて頑張る）

「だます」のイディオムグループ　　　　　　　MP3CDトラック212

take *sb* **for a ride**は（人をドライブに連れ出して殺す）＞ **set** *sb* **up**は（わなにはめる）＞ **take in** ＞ **rip** *sb* **off**は（ぼる）＞ **pull the wool over** *sb*'s **eyes**は（woolを目の所まで下げて目を見えなくする→たぶらかす）＞ **play tricks on ～** ＞ **pull** *sb*'s **leg**は（（かつぐ）よく使われる軽い意味）＞ **pull a fast one on**は（［スラング］一杯食わせる）＞ **put one over on** *sb*は（一杯食わす）＞ **pull a number on ～** ＞ **do the snow job on ～**

「秘密をばらす」のイディオムグループ　　　　MP3CDトラック213

tell on ～は（を告げ口する）＞ **spill the beans**は（豆をこぼす→うっかり秘密を漏らす）＞ **tip off** *sb*は（内報する）＞ **blow the whistle on ～** ＞ **let the cat out of the bag**は（うっかり秘密を漏らす）＞ **rat on ～** ＞ **let on to** *sb*は（人に口外する）＞ **squeal on ～**は（～を密告する）＞ **get everything out in**

the open は（何もかも明かす）＞ give away the secret ＞ tell tales out of school は（（学校の外で内輪の話をするから）秘密を漏らす、告げ口する）

「とことん・必死でやる」のイディオムグループ　　MP3CDトラック214

go through a lot（苦労する）＞ spare no effort ＞ go to great[all] length（どんなことでもやる）＞ break one's back[neck]（必死でやる）＞ take pains（骨折りする）＞ kick [bust] one's ass（気合を入れてやる）＞ do one's utmost（最善を尽くす）＞ sweat blood（汗水たらして働く、懸命に努力する）＞ knock oneself out は（疲れ果てる）＞ shoot the works は（何もかも全部（the works）放つ→資力、余力などの限界を度外視して思い切りやる）

第22日 英検1級句動詞問題＆リスニング・読解問題スコアUP

最重要句動詞＆イディオムマスター！ Part 2

句動詞＆リスニング・読解問題スコアUP　必須句動詞グループ徹底マスター！ ②

★ ● 「共に踏んばる・やり続ける」グループ pull [stick, hang on, hold on] *together*

Let's (**pull together**（同じ目的を共有し、意見の相違は無視して）> **stick together**（特に困った時に）> **hang on together**（困難・反対にもかかわらず、何とか成功する）> **hold on together**（困難なことを決意を曲げずに））!「みんなで一致団結して頑張ろう！」

stick up for her「彼女を応援する（支える）」、**hold out** for a long time「長い間持ちこたえる」なども重要。

● 「支持する」グループ back up [stand up for, stand by, root for] *my friend*

(**back up**（発言内容が正しいと証拠を示す）> **cover for**（秘密・不法で何かを行っている人についての情報を隠すか、誤情報を与えて守る）> **stand [stick] up for**（攻撃・非難されている人・主義を守る）> **stand by**（困難な状況でも支持し続ける）> **be [stay] behind** > **side with**（喧嘩や議論で支持する）> **root for**（競争・困難な状況で成功するように応援する））*my friend*「友人を支持する」

★ ● 「検討する・しばらく考える」グループ sleep on [mull over, chew over, kick around] *the issue*

(**reflect on [upon]**（多くの時間をかけて考える）> **sleep on**（一晩寝て重要な決断をする）> **mull over**（熟慮の末決断する）> **chew over**（一定期間熟考する）> **kick around**（提案・考えを非公式に話し合う））*the issue*「その問題を検討する」

kick around the idea「そのことをあれこれと考える」、put the issue into perspective「その問題を総体的にとらえる」も重要。

MP3CDトラック218

★ ●「ブラブラと過ごす」グループ hang (goof) around [while (idle) away] *a few days*
(hang around（どこかで何もせず待つ・過ごす）＞while away（何かが起こるのを待っているか，何もすることがないので）＞idle away（座るか寝そべって何もせずくつろぐ）＞goof around（愚かなことをして過ごす））*a few days*「2〜3日ブラブラと過ごす」
【語源】while（のんびり時間を過ごす）away（休むことなく）から「ブラブラと過ごす」を表す。
goof off at work「職場で仕事をさぼる」、bum around「あまり何もせず怠惰に暮らす」も重要。
【語源】bum「ホームレス」は動詞で「せびる・遊びほうける」の意味がある。

MP3CDトラック219

●「獲得する」グループ chalk up [rack up, carry off] *a win*
(chalk up（成功・勝利・得点を）＞rack up（勝利・得点・利益・損失・売り上げを）＞carry off（賞などを））*a win*「勝利を収める」
rack up frequent flier miles「飛行マイル数を獲得する」、carry off the first prize「1等を獲得する」も重要。
【語源】rack（馬が走る）ようにup（どんどん積み重なる）ことから「得る・獲得する」を表す。chalk（チョーク）はその昔、試合などのスコアを書く時に使われていたことに由来する。

MP3CDトラック220

●「叱りつける・あらを探す」グループ put down [pick on, find fault with, run down, call down, dress down, carp at] *others*
(put down（他人の前で理不尽に非難する）＞pick on（いじめる、あら探しをする）＞find fault with（あらを探す、非難する）＞run down（強く非難する）＞call down＞rail at（不公平と怒って不満を述べる）＞dress down（悪いことをしたと怒りの口調で罰する）＞carp at（あらを探す、とがめだてする））*others*「他の人をこきおろす」
put down each other「互いにけなし合う」などの表現も重要。また「厳しく

293

非難される」はbe crucified。

MP3CDトラック221

★ ●「貯める」グループ **set [put, lay] aside [salt away]** *some money*
(**set aside**（お金・時間をすぐには使わず、特別な用途・目的のために）> **put aside**（ある目的のために・必要になるまで）> **lay aside**（将来のために）> **put by**（後で使えるように定期的に）> **salt away**（将来のために不正に）> **stash away**（隠して・別のところに））*some money*「お金を貯める」
【語源】put asideの直訳は「脇に置く」で、すなわち「少しずつお金を貯める」を表す。salt awayはかつて塩が給与として支給されていたことに由来する。
他に、**lay aside** all thoughts「考えをすべて捨てる」も重要。

MP3CDトラック222

●「ザッと目を通す」グループ **flip [leaf, thumb] through** *a magazine*
(**flip through**（内容を概観するためページを素早くめくる）> **leaf through**（入念に読まずにページを素早くめくる）> **thumb through**（各ページをじっくり読まず素早く眺めてページをくる））*a magazine*「雑誌にザッと目を通す」
【語源】leaf（葉）がヒラヒラするように「ページをめくる」。thumbはページをめくるのに親指を使うところに由来する。
flip through channels「テレビのチャンネルをあれこれ変える」のようにも用いられる。

MP3CDトラック223

●「意識を失う」グループ **pass [black, flake, conk] out** *at the station*
(**pass out**（短期間意識を失う）> **black out**（短期間意識を失う）> **flake out**（疲れ果てて眠り込む）> **conk out**（疲労のため眠りに落ちる））*at the station*「駅で意識を失う」
【語源】conkには「機能が停止する」の意味がある。
flake out after a long day「長い1日を過ごして眠り込む」の表現も覚えておこう。

MP3CDトラック224

●「消えてなくなる」グループ **die down [die away, peter out, fizzle out]**
(*the movement will gradually* (**die down**（嵐・騒ぎなどが）> **die away**（嵐・音・興奮などが）> **peter out** [**fizzle out**]（興味などが））「その運動は徐々に弱まるだろう」

【語源】fizzle（炭酸飲料の泡）がシュワーと音を立ててout（なくなる）ことから。

the storm **dies down**[**away**]「嵐がやむ」や、**peter out** in the end「最後には消えてなくなる」も重要。

MP3CDトラック225

その他の重要句動詞徹底マスター！ ②

- **pass around** the bottle　ボトルを回し飲みする
- enough food to **go around**　みんなに行き渡る食べ物
- **pass for** a Japanese　日本人として通る
- **pass over** the failure　そのミスを見過ごす
- ※ **pass up** the promotion　昇進を見送る
- **patch up** our differences　互いの相違点を解消する
- **pay $2000 down** on the car　車に2000ドルの頭金を支払う
- ※ **phase out** the production　その生産を段階的に減らす
- **pick on** my sister　妹をからかう
- ※ **pit** my skills **against** yours　私とあなたの腕前を比べる
- ※ **play up** one's working experience　職務経験を強調する
- **rake in** the dough　荒稼ぎする
- Rock music **turns** me **on**.　ロックを聴くとしびれる。
- **round down** to zero　端数を切り捨ててゼロにする
- ※ **round up** the figures　数字を四捨五入する
- ※ **rub off on** children　子供に影響が及ぶ、うつる
- ※ **rule out** the possibility　可能性をなくす
- ※ **scrape up** a few dollars　何とか2〜3ドル集める
- **see through** his lie　彼の嘘を見抜く
- **set back** my work schedule　仕事のスケジュールを遅らせる
- ※ **settle for** the status quo　現状に甘んじる
- **shake off** the cold　風邪を治す、振り切る
- ※ **shop around** for insurance　保険をあれこれ比較検討する
- **shy away from** making mistakes　ミスすることに逃げ腰になる

295

- ❋ **single** him **out** for criticism 彼を槍玉に挙げる
- ❋ **size up** a situation 状況を把握する
- ❋ **smooth over** the problem 問題をまるく収める
- ❋ **soak up** information 情報を吸収する
- ☐ **sound out** his opinion 彼の意見に探りを入れる
- ❋ **spell out** the details 詳細を説明する
- ☐ **stick with** my partner パートナーを支え続ける
- ☐ **take back** my promise 約束を撤回する
- ☐ **take on** the company style 社風に染まる
- ❋ **tap into** the market その市場に乗り出す
- ❋ **tease out** the fact その事実を引き出す
- ☐ **kick off** the party パーティーを始める
- ☐ The enthusiasm has **worn off**. 熱意は冷めてしまった。
- ❋ The laptop is **acting up**. ノートパソコンの調子が悪い。
- ❋ The negotiations have **bogged down**. 交渉は行き詰まった。
- ❋ The plan **fell through**. その計画は失敗した。
- ❋ The population growth is **leveling off**. 人口増加は横ばい状態である。
- ☐ The rain will soon **let up**. 雨は間もなくやむだろう。
- ☐ The rainy season has just **set in**. ちょうど梅雨が始まった
- ☐ The suit is almost **worn out**. スーツはヨレヨレになっている。
- ❋ The tension **flared up**. 緊張が突然起こる。
- ❋ The truth finally **sank in**. その事実はやっと広まった［理解された］。
- ☐ **touch on** the issue その問題に触れる
- ☐ **turn** the economy **around** 経済を好転させる
- ☐ **usher in** a new era 新時代の到来を告げる
- ☐ **warm up to** the topic そのトピックにだんだんなじむ
- ❋ What are you **driving** [**getting**] **at**? 何が言いたいのですか？
- ☐ What do you **make of** it? あなたはどう思いますか？
- ❋ **write off** my debt 借金を払い終える
- ❋ **balk at** the decision その決定にたじろぐ

リスニング・読解問題スコアUP　必須口語表現グループ徹底マスター！《動詞》②

★ 「信じる」のイディオムグループ

take *sth* **at one's word**（鵜呑みにする）＞ **buy into ～**（みんなが言うことを信じる）＞ **give credit [credence] to**（信用する）＞ **take** *sth* **at face value**（額面どおりに受け取る）＞ **take one's word for ～**（そのまま信じる）＞ **put faith in** ＞ **take** *sth* **with a grain of salt**（割り引いて聞く）

「迷って」のイディオムグループ

be at sea ＞ **be at a loss**（途方に暮れて）＞ **have mixed feelings**（複雑な気持ちで）＞ **do not know which way to turn**（どうしたらよいかわからない）＞ **be of two minds**（決断する前に迷って）＞ **have a second thought**（決断したあと迷って）＞ **grope in the dark**は（暗中模索する）＞ **be at one's wit's end**（万策尽きて途方に暮れて）＞ **not know whether one is coming or going**（どうなっているのか全くわからない）

★ 「心を打ち明ける」のイディオムグループ

open up（心を打ち明ける）＞ **come clean**（白状する）＞ **confide in** *sb*（信用して秘密を打ち明ける）＞ **let** *sb* **in on ～**（秘密を言う）＞ **get** *sth* **off one's chest**（（胸の中の不安・悩みなどを）打ち明けて心の重荷を降ろす）＞ **spit it out**（白状する）＞ **make a clean breast of ～**（洗いざらい打ち明ける）

★ 「避ける」のイディオムグループ

stay [keep] away from ～（危険や不快なものに関わらないようにする）＞ **steer [stay, keep] clear of ～**（危険や厄介な人・事を避ける）＞ **stave off**（（悪いことが）起こらないようにする）＞ **keep** *sb*/*sth* **at arm's length**（敬遠する）＞ **sidestep**（厄介な質問や問題を避ける）＞ **give a wide berth to ～**（近寄らないようにする）

「急ぐ」のイディオムグループ　　　　　　　　MP3CDトラック230

hurry up > **get a move on**（大急ぎでやる）> **rush through**（急いで片づける）> **Shake it up!**（急げ！）> **step on it** > **dash off**（一気に仕上げる）> **lose no time** > **race [work] against the clock**（時間との戦い）> **hustle up**（さっさとする）> **snap into [to] it**（さっとやり出す）

★ 「ゴマをする」のイディオムグループ　　　　　MP3CDトラック231

make up to *sb*（取り入る）> **butter** *sb* **up**は（人にこってりバターをつける→下心があってごまをする）> **kiss** *sb*'s **ass**（ゴマをする）> **play up to** *sb* は（ご機嫌取りをする）> **curry favor with** *sb*（下心があって取り入る）> **cater to** *sb* は（迎合する）> **soft-soap** は（お世辞を言う）> **polish the apple**（ごまをする）と多い。

★ 「適性がある」のイディオムグループ　　　　　MP3CDトラック232

be good [perfect] for ~ > **have what it takes** は（~の器である）> **be not cut out for ~**（~に向いていない）> **have potential in ~**（伸びる可能性がある）> **have a talent [flair, eye, ear] for ~**（センスがある）> **have the makings of ~**（~の素質がある）> **have an aptitude for ~**（筋がいい）> **have a good head for ~**

「仕返しをする」のイディオムグループ　　　　　MP3CDトラック233

get even with ~（懲らしめるために仕返しする）["**That makes us even.**"「これでおあいこね」、**even**は（貸し借りなし）] > **settle [pay off, wipe out] old scores**（借りを返す→恨みをはらす）> **get back at ~**（えらい目に遭された人に仕返しする）> **take one's revenge on ~**

★ 「だべる・さぼる」のイディオムグループ　　　MP3CDトラック234

have a chat > **shoot the breeze[bull]** は（話で風を打つ→だべる）> **goof off[around]**（仕事をさぼってぶらぶらする）> **chew the fat[rag]** は（脂肉［ぼろきれ］をくちゃくちゃかむ→おしゃべりする）。「ぶらぶら時間を過ごす」なら **idle (one's time) away** > **sit around**（ぶらぶらして過ごす）> **twiddle one's thumbs**（暇を持て余す）

★ 「うまが合う」のイディオムグループ　　　MP3CDトラック235

be just like that は（ツーカーの仲）> **be in tune with 〜** は（以心伝心の仲である）> **get along well** > 必須の **see eye-to-eye**（意見が一致する）> **click with sb** は（人とフィーリングが合う）> **hit it off** は（相手の心と自分の心がうまく当たる→うまくやっていく）> **on the same wave length**（波長が合う）> **the chemistry is right**（(性的) 相性がいい）

★ 「気が狂う」のイディオムグループ　　　MP3CDトラック236

go crazy[mad] > **go nuts** > **lose one's mind** > **go out of one's mind**（正気を失う）> **go haywire** は（干草を束ねる針金がもつれてどうしようもない状態）> **go to pieces** は（気が狂ってぼろぼろになる）> **go around the bend**（逆上した）> **be bananas** > **lose one's marbles**（異常な行動を取り始める）

★ 「けんかする・言い争う」のイディオムグループ　　　MP3CDトラック237

fall out with 〜 は（〜とけんかして仲が悪くなる）> **take issue with 〜**（議論して異議を唱える）> **cross swords**（剣を交えるように言い争う）> **have words with 〜**（したくもない口論をする）> **come to blows**（口論や殴り合いをする）。また「〜と不和で」は、**be at odds[feud] with 〜**

★ 「いら立たせる」のイディオムグループ　　　MP3CDトラック238

get on *sb*'**s nerves** > **get in** *sb*'**s hair**は（髪の毛の中に入る→いらいらさせる）> **get a rise out of** *sb*は（人をからかって怒らせる）> **bug** *sb*は（悩ませる）> **get under** *sb*'**s skin**は（とげなどが皮膚に入り込む→いらいらさせる）、または「人の気持ちをとらえる」の意味もあり注意。**get one's goat** > **rub** *sb* **the wrong way**は（逆なでする、～のカンにさわる）

「冷たくする」のイディオムグループ　　　MP3CDトラック239

交際してから「振る」表現は**drop** > **dump** > **throw A over (for B)** は（Aを捨てて（Bに乗り換える））> **turn one's back on** *sb*は（人に背を向ける→見捨てる）> **give** *sb* **the air**は（異性間で相手を振る、首にする）で**get the air**は（振られる）> **give** *sb* **the cold shoulder**（冷たくあしらう）> **give** *sb* **the brush-off**は（（チリを払いのけるように）すげなく断る）

★ 「大儲けする」のイディオムグループ　　　MP3CDトラック240

clean up > **make a killing**は（株・事業で一山当てる）> **hit the jackpot**は（ポーカーで積み立てた掛け金をさらう）> **strike it rich**は（金鉱脈を掘り当てる→一攫千金）> **make money hand over fist**は（がっぽがっぽ儲ける）> **rake it in**は（熊手で（金を）かき集める→がっぽり儲ける）になった表現 > **strike a bonanza**

「和解する」のイディオムグループ　　　MP3CDトラック241

make up（仲直りする）> **get back together**（元の鞘に納まる）> **bury the hatchet**は（（戦い用の）斧を埋める→仲直りする）> **patch things up**は（つぎはぎを当てて元どおりにする→よりを戻す）

★ 「率直に話す」のイディオムグループ　　　　　MP3CDトラック242

get straight > **make it clear** > **call a spade a spade**（失礼であってもざっくばらんに）> **lay it on the line**（要求・批判・脅しなどを）> **talk turkey**（特にビジネスでぶっちゃけた話）> **not beat around the bush**（回りくどい言い方をしない）> **mince no words**（歯に衣を着せぬ）

★ 「切り詰める」のイディオムグループ　　　　　MP3CDトラック243

cut down[back] on ~（削減する）> **cut corners**（節約する）> **pare down ~**（かなりの量を徐々に）> **tighten one's belt**（以前より切り詰める）。また「財布のひもを緩める」は**loosen one's purse strings**

★ 「冷静でいる」のイディオムグループ　　　　　MP3CDトラック244

keep one's head[cool, temper] は（冷静を保つ）（keepをlooseに変えると「冷静さを失う」となる）> **keep a level[cool] head** > **keep one's shirt on** は（シャツを着たまま→焦らずにいる）。逆に**go to pieces**（自制心を失う）> **Hold your horses.** は（落ち着け）

★ 「回復する」のイディオムグループ　　　　　MP3CDトラック245

pick up > **come around**（意識を取り戻す）> **bounce back**（立ち直る）> **get back on one's feet**（元の良い状態に戻る）> **perk up**は（活力を取り戻す）> **get back in shape** > **gain strength** > **be oneself again** > **brace up**は（元気を出す）> **get one's second wind**は（運動によって乱れた呼吸を平静な呼吸に戻す）

301

第23日 英検1級句動詞問題＆
リスニング・読解問題スコアUP

最重要句動詞＆イディオムマスター！ Part 3

句動詞＆リスニング・読解問題スコアUP　必須句動詞グループ徹底マスター！③

★ ●「手早く作る」グループ **whip [rustle, knock] up** *a meal*
（**whip up**（準備に時間がかかるものを）＞ **rustle up**（よく計画せずに）＞ **knock up**（あまり努力せず、入手できるものを何でも使って））*a meal*「食事を手早く作る」
【語源】rustle（かき集めて）up（完成する）から「さっと手早く作る」を表す。
whip up some sandwiches「簡単にサンドイッチを作る」、**knock up** breakfast「朝食を手際よく作る」も覚えておこう。

● 「お世辞を言う」グループ **make [suck, play, kiss] up to** *the boss*
（**make up to**（見返りを期待し親切にして、相手に気に入られようとする）＞ **suck up to**（見返りを期待し、権威者の機嫌を取る）＞ **play up to**（見返りを期待し、相手を喜ばせるため、非常に丁重に・親切に振る舞う）＞ **kiss up to**（[口] 見返りを期待し、特に権力者を喜ばせようとする）＞ **butter up**（援助を求めて気に入られようとする）＞ **fawn over**（ひいきしてもらおうと、権力者・金持ちに））*the boss*「上司をおだてる」
【語源】butter（バター）を塗りつけるように「お世辞を言う」を表す。

★ ●「（期待などに）応える」グループ **live [come, measure] up to** *their expectations*
（**live up to**（基準・約束どおりである）＞ **come up to**（特定の基準・期待に達する）＞ **measure up to**（基準・約束どおりである））*their expectations*「彼らの期待に応える」
measure up to the safety standards「その安全基準を満たす（達する）」も重要。

MP3CDトラック249

● 「身を引く」グループ **pull [back, bow] out of** *the market*
(**pull out**（協定・活動などへの関わりを停止する）＞ **back out**（pull outとほぼ同じ）＞ **bow out**（他の人に任せて自分は活動を停止する））*of the market*
「市場から手を引く」
【語源】bow（お辞儀して）out（出る）ので「手を引く、身を引く（退職する）」を表す。

pull out of a recession「景気後退から抜け出す」、**back out** of the contract「契約を取り消す」、**step down** as CEO「CEOの座を退く」も重要。

MP3CDトラック250

● 「居眠りする」グループ **drift [doze, nod] off** *in the afternoon*
(**drift off**（次第に眠りに落ちる）＞ **doze off**（意図に反して，特に昼間に・軽い眠りに落ちる）＞ **nod off**（座っている時、意図せず））*in the afternoon*
「午後に居眠りする」
She **sacked out** in bed for hours.「彼女は何時間もベッドで寝た」も重要。
【語源】sackは「寝床」の意味。

MP3CDトラック251

★ ● 「軽視する」グループ **shrug off [sneer at, scoff at, play down]** *the idea*
(**shrug off**（無視、または重要・深刻なものとして扱わない）＞ **sneer at**（表情や言葉で軽蔑を表現する）＞ **scoff at**（馬鹿げて不適切であると言葉で表現する）＞ **play down**（大して重要ではないように言う））*the idea*「その考えを軽くあしらう」

play down the gravity of the problem「その問題の重要性を甘く見る」も重要。また、shrug offには「～から自由になる」の意味があり、**shrug off** the pain「痛みを振り切る」のようにも使う。

MP3CDトラック252

★ ● 「刺激する」グループ **fire [whip, stir, work] up** *my appetite*
(**fire up**（関心・想像力などを）＞ **whip up**（感情・興味などを）＞ **stir up**（感情・問題などを）＞ **work up**（運動や激務により））*my appetite*「食欲を刺激する」
【語源】stir（かき混ぜて）up（増す）ことから「活性化させる、目覚めさせる」を表す。

stir up controversy「物議を醸し出す」、**fire up** one's interest「興味をかき立てる」も重要。

303

MP3CDトラック253

● 「入り込む・中断させる」グループ break [cut, butt, horn, chime] in *the middle*
(**break in**（会話・活動中に）＞ **cut in**（発言中の人に何かを言って）＞ **butt in**（会話・活動中に無作法に）＞ **horn in**（歓迎されていないのに、活動・状況に強引に）＞ **chime in**（前の人の発言に同意し発言する））*the middle*「途中で割り込む」

【語源】butt（お尻）をin（介入する）ことから「入り込む、中断させる」を表す。"Sorry to **butt in**, but..."「ちょっとお邪魔しますが…」のように使われることも多い。また、horn inも「クラクション」を鳴らして介入することから **horn in** on the conversation「話に首を突っ込む」のように使われる。その他 **cut in** the line「列に割り込む」も重要。

MP3CDトラック254

● 「証明する」グループ testify to [attest to, vouch for, bear out] *the theory*
(**testify to**（［文］まさに当てはまると明示する）＞ **attest to**（正しいと述べ・示し・証明する）＞ **vouch for**（自分の経験・知識から正しいと示す）＞ **bear out**（主張・話・意見が正しいと証明する手助けをする））*the theory*「その学説を証明する」

vouch for the quality「その品質を保証する」、**stick up for** the principle「その主義を支持する」も重要。

MP3CDトラック255

★ ● 「整頓する」グループ tidy [spruce, straighten] up *the room*
(**tidy up**（元の場所に物を戻し整理整頓する）＞ **spruce up**（見た目をより美しくする）＞ **straighten up**（混乱状態を整頓する））*the room*「部屋を整頓する」
He **spruced up** for the party.「彼はパーティーのためにおめかしした」も重要。

MP3CDトラック256

★ ● 「考え出す」グループ make [cook, think, trump, dream] up *a story*
(**make up**（だますために、話・言い訳を）＞ **cook up**（［口］でっち上げる）＞ **think up**はいい意味で、（［口］計画や考えなどを生み出す）＞ **trump up**（人を陥れるために話をでっち上げる）＞ **dream up**（あまり実用的でないものを））*a story*「話を考え出す」

その他の重要句動詞徹底マスター！ ③

- □ **bounce back** from recession　不況から立ち直る
- □ **buoy up** someone's spirit　元気づける
- □ **chew on** the matter　その問題をじっくり考える
- ※ **egg** him **on** to fight　彼にけんかをけしかける
- □ **fall over** myself to support the event　そのイベントのサポートに全力を尽くす
- ※ **Fire away!**　どうぞ始めてください（質問など）
- □ **gain on** the player　（試合で）その選手を追い上げてくる
- ※ **have it out** about each other　互いに心ゆくまで話し合う
- □ **push [boss, order]** him **around**　彼をこき使う
- □ **leave [cross, scratch] out** some people on the list　リストの数名を削除する
- ※ **pore over** the book　その本を熟読する
- ※ **spin off** the PR section　PR部門を分離する
- □ The revenue **shot up** to 2 billion dollars.　収益は20億ドルまで急上昇した。
- ※ **bask in** the beauty of nature　自然の美しさを満喫する
- □ **bawl [chew, lash]** him **out**　彼を大声で叱りつける
- □ be **steeped in** tradition　伝統がしみついている
- □ **beat [knock, mark] down** the price　価格を値切る
- ※ **breeze through** life　楽々と生きる
- □ **brood over** the past　過去のことをくよくよ考える
- □ **buy off** the company　その会社を買収する
- □ **clue** me **in** on the details　詳細を私に知らせる
- □ **confide in** my friend　友人に心を開いて話す
- □ **cop out of** life　人生から逃げる
- ※ **dabble in** tennis　テニスを少しかじる
- ※ **dip into** the savings　貯金に手をつける
- □ Don't **rub it in**.　同じことばかりくどくど言うな。
- ※ **dote on** my son　息子を溺愛する
- □ **double up** in the apartment　そのマンションに一緒に住む

305

- ☐ **dredge up** the unpleasant facts　良くないことをほじくり返す
- ※ **eke out** a living　何とか生活を切り盛りする
- ☐ **embark on** the project　そのプロジェクトに乗り出す
- ※ **farm out** the work　その仕事を外注する
- ※ **round[knock, finish] off** the work before noon　正午までに仕事を仕上げる
- ☐ **free up** funds　資金の制限を解く
- ☐ **gang up on** the leader　みんなで寄ってたかってそのリーダーを責める
- ☐ get **sobered up**　酔いが醒める
- ☐ **go back on** his promise　約束に背く
- ※ **grow on** me gradually　だんだんと気に入る、好きになる
- ※ **hail from** Tokyo　東京の出身である
- ☐ **hand[make, sign] over** the property to his son　彼の息子にその土地を譲渡する
- ※ **hanker after** money　お金を欲しがる
- ☐ **hollow out** the industry　その産業を空洞化させる
- ☐ **hush up** kids　子供たちを黙らせる
- ☐ **hype up** the players　選手たちを鼓舞する
- ☐ be **wrapped up in** the game　試合に夢中になる
- ☐ **jump at** the chance　チャンスに飛びつく

リスニング・読解問題スコアUP　必須口語表現グループ徹底マスター！《動詞》③

「長引かす」のイディオムグループ

wear on ~（だらだら続く）> draw out ~（会議などを必要以上に長引かす）> dwell on ~（くどくどと話す）> drag on ~（会議などがだらだら長引く）> spin out ~（できるだけ長く持たせる）> linger on ~（余韻が残る）> drag one's feet（ぐずぐずする）> dawdle ~（ぐずぐずして時を過ごす）

「首にする」のイディオムグループ

ease out *sb*は（巧みに辞職させる）> send *sb* packingは（荷造りさせて出て行ってもらう→即座に追い払う、首にする）> give *sb* the air[sack] > give *sb* their walking papersは（職場から歩かせる書類→解雇通知）> give *sb* a pink slipは（ピンク色の解雇通知）

★「抑える」のイディオムグループ

keep *sb*/*sth* in check（阻止する）> hold[keep] back ~ > keep *sb*/*sth* at bay（食い止める）> rein in[back] ~（より厳しく抑制する）> put a damper on ~（水を差す）> put a brake on（歯止めをかける）> keep［hold］a (tight) rein on ~

「死ぬ」のイディオムグループ

pass away（婉曲表現）> drop deadは（ぽっくり死ぬ）> bite the dustは（撃ち殺され倒れて土をかむイメージ）> kick the bucketは（首吊り自殺でロープを首にしてバケツを蹴るイメージ）> breathe one's last（息を引き取る）

★「気を取り戻す」のイディオムグループ

Snap out of it（いい加減目を覚ませ）> get a grip on oneselfは（自分をし

っかりつかむ→気を引き締める）＞ **pull oneself together**は（気を取り直す）＞ **get hold of oneself**は（しゃんとする、気を取り戻す）

「鼻っ柱をへし折る」のイディオムグループ　　MP3CDトラック263

bring *sb* **down**（しゅんとさせる）＞ **put** *sb* **in one's place**（身の程を思い知らせる）＞ **make** *sb* **say uncle**（ぎゃふんと言わせる）＞ **take** *sb* **down a peg or two**（鼻っ柱をへし折る）

★「捜し求める」のイディオムグループ　　MP3CDトラック264

be in the market for ~ ＞ **shop around for ~**（物色する）＞ **comb through ~**（しらみつぶし）＞ **leave no stone unturned**（草の根を分けても捜し出す）＞ **look [search] high and low for ~**（八方を探す）

「危機を乗り越える」のイディオムグループ　　MP3CDトラック265

come [pull] throughは（病気や危機など乗りきる）＞ **save one's skin**は（皮をはがされないようにする→自分だけ助かろうとする）＞ **keep one's head above water**は（かろうじて生活する）＞ **ride out ~**（害を被らずに難局を乗り越える）＞ **tide over**（乗り越える）＞ **land on one's feet**（無事に窮地を脱する）＞ **save one's own neck [bacon]**（命拾いをする）＞ **have nine lives**（九死に一生を得る）

★「秘密にする」のイディオムグループ　　MP3CDトラック266

hold *sth* **back**（隠す）＞ **keep** *sth* **under wraps**（表沙汰にしない）＞ **mum's the word**（他言無用）＞ **keep** *sth* **to oneself** ＞ **just between you and me**（ここだけの話）＞ **keep** *sth* **under one's hat**は（帽子の下にしまっておくところから）＞ **do not breathe a word**（人に漏らさない）

★ 「大げさに言う」のイディオムグループ　　　　MP3CDトラック267

make a sceneは（泣いたりわめいたりして大騒ぎする）> **make a fuss** > **make a big deal out of ～** > **make a mountain out of a molehill**は（些細なことを大げさに言う）> **make a federal case out of ～**は（地方警察で扱うべき事件をFBIの事件にする→大げさに騒ぎ立てる）

「調子が狂う」のイディオムグループ　　　　MP3CDトラック268

be on the blink[fritz]は（機械などが故障して）> **be out of order [service, whack]** > **be out of joint**（体制やグループなどがうまく機能しなくなる）> **be on one's last legs**（つぶれかかって）

★ 「人を操る」のイディオムグループ　　　　MP3CDトラック269

put *sb* **up to it**（人を背後で操る）> **pull (the) wires**（陰で糸を引く）> **wrap [twist, wind, turn]** *sb* **around** *sb*'s **little finger**は（人を思うままに操る）の意味。

「ちやほやする」のイディオムグループ　　　　MP3CDトラック270

praise *sb* **to the sky**（褒めちぎる）> **make a fuss over ～**（ちやほやする）> **give** *sb* **unreserved praise**（褒め過ぎる）> **lay it on thick with ～**（むやみにお世辞を言う）

「すごく働く」のイディオムグループ　　　　MP3CDトラック271

slave away（あくせく働く）> **keep one's nose to the grindstone**（休みなく一生懸命働く）> **work oneself to the bone**（身を粉にして働く）

309

★ 「自惚れる」のイディオムグループ　　　　　　　MP3CDトラック272

get on one's high horse（高飛車な態度を取る）は（high horse（上位の人）による高慢な態度）> a stuffed shirtは（もったいぶった奴、うぬぼれ屋）> be in love with oneself > have a swelled [swollen] headは（うぬぼれ屋）> have a high opinion of oneself

「結婚する」のイディオムグループ　　　　　　　MP3CDトラック273

take sb to the altar（"altar" は「祭壇」）> tie the knot（縁結びをする）> walk down the aisleは（バージンロードを歩く）> get hitchedは（結婚する）> make an honest woman of〈妊娠した女〉を正式の妻にする）

「減らす・損なう」のイディオムグループ　　　　MP3CDトラック274

make a dent inは（〜を減らす、〜を削る）> put a damper onは（〜に水を差す、〜の勢いをそぐ）> blow a hole inは（〜に損害を与える、〜を弱める）> put a crimp inは（〜に支障をきたす、〜を邪魔する）

★ 「驚かす」のイディオムグループ　　　　　　　MP3CDトラック275

set the world on fire（世間をあっと言わせる）> raise sb's eyebrows（あっと言わせる）> make a splash（あっと言わせる評判を得る）> blow sb's mindは（人の不意を襲う、ぎくっとさせる）> bowl over（仰天させる）> catch off guard（意表を突く）

★ 「やってみる」のイディオムグループ　　　　　MP3CDトラック276

go for it（ゲットしようと狙う）> give sth a try [shot]（チャレンジする）> have a go [fling] at 〜 > take [have, make] a shot [stab, crack, whack, try] at 〜 > try one's luck > get one's feet wet（新しいことをやってみる）

「自慢する」のイディオムグループ　　MP3CDトラック277

brag about ～ ＞ blow one's own trumpet [horn]（手前みそを述べる）
＞ be warm in one's praise（悦に入り自画自賛する）＞ sing one's own praise over ～（自画自賛する））

★「役割を果たす」のイディオムグループ　　MP3CDトラック278

do [play] one's part（任務を果たす）＞ hold [keep] one's end up（自分の責任をきちんと果たす）＞ pull one's weight（自分の役割を十分に果たす）＞ do one's share (of work)（自分に割り当てられた仕事をする）

★「協力する」のイディオムグループ　　MP3CDトラック279

join forces [hands]（力を合わせる）＞ team up（チームを組む）＞ pull [stick, hang] togetherは（みんなで力を合わせる）＞ combine forces ＞ put our efforts together

「軽蔑する」のイディオムグループ　　MP3CDトラック280

look down on ～ ＞ turn up one's nose at ～（鼻であしらう）＞ snap one's fingers at ～は（(指をぱちんと鳴らして) 人の注意を引いたり、人をさげすんだり、しめた) という意味。

「打ち勝つ」のイディオムグループ　　MP3CDトラック281

get the better of ～は（(困難などに) 打ち勝つ）＞ triumph over ～ ＞ bring sb to heelは（(人) をひざまずかせる）

★「見劣りする」のイディオム　　MP3CDトラック282

pale in comparison to [before, beside] は（～と比べると見劣りがする

311

(＝**be overshadowed by**))

- ★ 「張り合う」のイディオム　　　　　　　　　　　　MP3CDトラック283

  keep up with the Jonesesは「経済的・社会的に人に負けまいと見栄を張る」

- ★ 「現実を見る」のイディオムグループ　　　　　　　MP3CDトラック284

  open someone's eyes（(人) の目を開かせる）＞ **see the writing on the wall**は ((悪い) 前兆を見てとる）＞ **wake up and smell the coffee**は（目を覚まして現実を見る）＞ **have a rude awaking**（厳しい現実を知る）＞ **face (up to) the (harsh, grim) reality of life**（厳しい現実を知る）

第24日 英検1級句動詞問題&
リスニング・読解問題スコアUP

最重要句動詞&イディオムマスター！ Part 4

句動詞&リスニング・読解問題スコアUP　必須句動詞グループ徹底マスター！ ④

● 「和らげる」グループ **water [tone, play] down** *criticism*
(**water down**（提案・声明などのトーンを人の気に障らないように）> **tone down**（人の気に障らないように文書や発話の影響力を減らす）) *criticism*「批判を和らげる」
【語源】water（水）で down（薄める）ことから、強さなどを「和らげる」を表す。
play down は「軽視する」の意味もあり、**play down** the importance「その重要性を甘く見る」の表現も重要。

MP3CDトラック286

★ ● 「重点的に取り組む」グループ **zero in [home in, focus] on** *the problem*
(**zero in on**（人や物に全神経を集中させる）> **home in on**（努力や注意を特定の欠陥や問題に向ける）> **focus on**（人や物に特別な注意を払う・集中する）) *the problem*「その問題に的を絞る」
home in on the target「そのターゲットに的を絞る」も重要。

MP3CDトラック287

● 「密告する」グループ **sell out [tell on, squeal on, rat on]** *him to the police*
(**sell out**（自分の利益のために人を裏切る）> **tell on**（悪事を働いた人について当局に情報を与える）> **squeal on**（犯罪を犯した人について警察に知らせる）> **rat on**（情報提供により該当者が罰を問われるような情報を当局に与える）) *him to the police*「彼のことを警察に密告する」
【語源】rat（ネズミ）には「密告者・裏切り者」の意味があり、動詞で rat on your friends「友人を裏切る」のようにも使われる。squeal「密告する・秘密をばらす」。

"Don't **tell on** me!"「(私のことを) 告げ口しないで！」も重要。**sell me out**「私を裏切る」も覚えておこう。

MP3CDトラック288

★ ● 「うまく利用する」グループ play [capitalize, cash in] on *the trend*
(**play on**(他人の感情・弱み・態度を故意に）＞ **capitalize on**（自分の強みを）＞ **cash in on**（不正に利益を得るため）) *the current trend*「今のトレンドをうまく利用する」

【語源】cash（現金）を in（中に入れる）ことから「うまく利用する、利益を上げる」を表す。

play on your feelings「あなたの感情につけ込む（もてあそぶ）」、**cash in on** the elderly「お年寄りをうまく利用する」、**capitalize on** the popularity「その人気にあやかる」も重要。

MP3CDトラック289

★ ● 「取り組む」グループ deal [cope, grapple, wrestle] with *the problem*
(**deal with**（問題を解決したり、任務を達成する）＞ **cope with**（難局をうまく処理する）＞ **grapple with**（難局や難問を解決しようとする）＞ **wrestle with**（ものすごく努力して難局に立ち向かう）) *the problem*「その問題に取り組む」

【語源】grapple（しっかりつかんで）with（対処する）ことから「取り組む、立ち向かう」。wrestle は「格闘する・立ち向かう」。

MP3CDトラック290

★ ● 「現れる」グループ *questions* pop [show, crop, turn, spring] up
These questions(**pop up**（予測していない時に）[**out**]（突然）＞ **show up**（約束の場所に）＞ **crop up**（ひょっこりと）＞ **turn up**（探し物が）＞ **spring up**（突然、あっという間に）) *regularly.*「これらの質問は定期的に現れる」
"It just **popped out**."「(その言葉は) つい口をついて出てしまった」、"These stores are **springing up** everywhere."「このようなお店は至るところに出現している」も重要。ちなみに「起こる」は、**take place** ＞ **come to pass** ＞ **come about** ＞ **crop up** ＞ **spring up** の順に用いられる。

MP3CDトラック291

● 「待ちこがれる・求める」グループ wish [be dying, yearn, pine] for *a vacation*

314

(**long for**（切望する）＞**wish for**＞**be dying for**（死にそうなぐらい）＞**yearn for**（得がたいものを切望する）＞**pine for**（非常に恋しい）＞**be itching for**（うずうずしている））*a vacation*「休暇を待ち望む」
pine for her「彼女が恋しい」、**lust for** fame「名声を欲する」、**hanker for** a change「変化を求める」、**hunger for** achievement「達成を切望する」も重要。be burning for「～を切望する」もある。

MP3CDトラック292

● 「新しく始める」グループ **enter into [get down to, take up]** *business*
(**enter into**（着手する）＞**get down to**（本腰を入れて）＞**take up**（新しい趣味や仕事をやり始める）＞**venture into**（思い切って）＞**launch into**（突然やり始める）＞**set about**（時間・労力のかかることに取りかかる））*business*「仕事を始める」
set about the project「そのプロジェクトに取りかかる」も重要。

MP3CDトラック293

★ ● 「仕上げる・切り上げる」グループ **clean [wind, wrap] up** *the job*
(**wind up**（話し合いなどを）＞**wrap up**（うまく終える）＞**knock off**（仕事を終えて去る）＞**leave off**）*the job*「仕事を終える」
【語源】wrap（包んで）up（終わらせる）ところから「仕上げる、切り上げる」を表す。
wrap up today's meeting「今日のミーティングをそろそろ終わりにする」や、**Let's call it a day!**「今日はここまでにしよう」も重要。

MP3CDトラック294

● 「成し遂げる」グループ **pull off [carry through, carry out]** *the project*
(**pull off**（[口] 難しいことを）＞**carry through**（難しいことを）＞**carry out**（すると言ったことや頼まれたことを）＞**bring off**）*the project*「その計画を成し遂げる」

MP3CDトラック295

● 「続ける」グループ **wade through [peg away at]** *hundreds of emails*
(**wade through**＞**peg away at**（困難でも断固として続ける）＞**toil away**（肉体的に疲れることを長時間懸命に働く））*hundreds of emails*「何百通ものメールをくまなく調べる」
【語源】wadeは「水中を歩く、苦労して進む」の意味でthrough（経験する）

315

を伴い「膨大な情報や本に目を通す・切り抜ける」を表す。
plough through the manuals「説明書を苦労して読み進む」

MP3CDトラック296

★ ●「削減する」グループ **scale [pare, whittle] down** *the cost*
(**scale down**（量や大きさを）＞ **pare down**（何回かにわたり少しずつ）＞ **whittle down**（徐々に減らしていく））*the cost*「コストを削減する」
【語源】whittle（鉛筆を削って）down（減らす）ので「削減する」を表す。pare は「余分な部分をそぎ落とす」の意味。
scale down its operations in India「インドでの業務を縮小する」、**pare down** expenses「支出を切り詰める」も重要。

MP3CDトラック297

●「スラスラ言う」グループ **run through [rattle off, reel off]** *a list*
(**run through**（すばやく説明する）＞ **rattle off**（覚えていてスラスラとすばやく）＞ **reel off**（長いリストの情報をスラスラと））*a list of regular customers*「顧客リストの名前をスラスラ言う」
reel（糸をスルスルと巻くように）off（放つ）ので「スラスラ言う、やってのける」を表す。rattle には「早口に話す」の意味がある。**reel off** dozens of examples「数々の例をスラスラと挙げる」も重要。

MP3CDトラック298

★ ●「屈する」グループ **give in [yield, succumb, bow, cave in] to** *the pressure*
(**give in to**（観念して）＞ **yield to**（奪われてしまう）＞ **succumb to**（病気・誘惑・攻撃などに）＞ **bow to**（いやいや従う）＞ **cave in to**（長い間抵抗した後ついに））*the pressure*「プレッシャーに負ける、屈する」
【語源】bow（おじぎ）してto（方向に向く）ことから「屈服する、従う」を表す。
yield to peer pressure「周囲からのプレッシャーに負ける」、**succumb to** cancer「ガンに倒れる」、**defer to** his elders「年長者に（敬意を示して）従う」も重要。

MP3CDトラック299

★ ●「(値段などを) 引き上げる」グループ **drive [jack, mark] up** *the price*
(**drive up**（一気に）＞ **jack up**（大幅に）＞ **mark up**（値上げする）＞ **send up**（価値を上げる））*the price*「値段をつり上げる」

jack up their profit margin「彼らの利益幅を上げる」も覚えておこう。この他、反対の意味で**mark down** the price「ディスカウントする」も重要。

MP3CDトラック300

● 「浪費する」グループ go through [run through, fritter away] *his fortune*

(**go through** > **run through**（あっと言う間に）> **fritter away**（無駄なことに時間・金・労力を）> **use up**（使い果たす））*his fortune*「財産を浪費する」の順に使われる。fritter「無駄に使う・浪費する」。**go [run] through** millions of dollars「何百万ドルを使い果たす」、**use up** her savings「貯金を使い果たす」も重要。

MP3CDトラック301

その他の重要句動詞徹底マスター！ ④

- ※ **linger on** the market　市場で売れ残る
- □ **live it up** at the party　そのパーティーで思い切り楽しむ
- □ **live through** the divorce　離婚を乗り越える
- □ **lord it over** others　人に威張る、威圧する
- □ **make for** better understanding　より良い理解を生む
- ※ **mete out** punishment　罰を与える
- □ **mill [hang, stick] around** for a while　しばらくうろうろする
- ※ **muscle in** on the territory　領域に押し入る
- □ not **mess with** her anymore　彼女とはもう関わらない
- ※ **pan [work] out** well　うまく行く
- □ **pander to** the desire　欲につけ込む
- □ **part from** his wife　妻と別れる
- ※ **poke [scrounge] around** the kitchen　台所をくまなく探す
- □ **prick up** my ears　聞き耳を立てる
- □ **psych out** your opponent　対戦相手の自信をなくさせる
- □ **revolve around** the issue　その問題を中心に話が展開する
- ※ **rifle through** the papers　書類をすばやく調べる
- □ **roll back** inflation　インフレを巻き返す

- ※ **run [dress, take] down** the kids　子供を叱りつける
- ※ **sew up** today's discussion　本日の議論をまとめる
- □ **walk out on** her husband　夫のもとを去る
- □ She was **shaken up** by the accident.　彼女はその事故に動揺した。
- □ **shrink from** the task　その仕事を嫌がる
- ※ **sift through** information　情報をふるいにかける
- ※ **skirt [get] around** the problem　その問題を回避する
- □ **sleep in** and catch up on my sleep　遅くまで寝て睡眠不足を取り戻す
- ※ **smack of** racism　人種差別じみたところがある
- □ **sound off** about the issue　その問題について不満をぶちまける
- □ **splash down** in the Atlantic　大西洋に着水する
- ※ **be spoiling for** a fight　けんかをしたがる
- □ **stake out** the spot　その場所を確保する
- □ **take in** a movie tonight　今夜映画を見に行く
- □ Tears **welled up** in her eyes.　涙が彼女の瞳にあふれた。
- ※ **tell off** the kids　子供たちを叱りつける
- □ The alarm suddenly **went off**.　アラームが突然鳴り出した。
- □ The blame **rests with** him.　非は彼の方にある。
- ※ The inflation will **taper off** gradually.　インフレは徐々に収まる見込みだ。
- □ **bring** her **around to** my opinion　彼女を説得する
- ※ The scandal will **blow over** soon.　スキャンダルはすぐに収まるだろう。
- □ The wind **died down [away]**　風は次第にやんだ。
- □ **thin out** the population　人口を減らす
- ※ **toss [kick] around** the idea for a while　そのことをしばらく考える
- □ **touch off** a chain reaction　連鎖反応を引き起こす
- □ **turn** the idea **over** in my mind　そのことをあれこれ考える
- ※ **walk (all) over** the woman　その女性をいいようにこき使う
- □ **whisk away** empty dishes　空になったお皿をさっと片付ける（持ち去る）
- □ **latch onto** the latest fashion　最新の流行を取り入れる
- □ **shoot (fire) off** a letter　すばやく手紙を出す
- □ **tune out** their complaints　彼らの不満を無視する

リスニング・読解問題スコアUP　必須口語表現グループ徹底マスター！《形容詞》①

「精通して」のイディオムグループ

be familiar with ～ > be at home in ～ > be in the loop（情報を共有している、事情に通じている）> be (well) versed in ～ > be up to speed（(最新情報などに) 精通している）。（～についての (最新) 情報を (人) に伝える）はbring *sb* up to speed on

★「金持ちで」のイディオムグループ

be better off > be loadedは（荷物がいっぱい→たんまり金がある）> be on easy streetは（裕福で）> be in the chipsは（ポーカーの掛け金のチップの中で→金がうなって）> be well-off > be sitting prettyは（経済的に楽な、気楽な）> be well-heeledは（靴のかかとがきれい→金持ちだ）

★「体調・調子がいい」のイディオムグループ

be in shape > couldn't be better（絶好調）> be in high spirits（意気揚揚）> alive and kickingは（元気でぴんぴんして）> A-OK > be in tip-top [top-notch] condition > feel like a million dollarsは（(百万ドルの気分だから) 快調そのもの）> be in the pink of health（健康そのもの）。反対の意味ではbe out of shape > be under the weather（少し体調が悪い）

★「惚れて」のイディオムグループ

fall forは（人によろめく）> have a crush on ～（恋をしている）> be stuck on は（人で動かない→惚れて）> be infatuated withは（人にのぼせ上がって）> be crazy about > have the hots forは（人に熱をあげて）> fall head over heels in love with ～は（真っさかさまに恋に落ちる→～にのぼせ上がる）> be nuts about ～（～に夢中）> get crushes easilyは（惚れっぽい）

「有能な」のイディオムグループ　　　　　　　　MP3CDトラック306

have what it takes（必要な資質を持っている）＞ know one's stuffは（成功に必要な要素を持っている）＞ be all thereは（抜け目がない）＞ have a lot [something] on the ballは（(野球から来た表現で) ボールの上にたくさん持っている→すごい変化球を持っている→すごく有能である）＞ have a good head on one's shouldersは（肩の上に頭を持っている→ちゃんとした立派な頭がある→しっかりしている）

★ 「窮地に陥って」のイディオムグループ　　　　　MP3CDトラック307

be in hot water（熱湯につかって→窮地で）＞ be in a fix（困難な状況で）＞ be in a pinch（困った）＞ be in a bindは（縛られて→絶体絶命）＞ be on the ropes（ダウン寸前）＞ be in a pickle（非常に困難な状況で）＞ be in a jam（窮地に陥る）＞ be in a catch-22 situationは（どちらに転んでも勝算のない板挟み）＞ be in the soup（トラブルで）＞ be in a tight corner（窮地に陥って）＞ put *sb* on the spotは（人を窮地に追い込む）

「あきれて」のイディオムグループ　　　　　　　MP3CDトラック308

be taken abackは（あっけにとられて）＞ be struck dumbは（二の句が告げない）＞ raise one's eyebrows at ～は（～に驚く）＞ be dumbfounded ＞ be [left] speechless with surpriseは（びっくりして口がきけない）

★ 「有頂天で」のイディオムグループ　　　　　　MP3CDトラック309

on cloud nine（幸せいっぱい）＞ in seventh heavenは（7番目の天国[至上の極楽]→有頂天で）＞ be tickled pink ＞ walk on air（心うきうき）＞ be beside oneself with joy（有頂天）

「嫌って」のイディオムグループ　　MP3CDトラック310

be allergic to ~ (allergicはallergy（アレルギー）の（形））> have a thing about ~は（~をなぜか異常に嫌い（好き）である）という面白い表現 > be averse to ~ > have an aversion to ~（動物などが大嫌いで）> be uncomfortable with ~ > turn *sb* off > ~ not agree with *sb*

「危機を脱して」のイディオムグループ　　MP3CDトラック311

be out of the woodsは（（普通否定形で）猟師がまだ森から出てこない→安心できない）> turn the corner > be off the hookは（釣り針から外れて→窮地を脱して）> be over the humpは（らくだの背こぶ→危機を越えて）

★「不安で」のイディオムグループ　　MP3CDトラック312

be on edgeは（刃物の刃の上に乗って→気が立って）> be on pins and needlesは（針の上に乗って→ひどく不安で）> have ants in one's pantsは（不安でいらいらする）> have butterflies in one's stomachは（胃の中で蝶々が飛び回っている→（不安・緊張で）どきどきしている）> have one's heart in one's mouthは（心臓が口［のど］から飛び出すほど心配している）

「けんか腰で」のイディオムグループ　　MP3CDトラック313

be up in armsは（武器を取って立つ→かんかんに怒って）> have a chip on one's shouldersは（子供のがき大将選びの勝負）> be on the warpathは（戦争の小道を歩いて→かんかんに怒って）。また、（（朝から）機嫌［虫の居所］が悪い）はget out of the wrong side of bed

MP3CDトラック314

第25日 英検1級句動詞問題＆
リスニング・読解問題スコアUP

最重要句動詞＆イディオムマスター！ Part 5

句動詞＆リスニング・読解問題スコアUP　必須句動詞グループ徹底マスター！ ⑤

★ ● 「しくじる・台無しにする」グループ **mess [screw, botch, foul, goof] up** *a job*
(**mess up**（大切なもの・慎重に計画したものを）> **screw up**（馬鹿なことをして）> **botch up**（手際が悪くて）> **foul up**（ミスをして）> **goof up**（愚かなミスをする））*a job*「その仕事をしくじる」
【語源】botch（下手な仕事）は動詞で（しくじる・台無しにする）。
botch up everything（すべてを台無しにする）、**foul up** the training（トレーニングをしくじる）も重要。

MP3CDトラック315

★ ● 「好きになる」グループ **get on with [take to, hit it off with]** *each other*
(**get on with**（好き同士で仲が良い）> **take to**（好きになり始める）> **hit it off with**（会うとすぐにお互いに）> **warm to**（初めて会った人を））*each other*「互いに好きになる」
take to the dog instantly「その犬を見てすぐ好きになる」、**hit it off** right away「すぐに意気投合する」、**warm to** the idea「そのアイデアに乗り気になる」も重要。

MP3CDトラック316

● 「すねをかじる」グループ **live [sponge, leech, bum, mooch] off** *his parents*
(**live off**（他人からお金や食物を得る）> **sponge off**（全く何のお返しもせずに）> **bum off**（頼んで何かをもらう）> **mooch off**（お金を払わずに））*his parents*「親のすねをかじる」
【語源】sponge（スポンジ）のようにoff（吸い取る）ことから（すねをかじる・ねだる）を表す。mooch（せびる・たかる）、leech（ヒル）は動詞で（（血を

吸い取るように）食いものにする」の意味。
live off welfare「生活保護に頼って生きる」も重要。

MP3CDトラック317

★ ● 「生産する」グループ **turn [churn, crank] out** *new products*
(**turn out** > **churn out**（品質おかまいなく大量に）> **crank out**（すばやく大量に））*new products*「新製品を次々に生産する」
【語源】churn（かき回して）out（出す）ので「量産する」を表す。
crank out copies「コピーをどんどん取る」も重要。また**bang out**は「（キーボードなどを打って）手早く書く」を表し**bang out** a list「リストを素早く打ち出す」も覚えておこう。

MP3CDトラック318

● 「（規則などを）守る」グループ **abide by [conform to, go by, defer to]** *the law*
(**abide by**（不本意であっても従う）> **conform to** > **go by**（規則に基づいて振る舞う）> **defer to**（尊重して意見・決定などを）> **comply with**（規則・命令に））*the law*「法律を守る」
abide by the rules「規則に従う」、**conform to** the majority opinion「大多数の意見に従う」も重要。

MP3CDトラック319

● 「消し去る」グループ **blot [blank] out** *her memory*
(**blot out**（悪い思い出を努力して）> **blank out**（努力して完全に））*her memory*「彼女の記憶を消し去る」
【語源】blot（シミ）をout（広げる）ことで「隠す、消し去る」を表す。
cross him **out**「候補者リストから消す」、**rub out** the marks「マークをこすって消す」も重要。

MP3CDトラック320

● 「～に関連する」グループ **bear on [pertain to, relate to]** *the case*
(**bear on**（関連して影響を与えうる）> **pertain to**（直接関係のある）> **relate to**）*the case*「その事件と関係がある」
"How does the fact **bear on** this issue?"「その事実がこの問題にどう関係があるのですか？」も重要。

MP3CDトラック321

★ ● 「抑制する」グループ hold back [bottle up, choke back] *my tears*
(hold back（感情を）> bottle up（強い感情を努力して）> choke back（怒り・悲しみを））my tears「涙をこらえる」
【語源】bottle（ビン）に up（いっぱいになるまで詰める）ことから「(気持ちや感情などを) 抑制する」を表す。
hold back one's feelings「感情を抑制する」も重要。

MP3CDトラック322

★ ● 「要するに〜に行きつく」グループ amount [add up, boil down] to *the question*
(amount to（同じ効果で）> add up to（ある結果をもたらして）> boil down to（要点として））the question「詰まるところその問題に行きつく」
【語源】boil（グツグツと沸騰を）down（最後まで徹底的に）することから「要するに〜ということになる」を表す。
amount to $100「100ドルに達する」も重要。

MP3CDトラック323

● 「計画を立てる」グループ set out [draw up, lay out, map out] *a plan*
(set out（一定の結果を残そうと行動を起こしたり計画を立てる）> draw up（文書・リスト・計画の準備を私文書化する）> lay out（文書や会議で考え・主義・計画を説明・明示する）> map out（計画・仕事の進め方を細かく検討する））a plan「計画を立てる」
【語源】map（地図）を out（広げる）ところから「計画やスケジュールを立てる」を表す。set out reasons「理由を詳しく説明する」、set out on a new career「新しいキャリアを踏み出す」、draw up a list「リストを作成する」も重要。

MP3CDトラック324

● 「非難する」グループ lash out at [sail into, lace into, lay into] *him*
(lash out at（非常に怒って・批判的に）> sail into（言葉または暴力により攻撃する）> lace into（なぐる・叱りつける・こき下ろす）> lay into（攻撃または厳しく批判する））him for stealing the money「お金を盗んだことで彼を厳しく非難する」
【語源】lash（激しくムチで打ちつける）ことから「非難する」を表す。
sail into the room「さっそうと部屋に入る」の表現も重要。

その他の重要句動詞徹底マスター！ ⑤

- ※ **act out** my idea 考えを行動に移す
- □ ask them to **pipe down** 彼らに静かにするように頼む
- ※ be **decked out** in a red jacket 赤いジャケットで着飾る
- □ be **hemmed in** by the forest 周りを森に取り囲まれる
- ※ **blurt out** the truth 真実をつい口走る
- □ **bone up on** the computer パソコンについてしっかり勉強する
- ※ **cancel out** hope 希望を失わせる
- □ **cap it off** with a smile 笑って最後を締めくくる
- ※ **cordon off** the street その通りを封鎖する
- □ **cover for** her work 彼女の仕事を代わる
- ※ **crack up** laughing 大笑いする
- □ **crank up** the stereo ステレオのボリュームを上げる
- □ **dash off** a letter 手紙を一気に書く
- ※ **dig into** your imagination 想像力を駆使する
- □ **doctor up** the software そのソフトに不正に手を加える
- ※ **fan out** in all directions 四方八方に散る
- □ **feel out** the situation 状況を察する
- ※ get **choked up** 胸がいっぱいになる
- □ **hark back to** my childhood 子供の頃を思い出させる
- □ He **chickened out**. 彼はおじ気づいた。
- ※ He was **let off** with a slap on the wrist. 彼は軽い叱責だけで許された。
- □ Her voice **trailed off** in confusion. 困惑に彼女の声は小さくなった。
- □ His behavior **tees** me **off**. 彼の振る舞いに立腹する。
- ※ be **roped into** helping him 彼を手伝う羽目になる
- □ be **shaken down** for $40 40ドルを巻き上げられる
- □ I'm **signing off** (the news) now. これで（ニュースは）終わります［放送］。
- □ nothing to **sneeze at** 馬鹿にはできない
- ※ just **sit back** and watch ただ見てるだけで何もしない
- □ **mouth off** about the situation その状況について大声で話す
- □ **palm** her **off** with faulty goods 彼女をだまして欠陥品をつかませる

325

- ☐ **prey on** women　女性を食いものにする
- ☐ **reek of** alcohol　酒のにおいがぷんぷんする
- ✱ remain **cooped up** in the room　部屋に閉じこもったままである
- ☐ **set up** housekeeping　家計を切り盛りする
- ✱ **Shape up**, or **ship out**.　ちゃんとしないなら仕事を辞めろ。
- ☐ She got more than she **bargained for**.　彼女は予想以上に多くを得た。
- ☐ **sidle up to** the man　その男性ににじり寄る
- ☐ **siphon off** money　お金を流用する
- ✱ **sit for** the exam　テストを受ける
- ☐ **sit through** a film　映画を終わりまで観る
- ☐ **sneak up on** the cat　その猫にこっそり近づく
- ☐ **soup up** a motorbike　バイクを改造してパワーアップさせる
- ✱ **square up to** each other　（戦いの前に）互いに身構える
- ☐ **stow away** on a ship　密航する
- ☐ **swear off** smoking　喫煙をやめると誓う
- ☐ **glance off** his shoulder　彼の肩をかすめる
- ☐ The market has **bottomed out**.　市場はどん底に落ち込んだ。
- ☐ things **simmer down**　物事が落ち着く
- ☐ **throw back to** the 70s　70年代にさかのぼる
- ✱ **weigh on** my mind　心に重くのしかかる
- ☐ **weigh** the cost **against** the benefit　コストを利益と天秤にかける
- ☐ **wink at** the corruption　汚職を見て見ぬふりをする
- ✱ **wise up to** the fact　そのことに気づく
- ☐ **luck out**　幸運に恵まれる
- ☐ **cotton on to** the fact　そのことがわかる
- ☐ **sweat it out** to the end　最後まで耐える、我慢し通す

リスニング・読解問題スコアUP　必須口語表現グループ徹底マスター！《形容詞》②

★ 「飽きて」のイディオムグループ

have had it ＞ have had enough of ～（もうたくさんだ）＞ be fed up with ～（飽き飽きして）＞ be sick (and tired) of ～（うんざりだ）

「ぎりぎりで」のイディオムグループ　　MP3CDトラック327

just make it ＞ by a hair's breadth ＞ by the skin of one's teeth は（歯の皮で→間一髪で（旧約聖書から来た表現））＞ have a close call は（危機一髪）＞ have a narrow escape

★ 「世間知らず」のイディオムグループ　　MP3CDトラック328

be born yesterday は（昨日生まれた→世間知らず）＞ be wet behind the ears は（耳の裏がまだ濡れている→青二才の）。他に green ＞ fledgling は（青二才、駆け出し）＞ half-baked は（未熟な）＞ greenhorn

★ 「即座に」のイディオムグループ　　MP3CDトラック329

on the double（即座に）＞ do ～ (right) off the bat（すぐにする）＞ at short [a moment's] notice（突然の通知で）＞ in a jiffy（すぐに）＞ at once ＞ right away ＞ on the spot（すぐその場で）＞ on the spur of the moment（発作的に）＞ off the cuff（即席で）＞ with dispatch（てきぱきと）＞ on impulse（衝動的に）

★ 「寸前で」のイディオムグループ　　MP3CDトラック330

be on the point [verge ＞ brink] of ～ ＞ border on ～

「ありふれた」のイディオムグループ　　　　　　　　MP3CDトラック331

just another ＞ run of the mill は（工場のひと運転でできる製品→平凡な）
＞ dime a dozen は（1ダース10セント→ありふれたもの（人））

★ 「忙殺で」のイディオムグループ　　　　　　　　MP3CDトラック332

be tied up with work（仕事で身動きが取れない）＞ be swamped with work（こなせないほど忙しすぎる）＞ be up to one's neck［ears ＞ eyebrows］in work（非常に忙しく、しかも逃れられない）

★ 「堂々巡り」のイディオムグループ　　　　　　　MP3CDトラック333

waste one's efforts（無駄な努力をする）＞ get nowhere（らちがあかない）＞ go［run］around in circles（堂々巡りで）＞ go on a wild goose chase（無駄な探索をする）＞ fight windmills

「憂鬱で」のイディオムグループ　　　　　　　　　MP3CDトラック334

be (down) in the dumps（落ち込んで人生が面白くない）＞ be in the doldrums（落ち込んで何もする気がしない）＞ be down in the mouth（憂鬱で）＞ be in low spirits（意気消沈して）

「企んで」のイディオムグループ　　　　　　　　　MP3CDトラック335

be up to something ～（何かをたくらんで）＞ have something up one's sleeve（腹に一物ある）＞ have an ulterior motive（下心がある）＞ have designs on ～ ＞ have an ax to grind（腹に一物ある）

「不釣り合いで」のイディオムグループ　　　　　　MP3CDトラック336

out of proportion［time, place, line, keeping, character, tune, its element]

「後援で」のイディオムグループ　　　MP3CDトラック337

under the auspices [patronage > aegis > sponsorship] of ~

★「徹底的に」のイディオムグループ　　　MP3CDトラック338

to the coreは（芯まで→完全に）> to the hiltは（刀の柄まで→徹底的に）> to the teeth > head over heels [heels over head] は（まっさかさまに、完全に）>（fight）tooth and nailは（歯でかみ、爪でひっかき必死で（戦う））> through and through > dyed-in-the-woolは（生粋の）

「ちょうど」のイディオムグループ　　　MP3CDトラック339

to a T（ぴったり適合して）> on the nose（正確に・時間どおりに）> to a hair（寸分違わず）> on the dot（時間きっかりに）

「親に似て」のイディオムグループ　　　MP3CDトラック340

a chip off the old block（親にそっくり）> the spitting image of one's parent（親に生き写し）> It runs in the family（家系だ）> It's in my genes > It's in the blood（血筋だ）

「近郊に」のイディオムグループ　　　MP3CDトラック341

in the vicinity of ~は（~の近隣に）> on the outskirts of ~（~の近郊に）> in the neighborhood of ~ > in the suburbs of ~

「一定の水準に達して」のイディオムグループ　　　MP3CDトラック342

up to parは（標準［健全なレベル］に達して）> up to snuffは（一定の水準

に達して、まずまずの出来で）＞ **up to scratch** は（一定の基準［レベル］）

「起こりそうで」のイディオムグループ　　　MP3CDトラック343

on the horizon（起こりかかって、現れかかって）＞ **in the offing**（近い将来に、すぐにも起こりそうで）＞ **down the road**（将来）

第3章

必須時事英語表現でリーディング・リスニング力UP

第26日 読解・リスニング・エッセイ問題スコアUP ＆２次試験合格必須

時事英語表現マスター！① エコロジー・気象・医学

　エコロジー・医学分野の語彙の知識は、英検１級の読解・リスニング・エッセイ・２次試験で最重要であるのはもちろん、タイムなどの英字誌や、CNNやBBC放送をエンジョイするためには欠かせない分野です。では、気合をいれてスタートです。

エコロジー　※はリスニング・リーディング問題・２次試験で重要！

- ※ **biodiversity** 種の多様性（**food chain**は「食物連鎖」）
- □ **deep ecology** 全生物の平等生存を説くエコロジーの考え方
- □ **ecofeminism** エコフェミニズム［自然支配を男性の女性支配と同一視すること］
- ※ **natural habitat** 生息地（**wildlife sanctuary**は「鳥獣保護区」）
- □ **de-extinction** 種のリバイバル（遺伝子操作による絶滅種の復活）
- ※ **microorganism** 微生物（**decomposer**は「分解者」）
- ※ **termite** シロアリ
- ※ **carnivorous animal** 肉食動物（**herbivorous animal**は「草食動物」）
- ※ **nocturnal animal** 夜行動物
- ※ **aquatic plants and animals** 水生動植物（**fresh water**は「淡水」）
- ※ **photosynthesis** 光合成
- ※ **coniferous trees** 針葉樹林⇔**deciduous trees** 落葉樹林（**perennial plant**は「多年生植物」）
- ※ **virgin forest** 原生林（**windbreak**は「防風林」）
- ※ **deforestation** 森林破壊⇔**afforestation** 植林（**desertification**は「砂漠化」）
- ※ **slash and burn agriculture** 焼畑式農業
- ※ **ocean dumping** 海洋投棄（**oil slick[spill]**は「流出油」）
- ※ **radioactive contamination** 放射能汚染
- ※ **toxic substance** 有毒物質
- ※ **incineration site** 焼却場所（**incinerator/furnace**は「焼却炉」）

- ※ **garbage dump** 廃棄物処理場（garbage disposalは「ごみ処理」）
- ※ **land reclamation / landfill** 埋め立て
- ※ **irrigation** 灌漑（irrigated landは「灌漑地」）
- ※ **marine culture** 養殖（tissue cultureは「組織培養」）
- ※ **liquefaction** 液状化現象
- ※ **ozone depletion** オゾン枯渇（the ozone layerは「オゾン層」）
- ※ **sewage treatment** 排水処理（sewerは「下水」、domestic drainageは「生活用水」）
- □ **cogeneration** 熱電供給［発電時の排熱冷暖房に利用するなど同一燃料を2種のエネルギーに変えて利用すること］
- ※ **biodegradable[recyclable] materials** 再利用可能物質
- ※ **carbon footprint** 二酸化炭素排出量（ecological footprintは「人為的な環境負荷」）
- □ **carbon offset** 経済活動で排出した二酸化炭素を植林などで相殺すること
- ※ **emission standard** 排ガス基準
- ※ **emission trading** 排出権取引［温室効果ガス排出権を売買する仕組み］（zero emissionは「排ガスのないこと」）
- ※ **shale gas** シェールガス［地中の硬い頁岩（けつがん）の岩盤に閉じ込められた天然ガス］（**methane hydrate** メタンハイドレートは「深海の高圧環境で水と結合してシャーベット状になったメタン」）
- □ **biopiracy** バイオパイラシー［先進国による途上国の生物資源の盗賊行為］
- ※ **urban mines** 都市鉱山［大量廃棄される家電製品の中の有用資源］
- □ **back-end cost** 後処理費用［原子力発電後に必要な、使用済み燃料の保管費用、再処理費用、放射性廃棄物の処分費用など］

気象　※はリスニング問題で重要！　　　　MP3CDトラック345
- ※ **climatology** 気候学、気象学
- ※ **temperate climate** 温帯気候（subarctic climateは「亜寒帯気候」）
- ※ **the Frigid Zone** 寒帯（the Temperate Zoneは「温帯」、the Torrid Zoneは「熱帯」）
- ※ **the Meteorological Agency[Observatory]** 気象庁［気象台］
- □ **hazard map** 災害予測図

- ☐ **ebb and flow** 潮の干満（red tideは「赤潮」）
- ※ **precipitation** 降水量
- ※ **hail** 雹（sleetは「みぞれ」、blizzardは「大吹雪」）
- ☐ **icicle** つらら
- ☐ **tempest** 暴風雨
- ※ **tornado** / twister / whirlwind 竜巻
- ※ **downpour** / **torrential rain** / **cloudburst** どしゃ降り（drizzleは「霧雨」）
- ※ **dry spell** / **drought** 干ばつ
- ☐ **depression** 低気圧（cold air massは「寒気団」）
- ※ **tropical cyclone** 熱帯低気圧
- ☐ **pressure trough** 気圧の谷
- ※ **the cold front** 寒冷前線（the seasonal rain frontは「梅雨前線」）
- ※ **air turbulence** 乱気流（air currentは「気流」）
- ※ **extreme [abnormal] weather** 異常気象
- ☐ **atmospheric discharge** 空中放電（lightning rodは「避雷針」）
- ※ **dew point** 露点［大気中の水蒸気が冷却して露を結び始める時の温度］
- ☐ **trees covered with ice** / **trees with ice-covered foliage** 樹氷
- ※ **mirage** 蜃気楼（mistは「霧、かすみ」、hazeは「もや」）
- ☐ **discomfort index** 不快指数
- ※ **vernal [spring] equinox** 春分（winter solsticeは「冬至」）
- ※ **solar eclipse** 日食 ⇔ **lunar eclipse** 月食
- ※ **inundation** / **submersion under water** 浸水
- ※ **avalanche** / **snowslide** なだれ
- ※ **evacuation drill** 避難訓練

MP3CDトラック346

医療全般　※はリーディング・リスニング問題・2次試験で重要！

- ※ **hypnosis** 催眠法
- ※ **paranoia** 偏執病、被害妄想
- ※ **catharsis** カタルシス、（精神の）浄化
- ※ **fixation** 強迫観念、病的な執着
- ※ **neurosis** 神経症
- ※ **hysteria** 興奮状態、ヒステリー

- ❋ **sublimation** 昇華、純化
- ❋ **altruism** 利他主義 ⇔ **egoism** 利己主義
- ❋ **inhibition** 抑制 [ある心理的機能が他の心理的機能を妨げること]
- ❋ **implosion theory** 内破 [恐怖体験を思い出させ、将来に生かすように訓練する恐怖症の治療法]
- ❋ **kleptomania** 窃盗癖
- ❋ **introspection** 内省的性質
- ❋ **regenerative medicine** 再生医療
- ❋ **genetic manipulation** 遺伝子操作
- ☐ genetically engineered livestock 遺伝子操作された家畜 (transgenic animalsは「形質転換動物」)
- ❋ **hereditary disease**/genetic disorders 遺伝病 (congenital diseaseは「先天性疾患」)
- ❋ **biomimicry** 生体情報科学 (生物の構造や機能から着想を得て、それらを人工的に再現する技術)
- ☐ cell reprogramming 細胞(の遺伝情報)の書き換え
- ❋ **iPS cell** 人工多能性幹細胞
- ❋ **embryonic stem cell** ES [胚性幹] 細胞
- ❋ **terminal care** 末期医療 (terminal patientは「末期患者」)
- ❋ **active euthanasia**/mercy killing 積極的安楽死
- ❋ **death with dignity** 尊厳死
- ❋ **comatose patient** 昏睡状態の患者
- ☐ suspended animation 仮死状態
- ❋ **malpractice liability** 医療過誤責任 (misdiagnosisは「誤診」)
- ☐ medical diagnosis 医学的診断 (prognosisは「予後診断」)
- ❋ **healthspan** 医者にかからず健康でいる期間、健康寿命
- ❋ **practicing doctor**/practitioner 開業医
- ☐ ophthalmologist 眼科医
- ☐ orthopedic[plastic] surgeon 整形外科医
- ❋ **psychiatric center** 精神療養所
- ☐ forensic psychiatrist 法精神科医
- ❋ **pediatrician** 小児科医 (obstetricianは「産婦人科医」)

- ※ **veterinarian** 獣医
- ☐ **painless delivery** 無痛分娩（**labor**は「陣痛」、**morning sickness**は「つわり」）
- ※ **artificial insemination** 人工受精（**in vitro insemination**は「試験管内［体外］受精」、**semen**は「精液」）
- ※ **oral contraceptive** 経口避妊薬
- ※ **paramedic** 救急救命士
- ☐ **cardiopulmonary resuscitation [CPR]** 心肺蘇生法、人工呼吸
- ※ **hypnotic therapy** 催眠治療（**chemotherapy**は「化学治療」）
- ※ **immune therapy** 免疫療法（**therapeutic effect**は「治療効果」）
- ※ **holistic approach** 心身一体的アプローチ
- ☐ **osteopathy** 整骨療法（**chiropractic treatment**は「背骨矯正」）
- ☐ **moxibustion** 灸（**acupuncture**は「鍼治療」）
- ☐ **appendix operation** 盲腸の手術（**cryosurgery**は「冷凍外科手術」）
- ※ **local anesthesia** 局部麻酔（**general anesthesia**は「全身麻酔」）
- ☐ **kidney dialysis** 腎臓透析
- ☐ **living liver transplantation** 生体肝移植
- ※ **corneal transplant** 角膜移植
- ☐ **intravenous drip** 点滴（**intravenous injection**は「静脈注射」）
- ※ **stretcher** 担架
- ※ **antibiotic** 抗生物質（**antidote**は「解毒剤」、**sedative**は「鎮静剤」）
- ※ **Bone Marrow Bank** 骨髄バンク（**bone marrow transplant**は「骨髄移植」）
- ☐ **serum antibody** 血清抗体
- ※ **complete medical check-up** 人間ドック
- ※ **electrocardiogram** 心電図（**gastrocamera**は「胃カメラ」）
- ☐ **vital capacity** 肺活量
- ※ **body fat percentage** 体脂肪率（**liposuction**は「脂肪吸引」）
- ※ **body mass index [BMI]** 肥満指数（**obesity**は「肥満」）
- ☐ **laxative** 下剤（**constipation**は「便秘」）
- ☐ **excretion** 排泄（**urine**は「小便」、**stool**は「大便」）
- ※ **first-aid kit** 救急箱
- ※ **adhesive bandage [plaster]** 絆創膏（**compress**は「湿布」）
- ※ **blood-pressure gauge**／**manometer** 血圧計

- ※ **stethoscope** 聴診器（hearing aidは「補聴器」）
- □ **electric scalpel** 電気メス
- □ **hallucinogenic drug** 幻覚剤（stimulantは「覚せい剤」）
- ※ **prescription medicine** 処方薬
- ※ **generic drug** 商標未登録の薬（quasi-drugは「医薬部外品」）
- ※ **placebo effect** 擬似薬効果（panacea[cure-all] は「万能薬」）
- ※ **viral infection** ウイルス性の感染症
- ※ **universal care** 国民皆保険
- □ **Medicaid eligibility** （米）メディケイド［低所得者と身障者を対象］受給資格
- □ **twenty-twenty vision** 正常な視力

人体

MP3CDトラック347

- ※ **Achilles' tendon** アキレス腱
- □ **bodily secretion** 分泌液（internal secretionは「内分泌」）
- □ **bump / lump** こぶ（blisterは「まめ」、callusは「たこ」）
- □ **capillary vessel** 毛細血管
- □ **dandruff** フケ
- □ **eardrum** 鼓膜（lobeは「耳たぶ」）
- ※ **pancreas** すい臓
- □ **genitals / genital organs** 性器
- □ **goose pimples / bumps** 鳥肌
- □ **freckles** そばかす（skin blemishは「肌のシミ」、pimpleは「吹き出物」）
- ※ **dimple** えくぼ（moleは「ほくろ」）
- □ **groin** 股
- □ **large intestine** 大腸（small intestineは「小腸」）
- □ **lymphatic gland** リンパ腺
- ※ **rib** 肋骨（clavicle / collarboneは「鎖骨」、skullは「頭蓋骨」）
- □ **plaque** 歯石（full dentureは「総入れ歯」）
- □ **shin** すね（calfは「ふくらはぎ」）
- □ **shoulder blade** 肩甲骨（pelvisは「骨盤」）
- □ **umbilical cord** へその緒
- □ **wisdom tooth** 親知らず（canine toothは「犬歯」）

337

第27日 読解・リスニング・エッセイ問題スコアUP
＆2次試験合格必須

時事英語表現マスター！② テクノロジー・コンピュータ・数学・化学・宇宙・地学

　この分野も英検1級では最頻出の分野です。これらの語彙をマスターして，英検合格はもちろん，様々なトピックについて受信・発信ができるように頑張りましょう！

物理一般　✳はリスニング・リーディング問題で重要！

- □ **universal gravitation** 万有引力（**gravitational force**は「重力」）
- □ **energy conservation law** エネルギー保存の法則
- ✳ **kinetic energy** 運動エネルギー（**potential energy**は「位置エネルギー」）
- ✳ **momentum / moment** 運動量
- ✳ **the law of inertia** 慣性の法則（**inertial force**は「慣性力」）
- ✳ **the theory of relativity** 相対性理論
- ✳ **centrifugal force** 遠心力（**centripetal force**は「求心力」）
- □ **hydraulic power** 水力（**hydraulic pressure**は「水圧」）
- ✳ **buoyancy** 浮力
- □ **convection** 対流
- ✳ **radiation** 輻射、放射（**thermal radiation**は「熱放射」）
- ✳ **refraction** 屈折（**reflection**は「反射」）
- □ **luminous intensity** 光度（**luminance**は「輝度」：デイスプレイ画面の明るさ、**chroma**は「彩度」）
- ✳ **infrared rays** 赤外線（**ultraviolet rays**は「紫外線」）
- ✳ **convex lens** 凸レンズ（**concave lens**は「凹レンズ」）
- ✳ **translucent** 半透明な（**opaque**は「不透明な」、**transparent**は「透明な」）
- ✳ **half-life** 半減期
- ✳ **nanosecond** 10億分の1秒（**nanotechnology**は「ナノテクノロジー」）
- ✳ **neutron** 中性子（**elementary particle**は「素粒子」、**critical mass** [point]は「臨界質量 [点]」

- ☐ **quantum** 量子（**quantum mechanics**は「量子力学」）
- ※ **static charge [electricity]** 静電気
- ※ **electromagnetic force** 電磁力［電流と磁界の相互作用で生じる力］
- ※ **superconductivity** 超伝導［絶対零度近くで電気抵抗がゼロになる現象］（superconductorは「超伝導体」）
- ※ **insulation / insulator** 絶縁、絶縁体
- ※ **light emitting diode [LED]** 発光ダイオード
- ☐ **integrated circuit [IC]** 集積回路
- ※ **alternating current [AC]** 交流電流（**direct current [DC]** は「直流電流」）
- ※ **amplifier** 増幅器
- ※ **feasibility test** 実現可能性試験（**feasibility study**は「予備調査」）
- ※ **acoustics** 音響学（**acoustic wave**は「音波」）
- ※ **electromagnetic wave** 電磁波（**electromagnetic field**は「電磁場」）
- ※ **radio wave** 電波
- ※ **high resolution** 高解像度
- ※ **high-definition television [HDTV]** 高品位テレビ

MP3CDトラック349

【電気・機械】 ※はリスニング・リーディング問題・2次試験で重要！

- ※ **thermal power generation** 火力発電（**hydroelectric power generation**は「水力発電」、**nuclear power generation**は「原子力発電」、**geothermal power generation**は「地熱発電」）
- ※ **spent nuclear fuel reprocessing plant** 使用済み核燃料再処理工場
- ☐ **decontaminate** 除染する
- ☐ **decommissioning** 廃炉、（原子力施設の）廃止措置（**reactivation**は「原子炉の再稼働」）
- ☐ **dynamo / electric generator** 発電機
- ※ **power transmission** 送電（**power distribution**は「配電」）
- ※ **blackout / power failure** 停電（**mean power**は「平均電力」）
- ※ **fluorescent light [lamp]** 蛍光灯（**incandescent lamp**は「白熱電球」）
- ※ **lightning rod** 避雷針（**earthing terminal**は「接地端子」）
- ☐ **life test** 寿命試験（**endurance test**は「耐久試験」）
- ☐ **cross section** 断面

- ☐ abrasion 機械の摩滅（wearは「磨耗、摩滅」）
- ✳ **elasticity** 弾性
- ☐ **ductility** 延性［物質が弾性の限界を超えても破壊されずに引き伸ばされる性質で金銀など金属は延性が大きい］（**malleability**は「可鍛性」）
- ☐ **viscosity** 粘性、粘度
- ✳ **combustible** 可燃性の（incomplete combustionは「不完全燃焼」）
- ☐ **regeneration** 再生（reinforcementは「強化」）
- ☐ **clockwise rotation** 時計方向回転（counterclockwiseは「反時計方向」）
- ☐ **exposure** 露光
- ☐ **axle** 車軸（shaftは「軸」、bearingは「軸受け」）
- ✳ **altimeter** 高度計
- ✳ **ventilator** 換気装置
- ✳ **fuselage** 機胴、胴体
- ✳ **precision instrument** 精密機械
- ✳ **glitch** 機械の不調［故障］
- ☐ **idle time** 遊休時間、遊び時間（idlingは「無負荷運転」）
- ☐ **downtime** 休止時間、故障時間（rise timeは「立ち上がり時間」）

コンピュータ・数学　✳はリスニング問題で重要！　MP3CDトラック350

- ✳ **boot**（コンピュータやソフトなどを）起動させる（**reboot**は「再起動する」）
- ☐ **forced termination** 強制終了（execution［run］は「実行」）
- ☐ **initialization** 初期化（**activation**は「ライセンス認証」）
- ☐ **program optimization** プログラムの最適化
- ☐ **data compression** データ圧縮（**decompression**は「解凍」）
- ✳ **bug** バグ［プログラム中の不調］（debuggingは「デバッギング：誤りを探して修正すること」）
- ☐ **logging** 記録［一連の出来事の時間的経過に従う記録］
- ✳ **voice recognition** 音声認識（character recognitionは「文字認識」）
- ✳ **storage capacity** 記憶容量（storage deviceは「記憶装置」）
- ✳ **pixel** 画素［ディスプレイ上に画像を構成する最少単位］
- ☐ **serial number** 通し番号
- ☐ **ascending order** 昇順（descending orderは「降順」）

- ※ **compatibility** 互換性
- ※ **sound clips** 音声ファイル
- ☐ **spreadsheet application** 表計算ソフト
- ※ **protocol** 通信規約［異なるコンピュータ間データ通信に必要なルール］
- ※ **information retrieval** 情報検索（data processingは「情報処理」）
- ☐ **transparency** （ITを用いた商品などの）無意識の情報検索
- ※ **search engine optimization ［SEO］** 検索エンジン最適化
- ☐ **online defamation** ネット上の誹謗中傷
- ☐ **Internaut / cybernaut** ネット熟達者（Internotは「ネット拒否者」）
- ☐ **emoticon** 顔文字
- ☐ **paywall** 有料の購読者限定のページにアクセス権を与えるシステム
- ☐ **online ghost** オンライン上に個人情報が登録されていない人
- ※ **penetration rate** 普及率
- ☐ **bar chart** 棒グラフ（**pie chart**は「円グラフ」）
- ※ **binary system** 2進法（decimal systemは「10進法」）
- ☐ **ordinal number** 序数（cardinal numberは「基数」）
- ☐ **circumference** 円周
- ☐ **coordinates** 座標（coordinate axisは「座標軸」）
- ☐ **horizontal axis** 水平軸（**perpendicular**は「垂直の」）
- ※ **parabola** 放物線
- ☐ **cubic centimeter** 立法センチメートル
- ☐ **decimal point** 小数点（decimal fractionは「小数」、fractionは「分数」）
- ※ **diagonal line** 対角線（dotted lineは「点線」）
- ☐ **inequality** 不等式
- ※ **even number** 偶数 ⇔ odd numberは「奇数」
- ☐ **integrate** 積分する（**integral**は「積分」、**product**は「積」）
- ☐ **mean value** 平均値（**median**は「中央値」）
- ☐ **square root** 平方根
- ※ **subtraction** 引き算（**addition**は「足し算」）
- ☐ **numerator** 分子（**denominator**は「分母」）
- ※ **probability** 確率
- ☐ **standard deviation** 標準偏差（standardizationは「標準化」）

- ☐ trigonometry 三角法

MP3CDトラック351

化学一般 ※はリスニング・リーディング問題で重要！

- ☐ **antiseptic** 消毒剤・防腐剤（preservativeは「保存料・防腐（防虫）剤」）
- ☐ **desiccant** 乾燥剤（detergentは「中性洗剤」）
- ※ **carbohydrate** 炭水化物（hydrocarbonは「炭化水素」）
- ※ **catalyst** 触媒
- ※ **chemical fertilizer** 化学肥料（chemical herbicideは「化学除草剤」）
- ※ **chlorine water** 塩素水（tap waterは「水道水」）
- ☐ hydrogen sulfide 硫化水素（hydrogen chlorideは「塩化水素」）
- ☐ potassium カリウム（potassium nitrateは「硝酸カリウム」）
- ☐ halogen [hǽlədʒən] lamp ハロゲンランプ
- ※ **sulfuric acid** 硫酸（sulfurous acid gasは「亜硫酸ガス」）
- ☐ acetic acid 酢酸（lactic acidは「乳酸」）
- ※ **acrylic resin** アクリル樹脂
- ※ **synthetic fibers** 合成繊維（synthetic resinは「合成樹脂」）
- ※ **alkaline battery** アルカリ電池（size AA batteryは「単三電池」）
- ※ **fuel cell** 燃料電池（dry battery [cell]）は「乾電池」）
- ※ **lithium battery** リチウム電池（manganese batteryは「マンガン電池」）
- ※ **carbon nanotube** カーボンナノチューブ［ナノテクの新材料として注目されている］
- ※ **explosives** 爆発物、火薬
- ☐ MOX fuel MOX燃料［酸化プルトニウムと酸化ウランの混合燃料で、プルサーマル燃料に使われる］
- ※ **kerosene / paraffin oil** 灯油（crude oilは「原油」）
- ☐ thermal decomposition 熱分解
- ☐ dissolution 溶解（solutionは「溶液」）
- ※ **evaporation / vaporization** 気化、蒸発（distillationは「蒸留」、**solidification**は「凝固」）
- ※ **saturation point** 飽和点
- ※ **extract** 抽出物（extractionは「抽出」）
- ※ **gold plating** 金めっき

- ※ **metallurgy** 冶金（**welding**は「溶接」、**casting**は「鋳造」）
- ※ **precious metals** 貴金属（**rare metal**は「希少金属」、**alloy**は「合金」）
- ※ **liquefaction** 液化（liquefied natural gasは「液化天然ガス」）
- ※ **lubricant** 潤滑油[剤]
- □ **neutralization** 中和
- □ **osmosis** 浸透（osmotic pressureは「浸透圧」）
- □ **oxide** 酸化物（**oxidation**は「酸化」）
- □ **quantitative analysis** 定量分析 ⇔ qualitative analysis 定性分析
- ※ **saline water** 塩水

MP3CDトラック352

スペースサイエンス
※はリスニング・リーディング問題・2次試験で重要！

- ※ **the solar system** 太陽系 ☞ Neptune（海王星）、Uranus（天王星）、Saturn（土星）、Jupiter（木星）、Mars（火星）、Earth（地球）、Venus（金星）、Mercury（水星）、Sun（太陽）
- ※ **the Milky Way / the galaxy** 銀河（系）、天の川
- ※ **celestial body** 天体（**constellation**は「星座」、the zodiacは「十二宮図」）
- ※ **asteroid** 小惑星（asteroid beltは「小惑星帯」）
- ※ **supernova** 超新星
- ※ **meteor** 流星、隕石（white dwarfは「白色矮星（わいせい）」）
- □ **solar prominence** 太陽の紅炎（sunspotは「太陽の黒点」）
- □ **crescent moon** 三日月
- □ **elliptical orbit** 楕円軌道（geostationary orbitは「静止軌道」）
- ※ **the stratosphere** 成層圏（**the troposphere**は「対流圏」）
- □ **cosmic rays** 宇宙線（ionized layer[ionosphere]は「電離層」）
- □ **Polaris / the polestar** 北極星（the Big Dipperは「北斗七星」）
- □ **meridian** 子午線
- ※ **lift-off** ロケットの打ち上げ（**splashdown**は「着水」）
- ※ **lunar module** 月着陸船
- ※ **terraforming** テラフォーミング［惑星を地球のように変化させて人が住めるようにすること］
- □ **debriefing** 宇宙飛行士からの報告聴取
- □ **stationary satellite** 静止衛星

343

- ☐ **apogee** 遠地点（**perigee**は「近地点」）
- ☐ **rocket trajectory** ロケットの軌跡
- ※ **space debris** 宇宙ゴミ（terrestrial magnetismは「地磁気」）

MP3CDトラック353

アースサイエンス　※はリーディング・リスニング問題で重要！

- ※ **the Northern [Southern] hemisphere** 北［南］半球
- ※ **the Japanese Archipelago** 日本列島（peninsulaは「半島」）
- ※ **latitude** 緯度 ⇔ **longitude** 経度
- ※ **mountain range** 山脈（mountain passは「峠」、ridgeは「尾根」）
- ☐ **ocean[sea] trench / deep** 海溝（the Mariana Trenchは「マリアナ海溝」）
- ※ **plateau** 高原（tablelandは「台地、高原」）strait（海峡）、
- ☐ **level ground** 平地
- ☐ **contour line** 等高線
- ※ **sanddune** 砂丘（sand barは「砂州」）
- ※ **ravine / gorge** 峡谷（切り立つ狭い谷、大きいものはcanyon、小さいのはgully）
- ※ **meadow / pasture** 牧草地（ranchは「牧畜場、放牧場」）
- ※ **arable[farm] land** 耕作地
- ※ **cape / promontory** 岬
- ※ **river > stream > brook[creek]** 川［この順に小さくなる］
- ※ **the river basin** 河川流域（upper reachesは「上流」）
- ☐ **estuary** （潮の干満のある）河口（inletは「入り江」）
- ※ **rapids** 早瀬、急流（fordは「浅瀬」）
- ※ **reservoir** 貯水池（cascadeは「小滝」）
- ☐ **the Straits of Dover** ドーバー海峡（the English Channelは「イギリス海峡」channelはstraitより広い）
- ☐ **eddying current** うずしお（whirlpoolは「渦」）
- ☐ **dike / levee / embankment** 堤防
- ☐ **atoll** 環状珊瑚島、環礁（coral reefは「珊瑚礁」）
- ☐ **nautical mile** 海里（1 nautical mileは1852m）
- ※ **oceanography** 海洋学
- ☐ **desert [uninhabited] island** 無人島
- ※ **above sea level / elevation** 海抜

- ※ **pier / wharf** 岸壁（breakwaterは「防波堤」）
- ※ **land[ground] subsidence** 地盤沈下
- ※ **crust** 地殻（surfaceは「地表」、mantleは「マントル」）
- ※ **tectonic activity** 地殻活動（tectonicsは「構造地質学,地質構造」）
- ※ **tremor** 微震（aftershockは「余震」）
- ※ **epicenter** 震央（seismic centerは「震源地」、seismic intensityは「震度」）
- ※ **primary wave** P波［地震の縦波］（secondary waveは「S波、第2波［地震の横波］」）
- ☐ **stratum / strata** 地層（active faultは「活断層」）
- ※ **volcanic eruption** 火山の噴火
- ※ **dormant volcano** 休火山（⇔ **active volcano** 活火山、extinct volcanoは「死火山」）
- ☐ **pyroclastic flow** 火砕流（molten lavaは「噴き出た溶岩」）
- ※ **intermittent spring / geyser** 間欠泉
- ※ **topography / topographical features** 地形学［地勢（図）］
- ☐ **quasi-national park** 国定公園（national parkは「国立公園」）

1級読解問題で重要!「岩石」関連用語集

【重要】岩石の種類は、火成岩、変成岩、堆積岩に大別される!
- ☐ **igneous rock** 火成岩（火成岩は**basalt**「玄武岩」と**granite**「花崗岩」に大別される）
- ☐ **metamorphic rock** 変成岩
- ☐ **sedimentary rock** 堆積岩（堆積岩には**limestone**「石灰岩」などがある）
- ☐ **pumice** 軽石
- ☐ **slate** 粘板岩（peatは「(燃料・肥料の)泥炭」）
- ☐ **iron ore** 鉄鉱石（oreは「鉱石」）
- ☐ **gravel** 砂利（graphiteは「黒鉛」）
- ☐ **limestone [stalactite] cave** 鍾乳洞（stalagmiteは「石筍」）

時事英語復習テストにチャレンジ！①

以下の日本語を英訳してみましょう。

1	春分	11	日食
2	肉食動物	12	電磁波
3	玄武岩	13	震度
4	灸	14	成層圏
5	使用済み核燃料再処理工場	15	落葉樹林
6	白熱電球	16	国民皆保険
7	焼却場所	17	潮の干満
8	擬似薬効果	18	アキレス腱
9	生体情報科学	19	医療過誤責任
10	休火山	20	遠心力

解答例

1	vernal [spring] equinox	11	solar eclipse
2	carnivorous animal（「草食動物」はherbivorous animal）	12	electromagnetic wave（「電磁場」はelectromagnetic field）
3	basalt	13	seismic intensity
4	moxibustion（「鍼治療」はacupuncture）	14	the stratosphere（「対流圏」はthe troposphere）
5	spent nuclear fuel reprocessing plant	15	deciduous trees（「針葉樹林」はconiferous trees）
6	incandescent lamp	16	universal care
7	incineration site	17	ebb and flow
8	placebo effect	18	Achilles' tendon
9	biomimicry	19	malpractice liability
10	dormant volcano	20	centrifugal force（「求心力」はcentripetal force）

第28日 読解・リスニング・エッセイ問題スコアUP ＆2次試験合格必須

時事英語表現マスター！③　文化・教育・交通・建物・生活

　教育は英検ではリスニング・2次試験で、文化は1次・2次ともに、交通・建物はリスニングに頻出の分野です。比較的とっつきやすい内容ですので、エンジョイしながら最後まで頑張りましょう！

宗教・哲学・歴史・文化・人類学　※はリーディング問題で特に重要！

- □ **esoteric Buddhism** 密教（**Buddhist** scripture / **sutra**は「経典」）
- ※ **Confucianism** 儒教（Confucian ethicsは「孔子の教え」、**ancestor worship**は「先祖崇拝」、**animism**は「霊魂信仰」、**Taoism**は「道教」）
- ※ **salvation** 《神学》(罪・罰からの) 魂の救済、救い主
- ※ **Inquisition** 宗教裁判、異端審問
- ※ **the Resurrection** キリストの復活
- ※ **the Apocalypse** 《聖書》ヨハネの黙示録
- ※ **evangelism** 《キリスト教》福音の伝道
- ※ **apostles** 使徒［キリストの教えを最初に世界に伝えた十二使徒］
- ※ **apocalyptic vision** 世界の終末を思わせるような未来像
- ※ **Protestant denominations** プロテスタント派（Protestant Reformationは「宗教改革」）
- ※ **Moslem** イスラム教徒
- ※ **caliphs** カリフ［Muhammadの後継者だと主張するイスラム教国の政治・宗教的指導者］
- ※ **Ramadan** 断食月［イスラム暦の9月。日の出から日没まで断食をする］
- ※ **Shiite Arab** シーア派アラブ人（**Sunni Islam**は「スンニ派イスラム教徒」）
- ※ **the Talmud** タルムード［ユダヤ教の道徳・習慣等に関する律法の集大成］
- ※ **the Diaspora** ディアスポラ［バビロン捕囚後のユダヤ人の離散、離散したユダヤ人とその居住地域］
- ※ **Brahma** 梵天［ヒンドゥー教の「創造の神」で、**Vishnu**（保持神）、**Shiva**（破壊

神）と共に3大神の一つ]
- **avatar**《ヒンズー教》（この世に現れた神の）化身
- **adherents / followers** 信者（fanatic believersは「狂信的な信者」）
- **atheism** 無神論（agnosticismは「不可知論（主義）」）
- dialectic materialism 弁証法的唯物論 ⇔ spiritualism 唯心論
- **religious eclecticism** 宗教折衷主義
- **existentialism** 実存主義［人間を主体的にとらえ、自由・責任を強調し、実存は孤独・不安・絶望につきまとわれているとする立場。キルケゴール（**Kierkegaard**）が源で、サルトル（**Sartre**）、カミュ（**Camus**）らが代表作家］
- **hedonism** 快楽［享楽］主義、性への耽溺
- **humanism** 人間主義、人文主義
- **pragmatism** 実用主義［真理の基準において実用的効果を重視する］
- **utilitarianism** 功利主義［快楽の増大と苦痛の減少を道徳の基礎とするBenthamやMillらの考え。最大多数の最大幸福（**the greatest happiness for the greatest number**）がスローガン］
- **dualism** 二元論［対立する2つの根本原理により個々の実在を説明する］
- **extroverted nature** 外交的な性格 ⇔ **introverted nature** 内向的な性格
- personal magnetism 人間的魅力
- latent ability 潜在的能力（subconscious desireは「潜在的願望」）
- herd mentality 群集心理、大衆心理
- moral obligation 義理（duty and obligationsは「義理人情」）
- **extrasensory perception [ESP]** 超能力
- scientology サイエントロジー［宗教と心理学とを結びつけた精神療法と能力開発］
- **synagogue** ユダヤ教の礼拝所
- papal emissary ローマ法王の使者（courierは「急使、特使」）
- **sectarian strife** 分派抗争（**sectarian violence**は「宗派間の衝突」、splinter groupは「政党の分派」）
- **Islamic fundamentalism** イスラム原理主義
- **Balkanization** 小国分割主義政策
- **ethnic enclave** （都市中の）特定民族の居住地
- **genocide** / wholesale slaughter 大量殺戮（indiscriminate mass murderは

「無差別大量殺人」、pogromは「ユダヤ人大虐殺」)
- □ Reconquista レコンキスタ［イスラム教徒が占領したイベリヤ半島のキリスト教徒による奪回。国土回復運動］
- ※ the Paleolithic Age 旧石器時代（medieval ageは「中世」）
- ※ the Holocaust ナチスによるユダヤ人大虐殺
- ※ Rameses 古代エジプトの数人の国王名（有名なラムセス2世はHittiteと和平を結び、エジプトを再建。Abu Simbel 神殿を建造。）
- ※ pharaoh 古代エジプト王の称号、専制的な国王
- ※ the Reformation 宗教改革［ローマカトリック教会の改革を目指し、プロテスタント教会を樹立した16世紀の宗教運動。Calvinはスイスの宗教改革の指導者。Lutherはドイツの宗教改革の指導者で聖書をドイツ語に翻訳］
- ※ the Counter-Reformation 反宗教改革［16世紀の宗教改革に続いてカトリック教会で起こった改革運動］
- ※ bill of rights 人民の基本的人権に関する宣言（the Bill of Rightsは米連邦政府が基本的人権を保障した「権利章典」）
- ※ czar 皇帝、旧ロシア皇帝、専制君主
- ※ chivalry 騎士道
- ※ bipedalism 二足歩行
- ※ nomad 遊牧民
- ※ kinship 親族関係
- ※ aborigine （一国・一地方の）先住民（Aborigineは「オーストラリア先住民」）
- ※ totemism トーテム崇拝（北米、オーストラリア、メラネシア、アフリカ、インド等に見られる）［トーテムとはある社会集団が崇拝する特定の動植物など］（totem poleはトーテム像を彫って彩色した柱の「トーテムポール」）
- ※ serf （中世の）農奴
- ※ vassal 〔封建時代の〕臣下
- □ Bantu バンツー族、バンツー諸語［中央・南アフリカのSwahili、Kikuyu、Tswana、Zuluなど500以上の言語の一群］（Zuluは南アに住むバンツー系民族の「ズールー族［語］」）
- ※ Prohibition 禁酒法［1920〜33年に米国で施行された酒類の製造・販売を禁じた法律］
- ※ Malcolm X マルコムX（1925-65）［米国で急進的な黒人分離主義を主導した、

ムスリムで黒人解放運動の指導者]
- **Montgomery Bus Boycott** モンゴメリー・バス・ボイコット事件［米アラバマ州モンゴメリーの公共交通機関での人種隔離政策への抗議運動（1955年）で、公民権運動（civil-rights movement）のきっかけとなった事件］
- **secession** 米南部11州の連邦脱退（1860-61年）
- **the Civil War**（米国）南北戦争（1861-65）（**the (Federal) Union**は「南北戦争時の北部諸州」、**the Confederacy**は「南部連合国（アメリカ連邦；1860-61年にアメリカ合衆国から脱退した南部11州が作った国）」で、**Lee**は「南北戦争時の南軍の将軍」）
- **the Gold Rush** ゴールドラッシュ［新金鉱地への殺到］（**Forty-niners**「フォーティナイナー」は1849年のゴールドラッシュで金鉱捜しにカリフォルニアに殺到した人のこと）
- **the Boston Tea Party** ボストン茶会事件［英国の茶条例に抗議し、ボストンの急進派が英国東インド会社の茶船を急襲した事件。米国独立戦争の一契機となった］
- **the Ku-Klux-Klan** クー・クラックス・クラン（**KKK**）［南北戦争後に結成され現在も存続する白人優越性を主張する人種差別的秘密結社］
- **McCarthyism** マッカーシズム［赤狩りや政府内の反体制要素の排除などで米政界を混乱に陥れた］
- **abolitionism** 奴隷制度廃止論
- **the Emancipation Proclamation** 奴隷解放宣言［第16代米大統領Abraham Lincoln著（1863年）］
- **the Great Depression** 世界大恐慌（1929年10月28〜29日）
- **Roaring Twenties** 狂乱の1920年代［米国で経済繁栄を背景に、ジャズなどに象徴される新文化・風俗が開花した刺激に満ちた時代］
- **Jim Crow laws** 《米》黒人差別法［1877-1950年代の米南部諸州で制定］
- **the Monroe Doctrine** モンロー主義［米・モンロー大統領の米欧相互不干渉主義政策（1823年）］
- **WASP（White Anglo-Saxon Protestant）** ワスプ［白人でアングロサクソン系でプロテスタントの人々］
- **hyphenated American** 外国系アメリカ人
- **Down Under** オーストラリアやニュージーランド（**Aussie**は「オーストラリア人」）
- **Caucasoid/Caucasian race** コーカソイド人種、白色人種

- ☐ **Chicanos** メキシコ系アメリカ人の総称
- ※ **indigenous tribes** 土着の部族（**indigenous people**は「先住民族」）
- ☐ **mausoleum** 壮大な墓
- ※ **landmark[watershed] event** 画期的［重大な転機となる］事件
- ※ **glocalism** 地球的規模で発想し、地域ごとに活動しようとする考え方
- ※ **homogeneous society** 同質的社会 ⇔ **heterogeneous society** 雑多な社会
- ※ **community chest** 共同募金
- ☐ **Seeing Eye dog** 盲導犬（**Braille**は「点字」）
- ☐ landscape architecture 造園学（**horticulture**は「園芸」）
- ☐ career consumer 時間も財力もある専業主婦
- ☐ **retrospective exhibition** 回顧展
- ☐ **forthcoming book** 近刊書（**supplementary edition**は「増刊号」）
- ☐ serial novels 連載小説
- ☐ **trilogy** 三部作（**posthumous work**は「遺作」）
- ※ **matinee** マチネー、昼間の興行（a first run of a filmは「封切り」）
- ※ **capacity crowd** 超満員客
- ☐ cloak-and-dagger story スパイ物語（**period adventure drama**は「時代劇」）
- ☐ slapstick comedy ドタバタ喜劇（**situation comedy**は「ホームドラマ」）
- ※ **life-size statue** 実物大の銅像
- ※ **jazz improvisation** ジャズの即興演奏
- ☐ **ventriloquism** 腹話術
- ☐ **embroidery** 刺繍（**handicraft**は「手芸」）
- ☐ minister 牧師（**clergy**は「聖職者」）
- ☐ **sign language interpreter** 手話通訳者
- ☐ **usher** 劇場などの案内係（**concierge**は「ホテルの接客係」）
- ※ **caterer** 仕出し業者
- ※ **wine connoisseur** ワインの目利き
- ※ **curator** 館長
- ※ **dubbing artist** 声優
- ※ **moving company / forwarding agent / mover** 引っ越し業者
- ※ **private detective / private eye** 私立探偵

第3章 必須時事英語表現でリーディング・リスニング力UP

MP3CDトラック355

学校・教育・スポーツ　※はリスニング・リーディング問題で重要！

- ※ **anthropology** 人類学（**archeology**は「考古学」、zoologyは「動物学」）
- ※ **meteorology** 気象学（seismologyは「地震学」）
- ※ **pedagogy** 教育学、教授法（etymologyは「語源学」）
- ※ **dean** 学部長（registrarは「教務係」）
- □ **emeritus [honorary] professor** 名誉教授
- ※ **substitute teacher** 代用教員（teaching certificateは「教員免状」）
- ※ **board of education** 教育委員会（board of trusteesは「理事会」）
- ※ **multiple-choice exam** 多肢選択方式試験（true-false questionsは「○×式問題」、placement testは「組み分けテスト」）
- ※ **acceptance letter** 合格通知（admission criterionは「入学基準」）
- □ **probationary acceptance** 仮入学許可
- □ **teaching practicum** 教育実習（trainee [cadet] teacherは「教育実習生」）
- ※ **commencement ceremony** 卒業式（valedictorian speechは「卒業生の演説」）
- ※ **honors student** 優等生（cum laudeは「優等で卒業した人」）
- ※ **alma mater** 母校（alumnusは「同窓生男性」、alumnaは「女性」）
- ※ **class reunion** / alumni association 同窓会
- ※ **compulsory education** 義務教育（secondary educationは「中等教育」）
- □ **credit-system high school** 単位制高校（accredited schoolは「認定校」）
- □ **charter school** 特別認可校［保護者や教師が自治体から認可を受けて開く］
- □ **voucher system** バウチャー制度（親が州政府に券を発行し学費を負担）
- □ **remedial education** 補習教育
- ※ **course syllabus** 講義要綱
- ※ **undergraduate student** 学部生（graduate studentは「大学院生」）
- ※ **required courses** 必修科目（elective coursesは「選択科目」）
- ※ **crash program** 特訓コース（examination ordealは「受験地獄」）
- ※ **grade point average [GPA]** 学業成績平均点（academic transcriptは「学業成績証明書」）
- □ **screening test** 選抜試験
- ※ **bachelor's degree** 学士号（**master's degree**は「修士号」、**master's thesis**は「修士論文」、**doctorate**は「博士号」、**dissertation**は「学位論文」）
- □ **interdisciplinary approach** 超学際的アプローチ

- ☐ (theological) **seminary / divinity school**　神学校
- ☐ **polytechnic school**　工芸学校（vocational schoolは「職業学校」、preparatory schoolは「予備校」）
- ※ **prestigious[prestige] university**　名門大学
- ☐ **academic clique**　学閥
- ☐ **truancy / school refusal**　不登校
- ※ **room and board**　部屋と食事費
- ※ **Forensic Club**　スピーチ・クラブ
- ☐ **gap year**　ギャップイヤー［欧米で卒業と就職の間の1年に社会経験を積むこと］
- ☐ **recommendation-based entrance examination system**　推薦入試制度
- ☐ **mentor-mentee[protégé] relationship**　指導者と教え子の関係
- ※ **rote memorization**　丸暗記（cram-free educationは「ゆとり教育」）
- ※ **continuing[lifelong] education**　生涯教育
- ※ **correspondence course / distance learning**　通信教育
- ※ **underachiever**　落ちこぼれ（high-achieverは「成績優秀者」）
- ☐ **Fields prize**　フィールズ賞［数学の分野でのノーベル賞といわれるもの］
- ☐ **prom date**　大学・高校の学年末ダンスパーティーのパートナー
- ☐ **sabbatical term**（大学教授に与えられる）長期有給休暇期間
- ☐ **social integration**　人種・障害者差別の廃止などの社会的統合
- ※ **lingua franca**　共通語、通商語（vernacularは「自国語、お国言葉」）
- ☐ **Creole**　混交語［ピジン混合語が造語や借用語を加えて母国語化したもの］
- ※ **syntax**　統語論
- ※ **Noam Chomsky**　ノーム・チョムスキー［米言語学者、変形文法の祖］
- ※ **hyperbole**　誇張法
- ※ **figure of speech**　比喩表現
- ※ **sociolinguistics**　社会言語学（psycholinguisticsは「心理言語学」）
- ※ **metalanguage**　メタ言語［ある言語体系の分析に使う言語］
- ※ **paralanguage**　周辺［パラ］言語［顔の表情、動作など会話以外の表現］
- ※ **phonics**　フォニックス［単語の読み方を発音と関係づけて教える方法］
- ※ **phonology**　音韻論
- ※ **lexicography**　辞書学、辞書編集
- ※ **cognate**　同語族［同語源］語［例：英語coldのcognateはドイツ語のkalt］

- ※ **acronym** 頭字語［頭文字を並べ1単語として発音可能なもの。例：UNESCO [United Nations Educational, Scientific, and Cultural Organization（ユネスコ）]
- ※ **connotation** 言外の意味
- ※ **semantics** 意味論
- ※ **prosody** 詩形論、韻律（学）
- ※ **elocution** 雄弁術、演説法
- ※ **speech act** 発話行為
- ※ **syllabary** 音節文字表［日本語の五十音図・いろはなど］
- ※ **ideogram** 表意文字［記号］
- ※ **communicative competence** 会話能力
- □ **linguistic xenophobia** 外国語嫌い（xenophobiaは「外国人嫌い」）
- □ **alliteration** 頭韻
- □ **onomatopoeia** 擬音擬声語
- □ **honorific words** 敬語
- ※ **pictographic language** 絵文字的言語（phonetic alphabetは「音標文字」）
- □ **hieroglyphic inscription** 象形文字の碑文
- □ **abridged edition** 簡約版（unabridged dictionaryは「大辞典」）
- □ **bibliography** 参考文献一覧表
- ※ **impromptu speech** 即興のスピーチ
- □ **grandstand play** スタンドプレー
- □ **shot put** 砲丸投げ（discus throwは「円盤投げ」、hammer throwは「ハンマー投げ」、javelin throwは「槍投げ」）
- ※ **track and field** 陸上競技
- ※ **tug of war** 綱引き
- ※ **jump rope** / rope skipping なわとび
- □ **press-up / push-up** 腕立て伏せ（handstandは「逆立ち」）
- □ **calisthenics** / shape-up exercise 美容体操
- ※ **breast stroke** 平泳ぎ（backstrokeは「背泳ぎ」、dog paddleは「犬かき」）
- ※ **preliminary competition / elimination** 予選（first-round eliminationは「第1次予選」、finals / championship game / final matchは「決勝」）
- ※ **winners' podium** 表彰台

- □ **dope test / drug check** ドーピングテスト
- □ **stablemaster** （相撲の）親方

交通・観光 ※はリスニング問題で重要！　　　MP3CDトラック356

- ※ **frequent flyer [flier]** 頻繁に飛行機を利用する人（frequent flier milesは「マイレージ」）
- ※ **baggage claim carousel** 空港の手荷物運搬用円形ベルトコンベア
- □ **security screening** 手荷物検査
- ※ **coach class** エコノミークラス（coachは「客車」）
- □ **out-of-service train** 回送列車（commuter trainは「通勤電車」）
- □ **trolley** 市街電車（tramcar / streetcarは「路面電車」）
- □ **up train** 上り列車 ⇔ down train 下り列車
- ※ **stopover / layover** 途中下車（junctionは「乗換駅」、layoverは「飛行機乗り継ぎ待ち時間、途中下車」）
- ※ **priority seats / seat reserved for the elderly and disabled** 優先座席
- ※ **courtesy car** 送迎サービス車
- ※ **convertible** オープンカー（camperは「キャンピングカー」）
- ※ **high-mileage car / fuel-efficient car / gas-sipper** 低燃費車
- ※ **license plate** ナンバープレート（steering wheelは「ハンドル」）
- ※ **rear-view mirror** バックミラー（side-view mirrorは「フェンダーミラー」）
- □ **holiday timetable** 休日ダイヤ
- ※ **liner** 定期船（trampは「不定期船」）
- ※ **reserved seat** 指定席（**non-reserved seat**は「自由席」）
- ※ **berth ticket** 寝台券（excursion ticketは「周遊券」）
- ※ **no-show** 乗り物・宿泊などの予約をして当日利用しなかった人
- ※ **intersection** 交差点（median stripは「中央分離帯」）
- ※ **pedestrian overpass** 歩道橋（underpassは「歩道橋〈米〉、地下道」、railway crossingは「踏切」）
- ※ **toll road** 有料道路
- □ **electronic toll collection system [ETC]** 自動料金収受システム
- □ **refueling** 燃料補給
- ※ **sobriety [balloon] test** 飲酒テスト

- ☐ **fork road** 分岐路（approach way / entrance laneは「進入路」）
- ☐ **waterway** 水路（wharfは「埠頭」）
- ☐ **forced landing** 不時着（runwayは「滑走路」）
- ※ **head-on collision / frontal crash** 正面衝突（pileup / chain-reaction collisionは「玉突き衝突事故」）
- ※ **wicket** / ticket gate 改札
- ※ **round-trip ticket** 往復切符（platform ticketは「駅入場券」）
- ※ **commuter pass / season ticket** 定期券
- ☐ **commemorative photos** 記念撮影（souvenir shotは「記念写真」）
- ☐ **tripod** 三脚（thirty-six exposure filmは「36枚撮りフィルム」）
- ※ **mat finish** つや消し仕上げ（glossy finishは「つや出し仕上げ」、enlarged pictureは「引き伸ばし写真」）
- ※ **local specialty** 地方の名産
- ☐ **forest bath / walk in the woods for therapeutic purposes** 森林浴
- ※ **scenic spots [sites] / places of historic interest** 景勝地
- ※ **world heritage site** 世界遺産（world cultural heritageは「世界文化遺産」、world natural heritageは「世界自然遺産」）

建物・生活　※はリスニング問題に重要！　　MP3CDトラック357

- ※ **castle renovation** 城の改築
- ※ **attic** 屋根裏部屋（mezzanine [mézəni:n] は「中二階」）
- ※ **canopy** 天蓋（skylightは「天窓」、bay windowは「出窓」）
- ※ **courtyard** 中庭
- ☐ **threshold** 敷居（cross-beamは「梁（はり）」）
- ☐ **eaves** 軒（のき）（gutterは「屋根のとい」）
- ☐ **entrance / front door** 玄関（gatepostは「門柱」）
- ※ **ground-breaking ceremony / cornerstone-laying ceremony** 起工式
- ☐ **handrail** 手すり（landingは「踊り場」）
- ☐ **lattice work** 格子
- ☐ **lodging house** 下宿（mountain hutは「ロッジ」）
- ☐ **prefabricated house** プレハブ
- ※ **drawing room** 応接間

- ※ **flush toilet** 水洗トイレ
- ※ **sewer** 下水道（**sewage**は「下水」、**plumber**は「配管工」）
- ※ **studio** ワンルームマンション（**condominium**は「マンション」）
- ※ **housing development** 団地（**detached house**は「一戸建て」）
- ※ **ferroconcrete** 鉄筋コンクリート
- ※ **high-rise building** 高層建築
- □ **scaffold** 足場
- □ **makeshift houses** 仮設住宅
- ※ **fire hydrant** 消火栓（**fire extinguisher**は「消火器」）
- ※ **drainage pipe** 排水管（**faucet**は「蛇口」）
- ※ **durable goods** 耐久消費財（**goods and chattels**は「家財道具一切」）
- ※ **sundry goods / miscellaneous daily goods** 雑貨品
- ※ **wall outlet**［米］**/ socket**［英］ コンセント
- ※ **household [home] appliance** 家庭用電気器具（電化製品）
- □ **dehydrator** 脱水機（**desiccator**は「乾燥機」）
- □ **water purifier** 浄水器
- ※ **ventilation fan** 換気扇
- ※ **flash heater** 瞬間湯沸し器（**geyser**は「湯沸器」、**strainer**は「濾過器」）
- □ **dehumidifier** 除湿器（**humidifier**は「加湿器」）
- □ **gold-plated spoon** 金メッキのスプーン
- □ **unglazed pot** 素焼の壺
- □ **canteen** / **flask** 水筒
- ※ **valuables** 貴重品
- ※ **duplicate key** 合い鍵（**key chain / key ring**は「キーホルダー」）
- □ **kaleidoscope** 万華鏡（**binoculars**は「双眼鏡」）
- ※ **pesticide / insecticide** / **bug spray** 殺虫剤（**mosquito repellent**は「蚊取り線香」）
- □ **disposable diaper / nappy** 使い捨て紙おむつ
- □ **pacifier** / **dummy** おしゃぶり
- □ **bunk bed** 二段ベッド
- □ **folding chair** 折りたたみ椅子（**swivel chair**は「回転椅子」）
- ※ **cardboard box** ダンボール箱（**plywood**は「ベニヤ板」）

- ☐ **piggy bank** 貯金箱
- ☐ **Philips screwdriver** 十字ドライバー（gimletは「錐(きり)」、chiselは「のみ」）
- ※ **clippers** バリカン（tweezersは「ピンセット」）
- ☐ **instant glue** 瞬間接着剤（whiteout「白消し」）
- ☐ **adhesive tape** 粘着テープ（packing tapeは「ガムテープ」）
- ☐ **shoehorn** 靴べら
- ※ **self-addressed envelope** 返信用封筒
- ☐ **mechanical pencil** シャープペンシル（fluorescent markerは「蛍光マーカー」）
- ☐ **terrestrial digital broadcasting** 地上デジタル放送

第29日 読解・リスニング・エッセイ問題スコアUP ＆２次試験合格必須

時事英語表現マスター！④　社会問題・政治

　社会問題・政治分野の語彙の知識は、英検１級や国連英検Ａ級・特Ａ級の１次・２次試験ともに最重要であるのはもちろん、英字新聞、タイム、エコノミストなどの英字誌を読んだり、ＣＮＮやＢＢＣ放送を聞き取れるようになるためには欠かせない分野です。最後までエンジョイしつつ頑張ってください。

一般社会問題　※は２次試験・リスニング・リーディング問題で重要！

- ※ **nursing care insurance** 介護保険
- □ **endowment insurance** 養老保険
- ※ **brain gain** 頭脳流入（brain drainは「頭脳流出」）
- □ **media hype** メディア宣伝
- ※ **surveillance[monitoring] camera** 監視カメラ
- □ social mores 社会慣習
- □ social mayhem 社会的混乱
- ※ **role reversal**（夫婦・親子などの）役割の交換、立場の逆転
- □ snail mail 従来の郵便
- □ **outreach program** 地域社会への福祉・奉仕計画
- □ **gentrification** 貧困地区の高級住宅化
- □ **household name** だれでも知っている名前（人）
- □ **billing fraud** 振り込め詐欺
- ※ **rite of passage** 誕生・結婚・成人・死などの通過儀礼
- ※ **ceremonial functions** 冠婚葬祭（betrothal giftsは「結納」）
- ※ **life expectancy** 余寿命（life spanは「平均寿命」）
- □ birth certificate 出生証明書
- ※ **same-sex [gay] marriage** 同性婚
- ※ **monogamy family** 一夫一婦家族（polygamyは「一夫多妻性」）
- ※ **extended family** 拡大家族（nuclear familyは「核家族」）

- ※ **bereaved family** 遺族
- □ **maternal [paternal] lineage** 母方 [父方] の家系
- □ **Electra complex** ファザコン (Oedipus complexは「マザコン」)
- □ **latchkey child** 鍵っ子
- ※ **bottle-fed baby** 牛乳で育った赤ん坊 (breast-fedは「母乳」)
- ※ **foster parent** 里親 (adoption agencyは「養子縁組斡旋業者」)
- ※ **surrogate mother** 代理母
- □ **the age of discretion** 分別年齢 [英米の法律では14歳]
- ※ **eligible man** 結婚相手にふさわしい男
- ※ **extramarital sex** 婚外交渉 (premarital sexは「婚前交渉」)
- □ **prenuptial agreement** 婚前契約 (= prenup)
- □ **uncontested divorce** 協議離婚 (in-home separationは「家庭内離婚」)
- □ **joint custody** 離婚した [別居中の] 両親による共同親権
- □ **binuclear family** 離婚によって生じる片方の親と子供だけの2つの核家族
- □ **multigenerational household** 多世代家族、多世代が同居する家庭
- □ **battered [abused] wife** 日常的な夫の暴力に苦しめられる妻
- □ **feudalistic family system** 封建的な家制度
- □ **sheltered upbringing** 温室育ち (pampered upbringingは「過保護な教育」)
- □ **family squabble** 内輪もめ (internecine strifeとも言う)
- ※ **sibling rivalry** 兄弟間の競争意識
- ※ **filial piety** / **devotion to one's parents** 親孝行
- □ **boomerang kid** 都会から故郷に戻り、親と一緒に生活する子供
- □ **empty-nest syndrome** からっぽの巣症候群 (子供の独立で憂うつになること)
- ※ **work from home** 在宅勤務 (telecommuterは「在宅勤務者」)
- ※ **corporal punishment** 体罰
- □ **moral vacuum** 道徳感の喪失 (political vacuumは「政治的空白」)
- □ **moral imperative** 道徳上の重要課題 (economic imperativeは「経済的急務」、political imperativeは「政治上の重要課題」)
- ※ **egalitarian society** 平等社会 (hierarchical societyは「縦社会」)
- ※ **digital divide** 情報格差 (educational divideは「教育格差」)
- □ **plural society** 多元社会 (androgynous societyは「中性化社会」)
- ※ **hate crime** 人種・性差別への憎しみから起きる犯罪

- ※ **reverse discrimination** 少数派優先策のためにおこる逆差別
- □ tokenism 学校・職場などでの名目ばかりの少数派優遇策
- □ plutocracy 金権社会
- ※ **high[low] income bracket** 高[低]所得者層
- □ sensibility gap 民族や世代などの違いから生じる感覚のずれ
- ※ **returnee children** 帰国子女
- ※ **sexual[child] exploitation** 性的[児童労働]搾取
- □ social stigma 社会的不名誉（social alienationは「社会的疎外」）
- □ social withdrawal ひきこもり（geek / nerdは「オタク」）
- ※ **online bullying** ネットいじめ
- ※ **graffiti** 落書き
- □ sex pervert 変態性欲者
- ※ **learning disabilities** 学習障害（intellectual disabilitiesは「知的障害」）
- □ whistle-blowing 内部告発
- □ doomsday cult 終末的カルト教団
- □ juvenile classification home 少年鑑別所
- □ land shark 地上げ屋
- ※ **bargain-basement price** 格安値段
- ※ **couch potato** ソファーに寝そべり気ままに時間を過ごす都市型の生活
- □ silent majority 物言わぬ大衆、声なき声
- □ compulsive clotheshorse 流行の服を追わずにいられない人（fashion plateは「最新流行服を着ている人」）
- □ shopaholic 買い物依存症（者）の
- □ double standard 二重基準［対象により異なる価値基準を使い分けること］
- ※ **pro-choice activist** 人工中絶に賛成の活動家（pro-lifeは「中絶反対者」）
- □ ombudsman 苦情調査係
- □ scalper ダフ屋
- □ fire hazard 火の元（health hazardは「健康を害するもの」）
- ※ **sit-in** 座り込みストライキ
- ※ **puberty rite** 思春期、年ごろ

国際政治　※は2次試験・リーディング問題で重要！

- ☐ **ethnocentric mentality / chauvinism**　自民族中心主義
- ※ **apartheid**　アパルトヘイト［南アの人種隔離政策］
- ※ **electoral college**　選挙人団［米大統領・副大統領を選出する代理人たち］
- ※ **primary election**　予備選挙
- ※ **mandate**　（選挙民から議員などへの）委任
- ※ **the Politburo**　（旧ソ連共産党の）政治局
- ※ **Pledge of Allegiance**　アメリカ合衆国への忠誠心の宣誓
- ☐ **Foggy Bottom** = the U.S. Department of state　アメリカ国務省
- ☐ **National Rifle Association of America [NRA]**　全米ライフル協会
- ☐ **Democratic caucus**　民主党幹部会（Democratic ticket は「民主党公認候補者」）
- ※ **Republican convention**　共和党大会 ⇔ Democratic convention　民主党大会
- ※ **running mate**　副大統領候補（Democratic ticket は「民主党の公認候補者」）
- ※ **presidential primaries**　大統領予備選挙（**by-election**［off-year election］は「中間選挙」）
- ☐ **Capitol Hill [the Hill] / U.S Congress**　米国議会（the Speaker は「米下院議長」、the floor は「議員」）
- ※ **the State-of-the-nation address / the State of the Union Message**　米大統領の一般教書演説
- ※ **presidential veto**　大統領拒否権
- ※ **the First Amendment**　合衆国憲法修正1条［表現や宗教の自由］
- ※ **inaugural address**　就任演説
- ※ **political asylum**　政治亡命（Jewish émigré は「ユダヤ人亡命者」）
- ※ **exodus of refugees**　難民の大量流出（**refugee repatriation** は「難民送還」）
- ☐ **deportee**　国外追放者（**deportation** は「国外追放」、**forced repatriation** は「強制送還」）
- ※ **axis of evil**　悪の枢軸（rouge state は「ならず者国家」）
- ※ **bargaining chip**　交渉の切り札（**bargaining power** は「交渉力」、**bargaining table** は「交渉会議」）
- ※ **brinkmanship**　瀬戸際外交
- ※ **consulate general**　総領事館（**consul** は「領事」）
- ※ **embassy**　大使館（**ambassador** は「大使」）

- ※ **peace envoy** 平和使節（**peace pact**は「平和条約」）
- ※ **courtesy call [visit]** 表敬訪問（**goodwill visits**は「親善訪問」）
- ※ **diplomatic immunity** 外交官特権（**extraterritorial right**は「治外法権」）
- ※ **martial law** 戒厳令
- ※ **ultimatum** 最後通告、最後通牒
- □ **belligerent countries** 交戦国
- ※ **military intervention** 軍事的介入（**military reprisal**は「軍事的報復」）
- □ **preemptive attack** 先制攻撃（**opening gambit**は「先手」）
- □ **legitimate self-defense** 正当防衛
- □ **proxy war** 代理戦争（**war of attrition**は「持久戦」）
- □ **border skirmish** 国境地帯での小競り合い
- □ **missile deployment** ミサイル配備（**nuclear warhead**は「核弾頭」）
- ※ **reconnaissance plane** 偵察機（**stealth bombers**は「ステルス爆撃機」）
- ※ **hand grenade** 手榴弾（**tear gas**は「催涙ガス」）
- ※ **landmine** 地雷（**booby trap**は「仕掛け地雷［仕掛け爆弾］」）
- ※ **logistic support [assistance]** 後方支援
- ※ **military junta** 軍事政権
- ※ **undercover agent** 諜報部員（**counterespionage**は「スパイ活動の防御」）
- ※ **wartime atrocity** 戦争時の残虐行為
- ※ **war dead** 戦没者（**war-displaced orphan**は「戦争孤児」）
- ※ **cease-fire / truce** 休戦、停戦（**conflict resolution**は「紛争解決」）
- ※ **ratification of the treaty** 条約の批准
- ※ **rapprochement talks** 国交回復交渉
- ※ **war reparations** 戦争賠償金
- ※ **extradition of terrorists** テロリスト引き渡し
- ※ **hotbed of [breeding ground for] terrorism** テロの温床
- ※ **global hegemony** 世界覇権
- □ **non-aligned neutrality** 非同盟中立（**permanent neutrality**は「永世中立」）
- ※ **nuclear proliferation** 核拡散（**denuclearization**は「非核化」）
- ※ **nuclear holocaust** 核の大惨事（**radioactive fallout**は「放射能の死の灰」）
- ※ **deterrent power** 抑止力（**nuclear deterrence**は「核による戦争抑止」）
- □ **stationing garrison** 駐屯軍（**troop deployment**は「軍隊の派遣」）

第3章 必須時事英語表現でリーディング・リスニング力UP

363

- ☐ saber-rattling 武力による威嚇
- ☐ **the territorial waters** 領海（the high seasは「公海」）
- ✳ **the U.N. Charter** 国連憲章（**the U.N. resolution**は「国連決議」）
- ✳ **bilateral agreement** 2者間協定（tripartite agreementは「3者合意」）
- ☐ tete-a-tete with the president 大統領との密談
- ☐ **working level talks** 実務協議（ministerial level talksは「閣僚級会合」）
- ✳ **unilateralism** 単独行動主義（exceptionalism 例外主義：国際社会の合意に反した行動を取る権利があるという米国の単独行動主義）
- ✳ totalitarian regime 全体主義体制（authoritarianismは「独裁主義」）
- ☐ appeasement policy 宥和政治
- ✳ **political assassination** 政治的暗殺（political maneuveringは「政治工作」）
- ✳ **collateral damage** 付帯的損害、[軍事行動による民間人が被る] 人的・物的被害（civilian casualtiesは「民間人の犠牲者」、death tollは「死傷者」）、活動に伴う損害

MP3CDトラック360

政治一般 ✳は2次試験・リーディング問題で重要！

- ✳ **checks and balances / separation of powers** 三権分立
- ☐ the legislative branch 立法府（**the executive branch**は「行政府」、**the judiciary branch**は「司法府」）
- ✳ **parliamentary system** 議会制
- ☐ **plenary convention** 総会（plenary sessionは「本会議」）
- ☐ **Diet dissolution** 国会解散（Diet resolutionは「国会決議」）
- ☐ **the House of Councilors** / the Upper House 参議院 ⇔ the House of Representatives / the Lower House 衆議院
- ☐ **cabinet reshuffle** [shakeup] 内閣改造（coalition cabinetは「連立内閣」）
- ✳ **casting vote** 決選投票 [議会で賛否同数の時、議長が持つ決定票]
- ☐ steamrolling / railroading 強行採決
- ☐ filibuster 議事妨害する
- ✳ **constitutional amendment** 憲法改正
- ☐ **impeachment court** 弾劾裁判所
- ✳ **keynote address** 基本方針演説
- ☐ appropriation bill 歳出法案

- ※ **deputy Prime Minister** 副総理（**acting chairperson**は「議長代理」）
- ※ **incumbent mayor** 現職の市長（**outgoing mayor**は「退職する市長」）
- ※ **high-ranking government official** / **government dignitary** 政府高官
- ※ **red-tape system** 官僚的形式主義制度
- □ **middle-of-the road party** 中道政権（**left-winger extremist** 極左翼 ⇔ **right-winger** 右翼）
- ※ **the mainstream faction** 主流派 ⇔ **anti-mainstream faction** 反主流派
- ※ **political turmoil [upheaval]** 政治混乱、混迷
- ※ **political clout [leverage]** 政治的影響力
- □ **palace coup**（政権内部の人間による）宮廷クーデター
- ※ **political contribution** 政治献金（**slush fund**は「不正政治資金」）
- □ **pork-barrel politics** 利益誘導型政治
- □ **secession from the party** 党からの脱退
- ※ **defense expenditure [outlay]** 防衛費
- ※ **preliminary [prior] talks** 事前協議
- ※ **census bureau** 国勢調査局
- ※ **local autonomy** 地方自治（**local chapter**は「地方支部」）
- ※ **provisional government** 暫定政府
- ※ **propaganda**（主義や主張の）宣伝
- ※ **political activist** 政治運動家（**dissident**は「反対分子」）
- □ **spin doctor** スピンドクター［政治家の広報アドバイザー］
- □ **divided Diet** ねじれ国会
- □ **humanitarian and reconstruction projects** 人道復興事業
- □ **populist reform** 大衆受けのする改革案
- ※ **prepare for any contingency** あらゆる不測の場合に備える
- ※ **backlash against liberalism** リベラリズムへの反動
- □ **standard-bearer of the movement** 運動の旗手（**rabble-rouser**は「民衆扇動家」）
- □ **confession made under duress** 強制されてした自白
- □ **maritime power** 海洋大国
- □ **bankrolled election** 金権選挙
- □ **cabinet approval rate** 内閣支持率（**resign en masse**は「総辞職」）
- □ **campaign platform** 選挙公約（**campaign trail**は「選挙遊説」）

- ☐ gerrymandering　勝手な選挙区改定
- ☐ official party endorsement　党の公認
- ☐ **major contender**　有力候補（**front-runner**は「最有力候補」）
- ☐ second-generation politician / hereditary Diet member　世襲議員（special-interest legislatorは「族議員」）
- ☐ **lame duck**　落選議員（president-electは「次期大統領」）
- ☐ **gubernatorial [mayoral] election**　知事［市長］選
- ☐ **election returns**　選挙結果（**landslide [lopsided] victory**は「圧勝」、voter turnoutは「投票率」）
- ☐ **smear campaign**　組織的中傷（mudslingingは「政治運動などの中傷合戦」）
- ※ **universal suffrage**　普通参政権
- ※ **eligible voters**　有権者
- ☐ **run-off voting [election]**　決選投票（sympathy voteは「同情票」）
- ☐ **unaffiliated [non-affiliated] voters**　無党派層
- ※ **absentee vote**　不在投票（abstention rateは「棄権率」）
- ☐ **exit poll**　出口調査〔投票所の出口で有権者に対して行う聞き取り調査〕
- ※ **absolute majority**　絶対多数
- ※ **anarchism / syndicalism**　無政府主義（nihilismは「無政府主義運動」）
- ※ **oligarchy**　寡頭政治 ⇔ **polyarchy**　多頭政治
- ※ **pluralism**　多元主義〔一国内に宗教、民族、文化などの異なる集団が共存する社会状態〕

第30日 読解・リスニング・エッセイ問題スコアUP ＆２次試験合格必須

時事英語表現マスター！⑤　経済・ビジネス

　経済・ビジネス分野の語彙の知識も，英検1級1次・2次試験で最重要分野のひとつであり，英字新聞やタイム，ニューズウィーク，エコノミストの他，ビジネスウィーク，フォーチュンなどの経済誌がすらすら読めるようになり，かつビジネスシーンで必須のものばかりです。皆さん，最後まで頑張ってこの分野の語彙力UPに励みましょう。

経済・財政　※はリーディング・リスニング問題・2次試験で重要！

- ※ **austerity measures / tight-money [belt-tightening] policy**　金融引締め政策
- □ quantitative monetary easing　量的金融緩和
- □ **trickle-down economics**　トリクルダウン政策 [大企業優先の経済政策]
- ※ **laissez-faire**　自由放任主義
- □ **pump-priming measures**　呼び水政策（economic stimulus packagesは「景気刺激策」）
- □ **fiscal deficit**　財政赤字（sovereign debtは「政府債務」）
- □ **deficit-covering government bond**　赤字国債
- ※ **commodity tax**　物品税（excise taxは「(酒など贅沢品の) 物品税」）
- ※ **withholding tax** / pay-as-you-go system　源泉徴収課税（progressive taxは「累進課税」）
- ※ **tax deduction for spouse [dependents]**　配偶者 [扶養家族] 控除
- ※ **file a tax return**　税の申告をする
- ※ **direct-indirect tax ratio**　税の直間比率
- □ **indexation**　物価スライド制
- ※ **utility charges**　公共料金、光熱費
- □ **grant a subsidy**　助成金を与える（spoon-fedは「助成金を与える」）
- ※ **denomination**　額面単位（revaluationは日本語の「デノミ」）

367

- ※ **devaluation** 平価切り下げ、通貨の切下げ
- ※ **Federal Reserve Board [FRB]** 連邦準備制度理事会
- ※ **monetarism** 通貨主義［通貨量の調整により、国の経済安定成長が得られるとする学説］
- ※ **portfolio** 金融資産の一覧
- ※ **prime rate** 最優遇貸出金利
- ※ **unearned income** 不労所得 ⇔ **earned income** 勤労所得
- ※ **credit squeeze** 金融引き締め（政策）、銀行の貸し渋り
- ※ **economies of scale** スケールメリット［生産規模拡大により製造原価が下がること］
- ※ **reciprocity** 互恵主義［対応する利益・特権を認める国家間の商取引政策］
- ※ **social costs** 社会的コスト［企業活動に伴う環境破壊・公害により起こる社会的損失］
- ※ **parity**（他国の通貨との）平価
- ※ **common market** 共同市場［国家間の関税を取り除いた組織］（**the Common Market**は「欧州共同市場（EU、ECの別称）」）
- ※ **cash crop** 換金作物［小麦、綿などすぐに現金になる作物］
- ※ **per capita income** 一人当たり所得
- ※ **boom-and-bust** 一時的活況（diffusion indexは「景気動向指数」）
- □ **stagflation** スタグフレーション［景気停滞下のインフレ（hyperinflationは「物価の上昇と通貨価値の下落が急激に起こる極度のインフレ」］
- ※ **inflationary spiral** 悪性インフレ
- ※ **financial meltdown** 金融破綻
- ※ **default** 債務不履行（insolvencyは「支払い不能」）
- ※ **microfinance** マイクロファイナンス［低所得者層のための金融サービス］
- ※ **Chapter 11**（Corporate Rehabilitation Law）連邦破産法第11章（会社更生法）
- ※ **mint** 造幣局
- □ **convertible currency** 兌換紙幣（金や世界各国の通貨と容易に交換することが出来る紙幣（hard currencyは「交換可能通貨」）
- ※ **foreign currency reserve** 外貨準備
- □ **yen quotation** 円相場（the appreciation[depreciation] of the yenは「円高[円安]」）

- ※ **import quota** 輸入割当（import surchargeは「輸入課徴金」）
- ※ **retaliatory [punitive] tariffs** 報復関税
- □ **economic blockade** 経済封鎖（embargoは「通商禁止」）
- □ **the exclusive economic zone [EEZ]** 排他的経済水域
- □ **tax in arrears** 延滞税、延滞金（separate taxationは「分離課税」）
- ※ **tax haven** 税逃れの場所（tax break「税優遇措置」、tax credits「税控除」）
- ※ **assets and liabilities** 資産と負債（liquid assetsは「流動資産」）
- □ **debenture** 社債（derivativeは「金融派生商品」）
- ※ **the bearish market** 弱気市場 ⇔ **the bullish market** 強気市場
- ※ **equities** 普通株式（blue chipsは「優良株」、home equities loanは「住宅ローン」）
- □ **listed stock** 上場株 ⇔ **unlisted stock** 非上場株
- □ **outstanding shares** 発行済み株式（outstanding debtは「未払いの負債」）
- ※ **derivative** デリバティブ：先物（**futures**）スワップ（**swap, forward**）、オプション（**option**）の4種類がある
- ※ **futures market** 先物市場（spot marketは「現物市場」）
- ※ **hedge fund** ヘッジファンド [世界の金持ちや機関投資家から集めた資金を運用して高利回りを得ようとする国際投機マネー]
- ※ **speculation** 投機（speculatorは「投機家」）
- ※ **capital gains** （株式などの）資産売却所得（arbitrageは「さや取り」：相場などの利ざやで儲けること）
- ※ **corner the market** 株［商品］を買い占める
- ※ **take over bid [TOB] / tender offer** 株式公開買い付け
- ※ **leveraged buyout [LBO]** 企業買収（MBO [management buyout] は「経営者による企業買収」）
- □ **Initial Public Offering [IPO]** 株式公開
- ※ **stock options** 株式購入権
- ※ **mutual fund** 投資信託会社（trust fundは「信託資金」）
- □ **margin trading** 信用取引（stock exchangeは「証券取引所」）
- □ **title deed** 不動産権利証書
- □ **disinvestment** 投資の食いつぶし
- ※ **net income [profit]** 純益
- □ **oligopoly market** 寡占市場

- ☐ market equilibrium 市場均衡 [需要曲線と供給曲線の交点]
- ※ **dividend** 配当 (volumeは「出来高」、high yieldは「高利回り」)
- ※ **pension / annuity** 年金 (employees' pension planは「厚生年金」、pension contributions [premiums] は「年金掛け金」)
- ※ **the Trans-Pacific Partnership [TPP]** 環太平洋連携協定

MP3CDトラック362

会社経営　※はリスニング問題・2次試験で重要！

- ☐ **shakeout** 業界再編成 [競争激化により、業界で1、2社だけ生き残ること]
- ※ **streamline / rationalize** 簡素化 [合理化] する
- ☐ bid-rigging case 談合事件
- ☐ ratio of job offers to job seekers 有効求人倍率
- ☐ shortlist 最終候補者に選ぶ
- ☐ hoteling ホテリング [仕事用スペースの割り当て]
- ※ **corporate headquarters / head office** 本社 (subsidiaryは「子会社」)
- ※ **affiliated company** 関連会社 (foreign affiliateは「外資系企業」)
- ※ **small-and-medium-sized businesses** 中小企業
- ☐ **deficit-ridden company** 赤字会社
- ☐ divestiture 子会社または事業部の売却 (downsizingは「企業縮小」)
- ☐ **solvency margin** 保険会社の支払い能力の指標
- ☐ window dressing statements 粉飾決算
- ☐ **overhead** 間接費 [原材料費と労働費を除く (personnel costは「人件費」)
- ※ **shipping cost** 運送費 (warehouseは「倉庫」)
- ※ **expense account** 交際費 (expense accountersは「社用族」)
- ※ **fringe benefit** 付加給付 (perquisiteは「役得」、incentivesは「報奨金」)
- ☐ maternalism 仕事と家庭の両立を配慮した雇用体制 [フレックスタイム等]
- ※ **severance pay** 解雇手当て
- ※ **invoice** 送り状 (ledgerは「元帳」)
- ※ **mandatory retirement** 定年退職
- ※ **the seniority system** 年功序列 ⇔ **performance-based pay system** 能力給
- ※ **probation period** 見習い期間 (probationerは「見習い」)
- ※ **corporate warrior** 企業戦士
- ☐ side tracked employees / window-side workers 窓際族

- ※ **migrant worker** 出稼ぎ労働者（undocumented workersは「不法就労者」）
- □ **three-martini lunch** 社用の昼食
- ※ **night shift** 夜勤（work shiftは「交代制勤務」）
- □ **featherbedding** （組合による）水増し雇用、生産制限行為
- □ **arbitrary layoff** 一方的解雇（exploitation of workersは「労働者搾取」、overdue wagesは「未払い賃金」）
- □ **liquidating company** 清算会社
- ※ **subcontractor** 下請会社
- ※ **employee turnover rate** 従業員退職率
- ※ **managing director** 常務取締役（executive directorは「専務取締役」）
- □ **acting chairperson** 会長代理
- ※ **board meeting** 役員会議
- ※ **rank and file** / employees with no title 平社員
- ※ **temporary worker** 臨時雇い（contingent workerは「臨時雇用の労働者」、**moonlighting**は「アルバイト」、job-hopping part-timerは「フリーター」）
- □ **auditor** 監査役
- □ **skeleton staff** 最小限度のスタッフ
- ※ **word-of-mouth advertising** 口コミによる宣伝
- ※ **sales quota** 販売ノルマ（sales-promotion gimmickは「販売戦略」、**sales pitch**は「しつこい売り」）
- ※ **around-the-clock operation** 24時間営業
- ※ **inventory control** 在庫管理
- ※ **patron** ひいき客（prospective customerは「見込み客」）
- ※ **order backlog** 受注残高（backorderは「未処理受注残」）
- ※ **proceeds** 売上高
- □ **planned obsolescence** 計画的陳腐化［製品や部品が老朽化するように作る方法］
- ※ **trade union** 労働組合
- ※ **offshore funds** 在外投資信託［低課税の国に籍を置く国際投資信託］
- ※ **underwriter** 保険業者、証券引受業者
- ※ **dividend** 配当金

ビジネス一般　※はリスニング・リーディング問題・2次試験で重要！

- ※ **the primary industry** 第一次産業（**the secondary [tertiary] industry**は「第二次［第三次］産業」）
- ※ **the tertiary sector** 第三次セクター［運輸・金融など第三次産業に関わる部門］
- ※ **disposable income** 可処分所得
- ※ **the pharmaceutical industry** 製薬産業（**pharmacist**は「薬剤師」）
- ※ **the textile industry** 繊維産業（**the garment industry**は「服飾業界」）
- □ **the cottage industry** 家内工業
- ※ **the knowledge-intensive industry** 知識集約型産業（**the capital-intensive industry**は「資本集約産業」、**the labor-intensive industry**は「労働集約産業」）
- ※ **mail order business** 通信販売
- ※ **carrier / mover / forwarding agent** 運送業者
- □ **budget airline** 格安航空会社（**low-fare carrier**は「低料金の運輸会社」）
- □ **aquaculture / aquafarming** 養殖（**sericulture**は「養蚕（業）」）
- □ **deep-sea fishing** 遠洋漁業（**coastal fishing**は「沿岸漁業」）
- ※ **subsistence agriculture** 自給自足農業（**subsistence economy**は「自給自足経済」）
- □ **consortium** 共同事業［企業］体
- ※ **industrial complex** コンビナート
- ※ **retail outlet** 小売店（**retail price**「小売価格」⇔ **wholesale price**「卸売価格」）
- □ **consignment sale** 委託販売
- ※ **home delivery** 宅配（**special delivery**は「速達」）
- □ **deindustrialization / industrial hollowing-out** 産業の空洞化（基幹産業としての製造業が衰弱化する現象）
- □ **make inroads into the market** 市場を侵害する
- □ **no-frills flight** 余分なサービスはしない航空便
- ※ **walkout** ストライキ
- □ **freebie** 試供品、おまけ、無料でもらえるもの
- ※ **collateral / security** 担保（物件）
- □ **interim report** 中間報告
- ※ **voucher** 商品券
- □ **clerical error [mistake]** 事務上の誤り（**typo**は「タイプミス」）

- ☐ road warrior 出張が多い人
- ※ **selling point** セールスポイント
- ※ **money back guarantee** 返金保証
- ☐ price collapse [slashing, busting] 価格破壊
- ※ **bulk discount** 大量購入割引（**package deal**は「一括取引」）
- ☐ low-margin high-turnover 薄利多売
- ※ **installment plan** 分割払い（lump-sum paymentは「一括払い」）
- ※ **commission / percentage** 手数料
- ※ **warranty** 保証書
- ☐ dishonored bill 不渡り手形（bounced checkは「不渡り小切手」）
- ※ reminder 督促状
- ☐ **walk-in** アポなしの客
- ☐ **upscale consumer** 金持ち消費者
- ☐ **high-ticket items** 高額商品（**low-end [high-end] product**は「低価格[高額]商品」）
- ※ **asking price**（売り手が買い手に示す）提示価格（list priceは「定価」）
- ☐ **trade-in price** 下取り価格（unit priceは「セット料金」）
- ※ **renewal charge** 更新料（resale priceは「再販価格」）
- ☐ **flagship** 主力商品（loss leader / come-onは「目玉商品」）
- ☐ **breach of contract** 契約違反（**the term of contract**は「契約条件」）
- ☐ **industrial espionage** 産業スパイ活動
- ☐ **pilot plant** 試験的工場（test-marketは「試験的販売する」）
- ※ **creditor** 債権者 ⇔ **debtor** 債務者
- ☐ **candidate [applicant] screening** 応募者選考（job screeningは「従業員審査」）
- ※ **job opening** 就職口
- ※ **absenteeism** 無断欠勤
- ☐ **boot camp** 集中短期セミナー
- ☐ **career track** 昇進コース
- ※ **glass ceiling** ガラスの天井［昇進を妨げる見えない壁］
- ※ **product liability** 商品損害賠償責任
- ☐ promotion transfer 栄転（demotion transferは「左遷」）

時事英語復習テストにチャレンジ！②

以下の日本語を英訳してみましょう。

1	難民の大量流出	11	後方支援
2	軍事政権	12	旧石器時代
3	超満員客	13	冠婚葬祭
4	赤字国債	14	弱気市場
5	核による戦争抑止	15	企業買収
6	十字ドライバー	16	親孝行
7	温室育ち	17	共通語、通商語
8	産業の空洞化	18	昇進を妨げる見えない壁
9	テロの温床	19	人工中絶に賛成の活動家
10	（大学教授に与えられる）長期有給休暇期間	20	三脚

解答例

1	exodus of refugees	11	logistic support [assistance]
2	military junta	12	the Paleolithic Age
3	capacity crowd	13	ceremonial functions
4	deficit-covering government bond	14	the bearish market（「強気市場」はthe bullish market）
5	nuclear deterrence	15	leveraged buyout [LBO]
6	Philips screwdriver	16	filial piety
7	sheltered upbringing	17	lingua franca
8	deindustrialization / industrial hollowing-out	18	glass ceiling
9	hotbed of [breeding ground for] terrorism	19	pro-choice activist（「中絶反対者」はpro-life）
10	sabbatical term	20	tripod

著者略歴

植田　一三
うえだ　いちぞう

英語のプロ・達人養成教育研究機関Aquaries School of Communication学長。映画英語・翻訳研究学会、時事英語・時事問題研究学会、通訳ガイド・日本文化研究学会会長。ノースウェスタン大学院・テキサス大学院（コミュニケーション学部）修了後、同大学で異文化間コミュニケーション、パブリックスピーキングを指導。英語の百科事典を10回以上読破し、辞書数十冊を制覇し、洋画100本以上の全せりふをディクテーションするという「超人的」努力を果たす。Let's enjoy the process!（陽は必ず昇る！）をモットーに、過去30年の教歴において、英検1級合格者を1600人以上、TOEIC満点突破者を80人以上、資格3冠（英検1級・通訳案内士・TOEIC960点）突破者を200名以上、ハーバード大学、プリンストン大学、UCバークレー、ロンドン大学などをはじめとする英米一流大学院合格者を100名以上育てる。主な著書に、『英検1級100時間大特訓』、『英検準1級100時間大特訓』、『英検準1級英単語大特訓』、『英語で経済・政治・社会を討論する技術と表現』、『スーパーレベルパーフェクト英文法』、『発信型英語10000語レベルスーパーボキャブラリービルディング』、『英語で意見を論理的に述べる技術とトレーニング』（ベレ出版）、『TOEIC TESTこれ1冊で990点満点』（明日香出版社）、『英語で説明する日本の観光名所100選』（語研）、『Global Dynamics世界情勢を英語で読む』（CENGAGE Learning）などがあり、出版した著書（総計100万部突破）の10冊以上はアジア5カ国で翻訳されている。

ナレーション
Carolyn Miller　Howard Colefiled　久末絹代

MP3CD-ROM付き 英検1級英単語大特訓
えいけん　きゅうえいたんご だいとっくん

2014年　4月25日	初版発行
2023年　2月23日	第9刷発行

著者	植田　一三
カバーデザイン	赤谷　直宣

Ⓒ Ichizo Ueda 2014. Printed in Japan

発行者	内田　真介
発行・発売	ベレ出版 〒162-0832 東京都新宿区岩戸町12 レベッカビル TEL (03) 5225-4790 FAX (03) 5225-4795 ホームページ　https://www.beret.co.jp/
印刷	モリモト印刷株式会社
製本	根本製本株式会社

落丁本・乱丁本は小社編集部あてにお送りください。送料小社負担にてお取り替えします。
本書の無断複写は著作権法上での例外を除き禁じられています。
購入者以外の第三者による本書のいかなる電子複製も一切認められておりません。

ISBN978-4-86064-391-1 C2082　　　　　　　　　編集担当　脇山和美

資格5冠（英検1級・TOEIC990点・通訳案内士・国連英検特A・工業英検1級）突破者全国第1位

この春、英悟の超人Ichay UedaのEラーニング『スーパー英語発信力講座』スタート！

英検1級1次・2次試験突破＆TOEIC満点突破集中講座（通学・通信）
英英検1級指導研究31年の実績！最強のカリキュラム教材＆講師陣で優秀合格者全国No.1！

工業英検1級突破対策集中講座（通学・通信）
超効果的スキルUPプログラム＆少人数制の添削指導によって、工業英検1級合格者数全国第1位！

iBT TOEFL & IELTS スコアUP集中講座
少人数制の個別添削方式で一流大学に必要なスコアを最短距離でGET！

通訳案内士試験合格集中対策講座（通学・通信）
少人数制＆添削指導＆カウンセリングによって確実に実力をUPさせ合格まで徹底サポート！

TOEIC満点突破講座（通学・通信）
・満点が取れるテストテイキングスキルを伝授！
・TOEICで満点が取れるように真の英語の実力を身につける！
・問題対策を通して、英語の発信力がUP！

英検準1級1次・2次＆TOEIC 860点突破集中講座（通学・通信）
最短距離で準1級＆TOEIC 860点をGETし、英語の発信力＆キャリアワンランクUP！

最強の資格5冠突破本

☆詳しくはホームページをご覧下さい。
http://www.aquaries-school.com/　e-mail: info@aquaries-school.com
※お問い合わせ、お申し込みはフリーダイヤル　0120-858-994（えいごはここよ）

Ichy Ueda 学長 Aquaries School of Communication（アクエアリーズ）

〒530-0014　大阪市北区鶴野町4　A-709　TEL 06-6371-3608
〒151-0053　東京都渋谷区代々木2-15-12　クランツ南新宿6階
〒604-8181　京都市中京区間之町御池下る綿屋町528　烏丸エルビル1002
　　　　　　TEL 075-741-6158